T0299196

عناصر القصة

في الشعر العباسي

أ.د. منتصر عبدالقادر الغضنفري

عناصر القصة

في الشعر العباسي

الطبعة الأولى
٢٠١١ - ٢٠١٢م

المملكة الأردنية الهاشمية رقم الإيداع لدى دائرة المكتبة الوطنية (٢٠١٠/١٢/٤٤٦٤)

٨١٣.٠٥
الغضنفري، منتصر عبد القادر
عناصر القصة في الشعر العباسي/ منتصر عبد القادر الغضنفري. عمان: دار مجدلاوي للنشر والتوزيع، ٢٠١٠.
( ) ص.
ر.إ.: (٢٠١٠/١٢/٤٤٦٤)
الواصفات: النقد القصصي// العصر العباسي

* أعدت دائرة المكتبة الوطنية بيانات الفهرسة والتصنيف الأولية
* يتحمل المؤلف كامل المسؤولية القانونية عن محتوى مصنفه ولا يعبر هذا المصنف عن رأي دائرة المكتبة الوطنية أو أي جهة حكومية أخرى.

ISBN 978-9957-02-425-3 (ردمك)

دار مجدلاوي للنشر والتوزيع
تليفاكس : ٥٣٤٩٤٩٧ - ٥٣٤٩٤٩٩
ص . ب ١٧٥٨ الرمز ١١٩٤١
عمان - الأردن

Dar Majdalawi Pub.& Dis.
Telefax: 5349497 - 5349499
P.O.Box: 1758 Code 11941
Amman- Jordan

www.majdalawibooks.com
E -mail: customer@majdalawibooks.com

- **الآراء الواردة في هذا الكتاب لا تعبر بالضرورة عن وجهة نظر الدار الناشرة.**
- **الغلاف : الفنان الدكتور بلاسم محمد.**

إهداء

إلى... روح أبي الطاهرة في عليين- رحمه اللـه وأسكنه فسيح جناته- تنفيذا لوصيته ووفاء لذكره.

إلى ... نبع الحنان ورمز العطاء أمي الحبيبة - حفظها اللـه وبارك فيها وأدام ظلها علينا - ثمرة من قطاف غرسها.

إلى ... شريكة حياتي ورفيقة دربي زوجتي الغالية -قر اللـه عينها وشد بي أزرها تحقيقا لوعد بمستقبل وضاء.

إلى ...فلذات كبدي تقى وعمرو ومرثد وغنى - حماهم اللـه وأسعدهم- بعضا من حبي وجزءا من واجبي ودرسا من حياتي.

منتصر

5

المحتويات

الموضوع	الصفحة
المقدمة	٩
التمهيد: بين الشعر والقصة	١٥
الفصل الأول: الحدث..الحبكة	٢٩
الفصل الثاني: الشخصية	٦٧
الفصل الثالث: الزمان والمكان	١١٧
الفصل الرابع: السرد	١٥٣
أسلوبا السرد (الموضوعي والذاتي)	١٥٨
وسيلتا السرد (الوصف والحوار)	١٧٤
الفصل الخامس: في الفن الشعري	١٩٩
اللغة (لفظا وتركيبا)	٢٠١
الصورة الفنية	٢٢١
الموسيقا (الإيقاع)	٢٣٣
الخاتمة	٢٤٣
جريدة المصادر والمراجع	٢٥١

8

المقدمة

الحمد لله رب العالمين والصلاة والسلام على سيد البلغاء وإمام الفصحاء محمد وعلى آله وصحبه ومن اهتدى بهديهم إلى يوم الدين.

وبعد:

فإنها مرحلة أخرى من البحث أخوض غمارها لأدرس فيها (عناصر القصة في الشعر العباسي)، لتؤكد ارتباطي بالأدب العباسي بعامة والشعر منه بخاصة، محاولا بأقصى ما يمكن الإلمام به ، وقراءة أوسع ما تمكن قراءته من الشعر العباسي، حتى أغوص في أعماقه وأحاول استخراج ما كمن من لآلئه، ما وسعني الجهد ـ وسمحت الظروف ـ بذلك.

ومبعث اختياري لعناصر القصة تحديدا أنها الأكثر تعبيرا عما أريد إيصاله مما وجدته من أمر القصة في هذا الشعر، بمعنى أن هناك نزوعا ظاهرا نحو توظيف ما يطلق عليه في نقدنا القصصي ـ المعاصر بعناصر القصة، منفردة ومجتمعة، في هذا الشعر. وهو توظيف ـ كما أرى ـ أقوى من أن يكون محض ملامح، وأقل من أن يكون قصصا كاملة أو متكاملة بعناصرها كلها ، حفل بها هذا الشعر، حتى إن سلمنا بخصوصية القصة الشعرية.

أما اختياري (عناصر القصة) فلأنني بعد البحث والمفاتشة ارتأيت السير على وفق خطة رأيت أنها تعبر عما أريد البحث فيه، فكان اعتماد عناصر القصة أجزاء قسمت عليها فصول هذا البحث. آخذا بالحسبان طبيعة الفرق بين التنظير النثري الحديث ذي الأصل الغربي للقصة، ومعطيات الشعر العباسي العربي القديم، واضعا نصب عيني تجنب الاعتساف في التطبيق، أو إيجاد ما لا وجود له، أو قسر الموجود ليتسق مع نظرة سابقة.

ومن الجدير ذكره أن هذا المنهج الذي اختططته لدراستي هذه يختلف عن المناهج التي توسلت بها الدراسات الأكاديمية الأخرى التي عالجت موضوع القصة في عصور الشعر العربي المختلفة - والتي سيرد ذكرها بعد حين - فبينما اعتمدت تلك الدراسات موضوعات الشعر المختلفة من غزل وخمر وحرب وزهد وما إليها أساسا لمنهجها، مع إفرادها فصلا في نهاية كل منها للدراسة الفنية قصة وشعرا، آثرت في هذا البحث أن أعتمد الدراسة الفنية القائمة على عناصر القصة مع تخصيصي فصلا لدراسة الفن الشعري مما يتصل بالنزعة القصصية هذه التي أدرس ويعبر عنها، مكملا بذلك تصوري في معالجة الموضوع على أنني قد أشرت إلى الموضوعات ضمنا في أثناء البحث، وذلك من خلال التنويع في النماذج التي تمثلت بها عند الكلام على مفردات فصوله، كلا بحسب خصوصيته.

ومن هنا جاء هذا الموضوع مبنيا على محاور ومنطلقات.

بنيت هذه الدراسة على تمهيد وخمسة فصول. جعلت التمهيد تحت عنوان "بين الشعر والقصة"، عرضت فيه أولا لتعريف القصة، ثم بيان سمات الشعر القصصي والشعر الغنائي لتجاذبهما أطراف موضوع هذا البحث. أما الأول - أي القصصي - فلبحثي عن سماته في هذا الشعر العباسي، والثاني - أي الغنائي - لما وسم هذا العربي في خضم ذلك. لأتكلم من بعد على هذه النزعة القصصية في الشعر العباسي من حيث أصل وجودها فيه ومكمنها وحجمها وطبيعتها، لأبين أخيرا عن طبيعة رؤيتي للموضوع وسبيلي إلى معالجته.

أما الفصل الأول فقد درست فيه عنصر (الحدث...الحبكة). وفي الفصل الثاني عالجت عنصر (الشخصية). وفي الفصل الثالث بحثت في عنصر (الزمان والمكان) بوصفهما الفضاء الذي يحتوي سير الأحداث ويستوعب حركة الشخصيات. وأما الفصل الرابع فقد عرضت فيهد لدراسة (السرد)، مقسما البحث فيه - أي السرد - على أساليب

ووسائل؛ إذ جمعت الأساليب في أسلوبين رئيسين هما: السرد الموضوعي والسرد الذاتي. أما الوسائل فقد انحصرت في اثنتين هما: الوصف والحوار. وقد كنت أعول في كل فصل من الفصول على جـانبين: أولهـما تنظيري، والثاني تطبيقي.

وتعنيني الإشارة ههنا إلى أنني في أربعة الفصول هـذه ركـزت في تنظيري لعناصر القصة التي أتناولها في كل منها على ما يتواءم وطبعية رؤيتي للموضوع، ومنهجي الذي سرت عـلى هديه فيه، عـلى أن يكون التنظير وافيا كافيا، باحثا عن مدى توافر تلك العناصر أو جوانب منها في هـذا الشعر العباسي، سعة وضيقا، إفاضة واختصارا، بعدا وقربا.

وأما الفصل الخامس الذي جاء بعنوان (في الفن الشعري) فقد حاولت فيه دراسـة نماذج مـن الشعر ذي النزعة القصصية بعناصرها التي عالجتها في الفصول السابقة من البحث، على وفق محاور ثلاثة هي: ١. اللغة: لفظا وتركيبا. ٢. الصورة الفنية. ٣. الموسيقا (الإيقاع). هـذه المحاور التـي تكون برأيي أبـرز عناصر البناء الشعري بحسب ما أدرس في هذا البحث، محاولا من خلال ذلك وبه الـربط بـين فنيـة القصة وفنية الشعر، وإيضاح مدى تواشجهما وتكاملهما في بيان هذه النزعة القصصية في شعر هذه الحقبة.

ثم أفضى البحث بعد هذا إلى الخاتمة، حيث ضمنت أهم ما تمخضت عنه هذه الدراسة من نتائج وآراء.

ومما تجدر الإشارة إليه أنني حاولت في إيراد الشواهد الشعرية أن تشـتمل عـلى كـل جوانـب مـا ارتأيت وجوده من تفصيلات في موضوعات هذا البحث في فصوله، على أنني لجأت في ذلك إلى الانتقاء الفني المعبر عن كل فكرة منها ورأي، محيلا في الهوامش على نماذج أخرى تماثلها من الشواهد، لدى الشاعر الواحد نفسه أو لدى الشعراء الآخرين ممن تعاملت مع شعرهم، بحسب خصوصية المبحث وأهميته فضلا عـن حجمه..على أن ذلك لا يعني انتفاء نماذج أخرى مما لم أحل عليه من شعر، ولاسيما أن

هذه الحقبة من عصور الشعر العربي تمتد إلى أكثر من خمسة قرون من الزمان زخرت بنتاج شعري مقدارا ونوعا.

وليس من شك في أنه سيبدو جليا أنني قد عمدت إلى اشتمال شعر جل تلك الحقبة (العباسية) في ما لجأت إليه من اختيار نصوص لأبرز شعرائها على امتداد عمرها الزمني ممن لا يكون تميزهم الفني موضع خلاف، فضلا عن غيرهم ممن عثرت عندهم على ما أبغي الوصول إليه. وذلك كله مبني على وفق رؤيتي الخاصة للموضوع.

أما ما رجعت إليه من مصادر فقد حاولت من خلاله أن أفيد من كل ما تمكنت من الحصول عليه أو الوصول إليه منها بما يتفق ونظرتي لما عالجته من هذا الموضوع ويثري جوانبه، وبحسب المنهج الذي توسلت به في التعامل معه من غير الدخول في متاهات التفصيلات التي ذهب إليها عدد من النقاد والباحثين في موضوع التنظير للقصة أو الرواية - كل بحسب منهجه الخاص أو ما يتبعه من مدارس أو مذاهب - محاولا في أثناء ذلك أن أفيد من كل ما قرأت - أخذت منه أم لم آخذ - في بلورة موقفي الخاص وإنضاجه، سواء أكان موافقا لبعض مما كتب أم مخالفا.

ومن الجدير بالتنويه أنني في منهجي التطبيقي في ثنايا فصول البحث اعتمدت في إيراد النصوص على تسلسل عرض الفكرة المعروضة أو الرأي المطروح في أثناء معالجة كل عنصر، وبحسب تسلسل هذه الأفكار أو الآراء أنفسها على وفق ما يوضح حقيقة وجود العنصر الواحد في هذا الشعر، من دون النظر إلى ما سوى هذا الأمر. فإذا ما اجتمع لدي أكثر من نص رغبت في التمثل به لتوضيح فكرة ما وبيانها أو جزء منها، راعيت تواريخ وفيات الشعراء، فآتي أولا بنص الشاعر المتوفى قبلا حتى أحافظ على التسلسل التاريخي ولا أغمط السابق حقه إذا ما تماثلت النظرات وتداخلت، فضلا عن ملاحظة مدى ما قد يكون من تطور أو إضافة في كل فكرة مما نعالج، ومراعيا في أثناء ذلك أن تكون النماذج أو الأمثلة التي استعين بها متنوعة في موضوعاتها، مختلفة في

أغراضها.

أما الفصل الخامس فقد راعيت في إيراد النماذج فيه تسلسل عرض الفكرة المناقشة أولا، ثم ترتيب العناصر كما وردت في البحث ـ إذ مثلنا لها جميعا ـ ثانيا، لنعنى ثالثا بتواريخ وفيات الشعراء، مع الأخذ بعين الاهتمام التنويع في الموضوعات.

وإذا ما كان من ضرورة البحث الأكاديمي توثيق النصوص من شعرية ونثرية مما أخذت منه، فقد اعتمدت على أدق ما وقع بين يدي من مطبوعات الدواوين وشروحها ـ ما استطعت إلى ذاك سبيلا ـ مشيرا إلى الجزء والصفحة فيها إذا كان الديوان في أجزاء، وإلى الصفحة حسب عندما يكون في جزء واحد. وشأن الكتب الأخرى كشأن الدواوين، فقد أشرت إليها في الهوامش حين الأخذ منها أو الإحالة عليها، ثم في جريدة المصادر والمراجع، حتى إن لم أضمن منها أو أحل عليها سوى مرة واحدة فقط.

وإذ عرضت لطبيعة عملي في هذا البحث وطريقة معالجتي لموضوعه، أود الإشارة إلى أن ثمة دراسات عدة قد تناولت موضوع القصة في الشعر العربي   ـ بعامة ـ نذكر منها مثلا ، وهو ما اطلعت عليه ، : القصة في الشعر العربي إلى أوائل القرن الثاني الهجري لعلي النجدي ناصف، والقصة في الشعر العربي لثروت أباظة، ولمحات من الشعر القصصي في الأدب العربي للدكتور نوري حمودي القيسي، والقصة في مقدمة القصيدة العربية (في العصرين الجاهلي والإسلامي) للدكتور علي جابر المنصوري. فضلا عن البحوث من مثل بحث الدكتور حسين نصار: الشعر القصصي والأدب العربي، وبحث الدكتور عمر الطالب: القصة في شعر امرئ القيس، وبحث الدكتور ناصر يوسف الحسن عثامنة والدكتور إبراهيم موسى سنجلاوي: بين القصصية والغنائية دراسة في شعر الحرب الإنجليزي القديم وشعر الحرب العربي، وبحث الدكتور محمود الجادر: البناء القصصي في القصيدة الجاهلية، الذي ضمه كتابه: دراسات نقدية في الأدب العربي. ذلك فضلا عن الرسائل الجامعية التي بحثت في هذا الموضوع مثل رسالة بشرى

الخطيب: القصة والحكاية في الشعر العربي في صدر الإسلام والعصر الأموي، ورسالة حاكم حبيب عزر: ملامح السرد القصصي في الشعر العربي قبل الإسلام، ورسالة إنقاذ عطا الله العاني: ملامح السرد القصصي في الشعر الأندلسي.

فإذا ما كان عدد من هاتيك الدراسات قد حدد لنفسه حقبة معينة من حقب الشعر العربي درس القصة فيه، فإن تلك التي لم تخضع نفسها لإطار زمني بعينه لم تعرض للقصة في الشعر العباسي إلا لماما أو على عجالة بما لا يتساوق ـ مهما بلغ ـ وحقيقة وجودها فيه، فكان ذلك من بواعث اختياري لهذا الموضوع عسى أن أفيه شيئا من حقه، وأن أكمل سلسلة الدراسات التي كتبت في هذا الموضوع على امتداد عصور الشعر العربي.

ولن أعتذر لنفسي لما قد يكون قد شاب هذا البحث من نواقص أو هفوات إلا بأني قد حاولت ـ جادا ومخلصا ـ الخروج بعمل آمل بل أطمع في أن يكون ذا قيمة علمية عالية وأن يمثل إضافة نوعية مهمة تسهم في استجلاء بعض من عوالم شعرنا العربي الثر، المترامية الأطراف.

وختاما أود التنويه بأن أصل هذه الدراسة أطروحة دكتوراه أجيزت من قسم اللغة العربية بكلية الآداب / جامعة الموصل عام ١٩٩٣ ، وقد تعمدت أن أبقيها في طبعتها هذه كما هي ومن دون أي تغيير على الرغم من مرور سبع عشرة سنة على إنجازها ـ إلا ما فرضته المقتضيات الفنية لطباعتها كتابا ـ ؛ لتحكي مرحلة علمية كنتها ، وحقبة ثقافية عشتها .

أ.د. منتصر عبدالقادرالغضنفري
جامعة الموصل
٢٠١٠

14

التمهيد
بين الشعر والقصة

يقتضي البحث في مثل هذا الموضوع ـ عناصر القصة ـ بادئ ذي بدء، التعرض لتعريف القصة وتحديد مفهومها كما انتهى إليه، فضلا عن إيضاح مفهومي (الشعر القصصي) و(الشعر الغنائي) بوصفهما المحورين اللذين ينتظمان موضوع هذا البحث، إذ سأعرض لما قيل من آراء في مدى اتصاف الشعر العربي - بعامة - بالقصصية، واقفا من ذلك كله عند كل ما له صلة بالشعر العباسي على وجه التخصيص، حتى أتمكن، بعد، من الولوج إلى فصول البحث.

شغلت القصص حيزا مهما من عناية الناس، وحظيت بنصيب وافر من حبهم في كل زمان ومكان؛ لما تشكله من مصدر معرفي يقدم كثيرا من الخبرات والتجارب، ولاسيما الإنسانية - المعنوية منها، أفكارا وآراء ومشاعر وأحاسيس، تسهم كلها في صقل ما لدى المتلقين من هاتيك الخبرات والتجارب وإثرائه. فضلا عما يمكن أن تحتوي عليه من معلومات قد تكون دينية أو تاريخية أو اجتماعية...أو ما إلى ذلك، تعمل جميعا على إشباع رغبتهم في التعلم والبحث عن المعرفة.

والعرب من آصل الأمم وأقدمها في وعي دور القصة وأثرها في إغناء الحياة، وتنمية الثقافة، وتقديم المتعة، ومن ثمة كان اهتمامها بها، فانتشرت بين ظهرانيها منذ وقت مبكر ـ بحسب ما ينبئ عنه ما وصل إلينا من مرويات ومدونات ـ حتى اليوم، على الرغم من اختلاف طبيعة ظروف كل حقبة من الحقب التي مرت بها في تاريخها، وتعدد أبعادها[1].

وفي ضوء طبيعة هذا البحث العلمية الأكاديمية كان لزاما علينا أن نعرض

(1) من الدراسات التي بحثت في أصل القصة العربية أو جانب منه، نذكر: القصة العربية القديمة، والفن القصصي في القرآن الكريم، والقصة في الشعر العربي إلى أوائل القرن الثاني الهجري ٣-١١، والقصة العربية في العصر الجاهلي، والفن القصصي ـ طبيعته ـ عناصره ـ مصادره الأولى ١٠٥- ١٢٩، وأولية القصة في الأدب العربي (مجلة)، والسردية العربية بحث في البنية السردية للموروث الحكائي العربي.

لتعريف (القصة) لغة واصطلاحا[1]، وحسبنا أن نجد كثيرا من الدراسات المتخصصة قد أفاضت في ذلك وأسهبت، آخذة بعين الاعتبار تنوع تعاريف (القصة) من حيث ارتباطها بنوعها وبمذهب كاتبها أو المنظر لها، فجمعت جل ما قيل في هذا الموضوع، إن لم يكن كله، بما لا يدع مزيدا. لمستزيد إلا على سبيل التكرار والاستذكار[2]. ونخلص إلى أن مجمل هذه التعاريف لا يخرج عن كون القصة حدثا أو مجموعة أحداث متعاقبة، تتعلق بشخصيات مختلفة تجري لها هذه الأحداث في إطار من الزمان والمكان، على وفق بناء معين يخضع لعقلية الكاتب وتصوره الخاص لمنطق الأحداث.

ولا مناص ههنا من أن نوضح مفهومي (الشعر القصصي) و(الشعر الغنائي) ـ الذي وسم الشعر العربي به ـ كما استقرا في الدراسات الأدبية والنقدية الغربية، ثم مناقشة مدى إمكان انطباق كل منهما على الشعر العربي، حتى نتمكن ـ فيما بعد ـ من استجلاء موقع النزعة القصصية التي نبحث عنها سواء أكانت قصة تقرب من التكامل أم متمثلة بعنصر واحد من عناصرها أو أكثر، فضلا عن طبيعة وجودها في الشعر العباسي موضوع البحث.

---

(1) نريد بذالك (القصة) عموما لأن ما سنعرض لدراسته فيما نستقبل من هذا البحث قد تقع جوانب كثيرة منه تحت ملامح ما اصطلح على تسميته بالقصة القصيرة أو الأقصوصة، فضلا عن بعض من ملامح الرواية.

(2) من هذه الدراسات: أركان القصة، والأدب وفنونه ١٤٢-١٦٧، وفن القصة، وفن القصة القصيرة، وفن كتابة الأقصوصة، والقصة في شعر امرئ القيس (مجلة) ٦٠-٦١، ومدخل إلى نظرية القصة تحليلا وتطبيقا، والنقد التطبيقي التحليلي ٦٥-٩٦، والفن القصصي طبيعته ـ عناصره ـ مصادره الأولى ٢٣-٤١ . وملامح السرد القصصي في الشعر العربي قبل الإسلام ٨-٩، والحوار عند شعراء الغزل في العصر الأموي ١٤٧-١٤٨، والقصة والحكاية في الشعر العربي في صدر الإسلام والعصر الأموي ١٥-٤٣، وملامح السرد القصصي في الشعر الأندلسي ٧-١٠، والسردية العربية بحث في البنية السردية للموروث الحكائي العربي ٥٦-٥٨، ومعجم المصطلحات العربية في اللغة والأدب ٢٨٩- ٢٩٠ و٢٩٢.

لعل أبرز مميزات الشعر القصصي وأهمها ما يأتي[1]:

١. يسرد الشعر القصصي واقعة أو حادثة أو سلسلة من الوقائع والأحداث، بحيث تشكل قصة متكاملة ترتبط أحداثها بعضها ببعض زمانيا ومكانيا وسببيا على نحو يمكن القارئ أو السامع من متابعة تسلسلها وتطورها. وقد يلجأ الشاعر القصصي إلى الاستطراد ـ طال أم قصر ـ ولكنه لا يلغي سمة القصصية في القصيدة وإن كان يؤثر في تماسكها، فما دام الشاعر القاص يعود لمواصلة سرد قصته فإن القصة تبقى عماد بناء القصيدة، والركن الأساس فيها. وإذا كانت القصيدة أو القصائد تتناول الرجال البارزين والأعمال المشهورة في التاريخ فتلك ملحمة..فكل ملحمي قصصي ـ ولكن ليس كل قصصي ملحميا.

٢. ويفضي ذلك إلى أن يتقمص الشاعر دور راوية حيادي إلى حد ما، منفصل ظاهريا في الأقل عن مادة قصيدته من شخوص وأحداث وعن جمهوره أيضا. بمعنى أن الشعر القصصي ـ إنما هو شعر موضوعي يعبر عن أمال الجماعة وآلامها، بطولاتها وانتكاساتها. فهو مرآة لضمير الجماعة.

٣. السهولة وعدم تعقيد الأحداث ومجراها، فعلى الرغم من أن القصة الشعرية قد تحتضن دهورا طويلة، وتخترق عوالم كثيرة، وتجول بين أجيال عدة، فإن أحداثها تكون بسيطة الوقائع، سهلة الانسياب، واضحة المعالم أو المقاصد.

٤. ولما كانت القصة الشعرية مقيدة بقيود الشعر التي تنتظمها من وزن وقافية،

---

(1) ينظر: النقد الأدبي ٩٧-٩٨، والشعر القصصي ـ والأدب العربي (مجلة) ١٠٧-١٠٨، والمصطلح في الأدب الغربي ١١١-١١٤، ومعجم المصطلحات العربية في اللغة والأدب ٢٩١، ومقدمة في النقد الأدبي ٩٠، ومفاهيم نقدية ٣٧٦-٤٠٠، وبين القصصية والغنائية دراسة مقارنة في شعر الحرب الإنجليزي القديم وشعر الحرب العربي (مجلة) ٩٦-١٠٣، والقصة والحكاية في الشعر العربي في صدر الإسلام والعصر الأموي ٥٤-٥٩.

فضلا عن اعتمادها على قوة الإيحاء والتلميح مما يحقق شعرية القصيدة، أصبح لزاما على الشاعر القاص أن يعي ذلك كله ويعمل على تحقيقه. وعليه أن يجعل ما يصوره من حوادث وأشخاص "نماذج أو مثلا"، فيؤهله ذلك إلى أن يفيض على شعره سحرا ناتجا عن اختياره الدقيق للأشياء، فيقدم للسامع أو القارئ متعة جمالية ولذاذة فنية.

٥. إن من الشعر القصصي ما يدخله الغناء أو الأناشيد، وهو نوع مصوغ صياغة غنائية جميلة، وليس من الضروري في هذا النوع الاستمرار الوزني، بل يتغير الوزن ويتبدل بحسب ما تفرضه مقدرة الشاعر القاص الفنية في معالجتها لموضوعها أو مادتها.

أما الشعر الغنائي[1]، فإنه أطلق أصلا على المقطوعات الشعرية التي تنظم لكي تغنى عادة بمصاحبة آلة من آلات الطرب، ولاسيما القيثارة، ثم تغير معنى كلمة غنائي ولم يعد من الضروري بمكان أن يكون الشعر الغنائي مما يتغنى به على أية آلة فأطلقت كلمة غنائي على كل شعر ليس قصصيا ولا تمثيليا.

وربما كان أهم ما ينماز به هذا الشعر:

١. القصر: فالقصائد الغنائية تتسم بقصرها، وهي مع ذلك تامة كاملة؛ فقد لا تتجاوز بضعة أبيات إلا أنها تؤدي موضوعا كاملا.

٢. البنية الوزنية المتماسكة: فإن للقصيدة الغنائية سحرا يأتيها من الوزن. وحين يكون الشاعر الغنائي بارعا في اختيار الوزن اختيارا دقيقا جميلا، يتفق وموضوع القصيدة فإنه يقدم موضوعه أحسن تقديم.

---

(1) ينظر: النقد الأدبي ٩٩-١٠١، والمصطلح في الأدب الغربي ٩٨-١٠٢، ومعجم المصطلحات العربية في اللغة والأدب ٢٩٤، وتقسيم الأدب إلى أنواع وأصناف (مجلة) ١٥، ونظرية الأدب (السوفييتية) ٧٩-٩٦، ومفاهيم نقدية ٣٧٦-٤٠٠، وبين القصصية والغنائية (مجلة) ١١١.

٣. إن لكل شاعر غنائي أسلوبه الخاص به، ولعل من الأفضل أن يتجنب الأساليب الشاذة الغريبة غير المألوفة، كما يتجنب الغموض القريب من الإلغاز.

٤. الذاتية والتركيز على العاطفة: إن جزءا عظيما من الشعر الغنائي ذاتي صريح؛ أي أن الشاعر يعبر تعبيرا صريحا عن خلجات نفسه، عن آماله ورغباته وأحلامه وحبه وبغضه ويأسه وشكواه. إنه يصور مواقف وإحساسات يشترك فيها البشر، وليس ثمة من شخصيته إلا ما يضمن كون هذه الإحساسات قد اختلجت في إنسان حقا.

وقد تصل الذاتية والخصوصية بالشاعر إلى حد المبالغة والإسراف، فيرتاد مواقف وصورا نادرة الوقوع، فتتأثر عواطف لها صلة بالاستجابات العامة المختزنة ولا ترتبط تلك الصور إلا بالمواقف النادرة التي عبر عنها. وقد يتطرف فيأتي بها ذاتية محضة لا تمت بأية صلة إلى غيره من بني الإنسان. أما اللغة فلا يتذكر قواعدها إلا ليهدمها، كما لا تستجيب الألفاظ والمقاطع إلا إلى الانتقالات والالتفاتات وانقطاع الإحساس الذي قلما يدركه الذهن الواعي. وما الموسيقا في هذا النوع من الشعر إلا استغلال لمظاهر الأصوات الملفوظة وصفاتها الحسية. وقد يكون التركيب الظاهر مجرد نوع من الآلات يسجل اهتزازات العاطفة واختلاجاتها.

فهل كانت القصصية، بعد ذلك، من سمات الشعر العربي؟ أو هو غنائي حسب؟ لقد كثر القول واتسع بين الباحثين والدارسين للإجابة عن هذين الشقين من التساؤل، حتى بلغت أجوبتهم فيه درجة التناقض؛ ففي حين ذهب عدد منهم إلى إنكار وجود الشعر القصصي في الأدب العربي القديم، وقصر الشعر العربي على الغنائية، أكد عدد آخر وجود الشعر القصصي فيه، سواء أكان ذلك في قصائد كاملة أم في

ثنايا الشعر العربي[١].

أما أنا فأرجح في هذا الشأن كون القصيدة العربية القديمة نمطا متميزا "لا يصح وصفها بأنها قصيدة قصصية ولا أنها قصيدة غنائية ولا أنها مسرحية شعرية، وإنما يصدق أن يقال فيها إنها نمط شعري عربي خاص يجمع بين صفات هذه الأنماط الغربية الثلاثة ويختلف عن كل منها بدوره"[٢]. وما كان هذا إلا نتيجة منطقية لما يميز الشعر العربي من الشعر الغربي من تقانات وجماليات، هذا التميز الذي يكمن "في

(١) من الدراسات التي استوعبت معظم ما قيل في هذا الموضوع، جمعا أو مناقشة..فضلا عن إشارتها إلى الآراء في مظانها: الشعر القصصي في الأدب العربي (مجلة) ١٠٢-١٠٩، والقصة في شعر امرئ القيس (مجلة) ٥٩-٦١، وملامح السرد القصصي في الشعر العربي قبل الإسلام ١٤-١٥، والقصة والحكاية في الشعر العربي في صدر الإسلام والعصر الأموي ٨-٩، وملامح السرد القصصي في الشعر الأندلسي ١٦-٢٧، ولا يخفى أن هذه الدراسات أنفسها تضاف إلى غيرها مما يذهب إلى وجود الشعر القصصي أو لمحات منه في الأدب العربي بدليل دراستها إياه على هذا النحو. ذلك فضلا عن غيرها مما أشرنا إليه في المقدمة.

إن إحالتنا على هذه المصادر لما يوفر علينا مؤونة تكرار تلك الآراء تفصيلا، ويجنبنا الإطالة في سردها، كما لا يفوتني أن أنوه هنا كذلك بآراء لباحثين عرب قدامى أشاروا صراحة أو ضمنا إلى وجود القصة أو ما يقرب منها في الشعر العربي، وهم: أبو العباس ثعلب (قواعد الشعر ٣٥) وابن طباطبا العلوي (عيار الشعر ١١ و٤٣) وابن رشيق القيرواني (العمدة ٢٦١/١) وحازم القرطاجني (منهاج البلغاء ١٨٨-١٩٠). ومبعث تنويهي هذا بهم هو إغفال جمع من الدارسين والباحثين المحدثين لآرائهم عند الحديث في هذا الموضوع.

كما يعنيني هنا كذلك أن أشير إلى أن الدكتور طه حسين إذ قال: "...ذلك لأن الشعر العربي ليس فيه قصص وليس فيه تمثيل.." و"فالشعر العربي الذي نعرفه إذن شعر غنائي خالص.." (في الأدب الجاهلي ٣٢٠ و٣٢١ على التوالي)، يذهب إلى القول في موضع آخر "فالذين يقرأون الشعر الجاهلي أو ما صلح منه، والذين يقرأون الشعر الأموي كشعر جرير والفرزدق والأخطل يلاحظون أن مزايا كثيرة من خصائص الشعر القصصي موجودة في الشعر العربي.." (من حديث الشعر والنثر ١٦) وهنا أتساءل: هل مرد هذا التناقض في كلام الدكتور طه حسين عدم الدقة، أو تغير في الرأي بعد مزيد من البحث والدراسة؟

(٢) بين القصصية والغنائية (مجلة) ١١٥. وينظر: الشعر القصصي في الأدب العربي (مجلة) ١٠٩.

اختلاف الوظيفة التي أداها الشعر في كل من الحضارتين والغرض الذي كان الشعر يرمي إلى تحقيقه في كل من التراثين"[1]. وتأسيسا على ذلك نرى أن لا جرم أن نسم نصا شعريا عربيا ما ـ إذا ما ارتأينا تحقق ذلك فيه ـ بالقصصية والغنائية في آن واحد. بل إن من القصصية ما يكون في صميم الغنائية[2].

وإذا كان الشعر العباسي نتاج البيئة العربية الإسلامية بكل خصائصها وظروفها في مرحلة معينة من حياتها، كان من الطبيعي والحتمي أن يتصف بما اتصف به الشعر العربي في مراحله السابقة عليه، فهو حلقة جديدة من سلسلة هذا الشعر، انبجست من البيئة والروح أنفسهما، لتكمل مسيرة هذا النسغ الذي ـ كان وما زال ـ يمد الحياة العربية بكل متطلبات الارتقاء بالفكر والإحساس، والذي يصورها في الوقت عينه أصدق تصوير، فيحفل بالنزعة القصصية فيه ـ على وفق ما انتهينا إليه ـ إلى المدى الذي لم تعد هذه النزعة فيه "مقصورة على شاعر معين أو على اتجاه شعري واحد أو في قصيدة شعرية أو أكثر يطبعها شاعرها بالطابع القصصي وإنما غدت تتردد عند فئة كبيرة من الشعراء وفي أكثر من موضوع واتجاه"[3]، سواء أكان ذلك في قصائد كاملة أم في أجزاء منها أم في مقطعات مستقلة. فظفرنا بوجودها في كل ما نظم فيه الشعراء العباسيون من موضوعات، وإذا ما تخصص عدد منهم في موضوع ما، أكثر من

---

(1) بين القصصية والغنائية (مجلة) ١٠٦. وينظر: الشعر القصصي في الأدب العربي (مجلة) ١٠٩.

(2) ينظر: مقدمة في النقد الأدبي ٩٠.

ومما يجدر ذكره أن المختصين بشؤون نظرية الأدب لم يتقيدوا كلهم بالتقسيمات التقليدية التي توجب الحفاظ على الأشكال الأدبية المعروفة هذه (القصصي والغنائي والتمثيلي)؛ إذ التفتوا إلى إمكان التداخل أو التنافذ الذي قد يعتور هذه الأجناس، ففي مجال الدراسة الأدبية يغدو كل شيء ممكن الحدوث ما دام الأثر الإبداعي مرتبطا بالفكر والنفس اللذين لا يقر لهما قرار. ينظر في ذلك: نظرية الأدب (السوفيتية) ٨٢-٨٣، وتقسيم الأدب إلى أنواع وأصناف (مجلة) ٣٦-٣٨ و٤٥، والأدب الملحمي والرواية (مجلة) ٦، وملامح السرد القصصي في الشعر الأندلسي ١١-١٢.

(3) اتجاهات الشعر العربي في القرن الرابع الهجري ١٥١.

النظم فيه، فنبغ ـ تمثيلا لا حصرا ـ العباس ابن الأحنف في شعر الغزل، وبشار بن برد ومطيع بن إياس والحسين بن الضحاك في شعر العبث والمجون، وأبو نواس ومسلم بن الوليد في شعر الخمر، وأبو تمام والمتنبي في شعر الحرب، وأبو العتاهية في شعر الزهد، وديك الجن في شعر الرثاء، وابن الرومي في شعر الهجاء، والبحتري في شعر الوصف، والأبيوردي في شعر الفخر القومي.. كما نظم أبان اللاحقي وعلي بن الجهم وابن المعتز في المطولات التاريخية.. فضلا عن طغيان التفلسف في شعر أبي العلاء المعري، فإننا لا نعدم أن نرى في شعر كل منهم، فضلا عن سواهم من شعراء العصر العباسي، قصصا أو عناصر قصصية في أغلب هذه الموضوعات ـ إن لم يكن في جميعها ـ ناهيك عن تأثر عدد غير قليل منهم ببناء القصيدة العربية في شعر ما قبل الإسلام، فأتوا بالمقدمة الطللية أو الغزلية، وعرضوا لذكر الرحلة، ووصفوا الناقة أو الفرس، متوسلين بالروح القصصية نفسها التي لجأ إليها شاعر ما قبل الإسلام.

وليس من شك في أن الباعث على حفول الشعر العباسي بعناصر القصة معزو إلى تأثر الشعراء العباسيين بما قرؤوه أو اطلعوا عليه من شعر عربي موسوم بنفس قصصي، أثار لديهم الرغبة في النسج على منواله، مضيفين إليه ـ عن قصد أو غير قصد ـ ما يتلاءم وطبيعة حياتهم الجديدة، من حيث موضوع القصيدة أو شكلها. هذا فضلا عن تأثرهم كغيرهم من البشر ـ بالقصص النثري ـ مما كانوا يسمعونه أو يقرؤونه ـ سواء أكان ذلك مما وصل إليهم من قصص عربي قديم أم مما تحقق بعدما ترجم ابن المقفع كتاب كليلة ودمنة، فضلا عن تأثير كتابات الجاحظ ذات الروح القصصي ـ ولاسيما في بخلائه ـ ثم ما تبعها من مؤلفات أشبهتها، وربما زادت عليها، من مثل مقامات بديع الزمان الهمذاني ورسالة الغفران للمعري، ناهيك عما يمكن أن يكون من تأثير

لحكايات ألف ليلة وليلة[1]. هذا القصص ـ النثري ـ الذي، لا ريب، حمسهم للإفادة من خواصه ذات الأثر الفعال في نفوس الناس، عسى أن يسهم ذلك في ذيوع أشعارهم بين الناس، وفي تعظيم دورها في حياتهم.

وإذا ما غلب على استخدام العباسيين لعناصر قصصية في أشعارهم، اتخاذهم إياها على أنها وسيلة فنية لا على أنها قصة لها طرافتها وأهميتها في ذاتها[2]، فاكتفوا باللمسات الموحية الدالة، فإننا لا نعدم أن نعثر لدى عدد منهم على قصص متكاملة في قصائد مستقلة أو في أجزاء منها، أو في مقطعات مستقلة.

والذي نرمي إليه بالقصص الكاملة أو المتكاملة هو ما يتناغم وطبيعة الشعر أولا، وخصوصية الشعر العربي ثانيا؛ فقد يكتفي الشاعر العباسي بتصوير حدث واضح غير معقد أو أكثر، أو يلجأ إلى رسم هذا الحدث ـ أو الأحداث ـ بوساطة عنصر واحد أو أكثر من عناصر القصة. تلك العناصر التي توسلنا بها بوصفها إضاءات تحدد لنا ملامح ما اتخذناه لنفسنا من منهج، لا على أنها الأساس الذي يقسر الشعر العباسي لينطبق عليه ويأتمر بأمره ؛ فهي أسس للقصة النثرية الحديثة، وما نتعامل معه شعر عربي قديم له طبيعته وبناؤه ومقوماته.

ومهما يكن من أمر فإننا "سنجد في القصص التي تمر بنا أنماطا غير قليلة لم يقصر أصحابها في تصوير الملامح الظاهرة، ولا الخلجات التي في الصدور، بل إن منهم من عني ـ في حرص شديد، وصبر طويل ـ بتصوير بعض ما لا يخطر بالبال ذكره، ولا يشعر القارئ أن به حاجة إلى السؤال عنه، أو شوقا إلى تعرف صورته. ووصف الملامح والسمات في دقة وتفصيل لا يعد بعد هذا كل شيء في التخييل والتصوير، فهناك موقع

([1]) ينظر: نقاط التطور في الأدب العربي ٤٤٥، والفن القصصي طبيعته - عناصره - مصادره الأولى ١١٣-١٢٩.

([2]) ينظر: الشعر العربي المعاصر قضاياه وظواهره الفنية والمعنوية ٣٠٠.

الأحداث، والزمن الذي تقع فيه والمقاييس التي يقدر بها مبلغ الوصف ومنتهاه بالتشبيه المحكم الدقيق، والتمثيل البارع العجيب"[1].

وإذ ننتقل في ما نستقبل من هذا البحث إلى دراسة طبيعة النزعة القصصية في نصوص الشعر العباسي، فإننا سنستهدي بعناصر القصة الرئيسة ـ كما اصطلح عليها نقاد القصة ـ لاستكناه عوالم هذه النزعة، وبيان أبرز ملامحها، من غير أن نفرض هذه العناصر على هذا الشعر فرضا، وإنما نستعين بها جهد المستطاع. وهذه العناصر هي: (الحدث..الحبكة) و(الشخصية) و(الزمان والمكان) و(السرد). وقد وقع اختيارنا على هذه العناصر تحديدا ؛ لأنها معقد اتفاق أغلب الباحثين والنقاد على توافرها في أغلب الأعمال القصصية. أما ما يمكن أن يوجد من عناصر أخرى مما ذهب إلى وجوده عدد من الباحثين، حتى إن منهم من عدها، كلا أو بعضا، عناصر أساسية ـ كلا بحسب مذهبه ورؤيته ـ من (فكرة) و(بناء) و(أسلوب) و(نبرة)، فإننا سنعرض له ضمنا في تضاعيف هذا البحث إذا ما كان له من دور أو أثر فيما سنتعرض له بالدراسة والمعالجة من شعر عباسي. على أننا ـ فضلا عن ذلك كله ـ لا نغفل الإشارة إلى الاختلاف بين عدد من الباحثين في الاتفاق على بعض من هذه المصطلحات من حيث تسميتها، أو مفهومها، أو مدى أصالة بعضها وثانوية غيره[2]. ناهيك عن إدراكنا مدى التداخل بين هذه العناصر؛ إذ تشكل كلا متكاملا، وما كان هذا التمييز بينها إلى فصول في هذه الدراسة إلا بسبب من ضرورة البحث الأكاديمي.

إن هذا كله لا يعني أننا نحمل الشاعر العباسي على توفير عناصر القصة

---

(1) القصة في الشعر العربي إلى أوائل القرن الثاني الهجري ٥.

(2) ينظر، في تحديد عناصر القصة: أركان القصة، وبناء الرواية (موير)، والأدب وفنونه ١٤٢-١٥٨، وفن القصة، والقصة في شعر امرئ القيس (مجلة) ٦٠-٦١، وبناء الرواية دراسة مقارنة في ثلاثية نجيب محفوظ (سيزا)، ومدخل إلى نظرية القصة تحليلا وتطبيقا، والنقد التطبيقي التحليلي ٦٥-٩٦، والبناء الفني لرواية الحرب في العراق، وملامح السرد القصصي في الشعر الأندلسي.

مجتمعة في القصيدة ـ أو القصائد ـ التي نعدها ذات نزعة قصصية؛ فنحن ندرك إن هذه العناصر تشكل دعائم العمل القصصي على وفق المفهوم النقدي المعاصر، على أنه قد وفر في كل مـن هـذه القصائد "ما أعانه على التعبير عما يريده ويسعى إليه، دون أن يشكل غياب العناصر الأخرى خللا في بنائه القصصيـ ودون أن يكون عارفا بمسمياتنا الحديثة"(1). وعلى هذا الأساس سنقيم دراستنا هذه.

(1) ملامح السرد القصصي في الشعر العربي قبل الإسلام ٣١٦.

الفصل الأول

الحدث...الحبكة

وإذ نبدأ بدراسة عنصر الحدث فيما نعده ذا نزعة قصصية من الشعر العباسي، فإننا سنعمد إلى التعرض إلى علاقته بالحبكة، والإشارة إلى ما قيل فيهما، على أساس من تكاملهما في النظر إلى هذا الجانب من موضوع البحث انطلاقا من الزاوية التي سنتعامل معه من خلالها... ثم سنتناول بعد ذلك نماذج من الشعر العباسي ـ موضوع المعالجة، لنحاول اكتشاف مدى توافر هذا العنصر القصصي ـ الفني فيها، وكيف عبر عنه، وطبيعة الإحساس به وخصوصية التعامل معه.

الحدث ـ أو الحادثة ـ في العمل القصصي ـ مجموعة من الوقائع الجزئية يرتبط بعضها ببعض بطريقة مرتبة ومنظمة على نحو خاص هو ما يسمى بالحبكة ـ أو الإطار "plot". ومفهوم الحبكة أن تكون أحداث القصة ـ وشخصياتها ـ مرتبطة ارتباطا منطقيا يجعل من مجموعها وحدة ذات دلالة محدودة. وهكذا فإن النظام هو الذي يميز حبكة عن أخرى، فالوقائع تتبع خطا في قصة، وخطأ آخر في قصة أخرى[1].

---

[1] ينظر: الأدب وفنونه ١٤٧، والقصة العربية في العصر الجاهلي ٣٣٩، وبناء الرواية (موير) ١١، والفن القصصي ـ طبيعته ـ عناصره ـ مصادره الأولى ٤٢-٦٣.

يقول هـ ب. تشارلتن "واجب القصصي أن يخلق من فوضى الحياة نظاما متسقا في قصته، وإن ما نسميه بالحبكة القصصية ما هو إلا عملية اختيار وتقديم وتأخير للحوادث. فالقصصي يختار الحوادث الصالحة ويضع هذه قبل تلك وتلك قبل هذه، بحيث يجيء السياق والتتابع موفيا بالغرض المقصود. ولو خلت القصة من "الحبكة" لم تعد قصة فنية" (فنون الأدب ١٤٧). أما أ.م. فورستر فيقول: "الحبكة إذن هي الرواية في وجهها المنطقي؛ إذ أنها تتطلب الغموض، والأسرار تحل فيما بعد" (أركان القصة ١١٨).

وذهب بعض من الباحثين إلى دراسة الحدث مقترنا بالزمان، من ذلك ما ذهب إليه عبدالله إبراهيم إذ يقول:"وإذا تأملنا الحدث جيدا، نجده مجموعة وقائع منتظمة أو متناثرة في الزمان، وتكتسب تلك الوقائع خصوصيتها وتميزها من خلال تواليها في الزمان على نحو معين. وإزاء هذا نجد أن الزمان حقيقة مطلقة تكتسب صفتها المحسوسة من خلال مرور تلك الوقائع، ولهذا فكل من الحدث والزمان لا يكتسب خصوصية إلا من خلال تداخله مع الآخر. فالزمان "مدى بين الأفعال" والحدث "اقتران فعل بزمن" وهكذا تنتقل خصائص الأول إلى الثاني وبالعكس، بحيث لا يمكن دراسة=

وإذا تكلم الباحثون في دراساتهم ـ على اختلاف مناهجهم فيها ـ على علاقة الحدث بعناصر القصة الأخرى، فإن الدكتور رشاد رشدي يذهب إلى أن الحدث هو أساس القصة، بل هو القصة بعينها، إذ له بداية ووسط ونهاية، فضلا عن تكونه من أركان ثلاثة تشكل وحدة لا تتجزأ، وهذه الأركان هي الحوادث والشخصيات والمعنى، ومن هنا يتشكل بناء القصة. أما نسيج القصة، فإن كل ما فيه من لغة ووصف وحوار وسرد يجب أن يقوم على خدمة الحدث[1].

أما الحبكة فإن لها شكلا أساسيا تتفرع منه عدة تشعبات أو تعقيدات، وفكرة الحبكة مأخوذة أصلا من أرسطو في كتابه (فن الشعر) إذ ينص

= أحدهما بعيدا عن الآخر" (البناء الفني لرواية الحرب في العراق ٢٧). ثم يقيم هذا الباحث دراسته للحدث في كتابه الآنف الذكر على أربعة أبنية:

١. البناء المتتابع : ويقصد به تتابع الوقائع في الزمان.
٢. البناء المتداخل: ويقصد به تداخل الوقائع في الزمان.
٣. البناء المتوازي: ويقصد به توازي الوقائع في الزمان.
٤. البناء المكرر: ويقصد به تكرار الوقائع في الزمان.

(ينظر: المصدر نفسه ٢٨-٨١)

وإلى مثل ذلك ذهب إبراهيم جنداري حين أورد الأنساق الآتية في البناء الزمني للأحداث:

١. نسق البناء المتتابع أو المتسلسل: وهو توالي الأحداث الواحد تلو الآخر مع وجود رابط بينهما.
٢. البناء المتوازي: وهو سرد قصتين أو أكثر تدور أحداثهما في الوقت نفسه.
٣. البناء الدائري: وهو أن تبدأ القصة عند نقطة نهاية أحداث الحكاية ثم تعرض ما سبقها لتنتهي عند نقطة البداية مجددا.
٤. التضمين: وهو إدخال قصة في قصة أخرى. (ينظر: الفضاء الروائي عند جبرا إبراهيم جبرا ٦١-٨٠).

وكانت أليزابيث دبل قد ذهبت إلى أن "الحبكة ترتيب الفعل، ويسير الفعل خلال وسط الزمن الذي لا غنى عنه فيستمد منه جميع مفرداته التي تطور منه، تشكل البداية والوسط والنهاية مسيرة خلال التاريخ الزمني، وفي التدفق توجد السببية" (الحبكة ٧٢).

[1] على هذا الأساس من تقسيم القصة على بناء ونسيج ـ كلا بما قسمه عليه من أركان أو أجزاء ـ قامت دراسة الدكتور رشاد رشدي (فن القصة القصيرة).

على أن الحدث ينبغي أن تكون له بداية ونقطة وسطى ونهاية[1]، كما في الشكل الآتي[2]:

([1]) ينظر: فن القصة ٤٣، والنقد الأدبي الحديث ٥٤٤، وفن القصة القصيرة ١٧، والنقد التطبيقي التحليلي ٧٦، والفن القصصي- طبيعته ـ عناصره ـ مصادره الأولى ٥٩-٦٠.

([2]) هذا المخطط منقول من النقد التطبيقي التحليلي ٧٦. وقد وضع المؤلف تعريفا بمصطلحات المخطط نوردها فيما يأتي:

١. العرض: هو بداية القصة، وقد يقدم القاص فيه المعلومات الأساسية عن الشخوص ومكان الحدث وزمانه أو بداية العقدة.

٢. الحدث الصاعد: هذا الانتقال من العرض إلى أسباب الخلاف أو الأزمة، وفي الحدث الصاعد يقوم القاص بتطوير العقدة بتركيز شديد ولكن ببطء واضح.

٣. الأزمة – العقدة: هي اللحظة التي تصل فيها الحبكة إلى أقصى درجات التكثيف والانفعال وهي نقطة التحول في القصة، وتعد بداية لتمهيد الحل.

٤. الحدث النازل: وهو يعقب الأزمة مباشرة ويكون بداية لإنهاء التوتر الذي يرافق الأزمة وهو يعد القارئ للحل أو لخاتمة القصة.

٥. الحل أو الخاتمة: هو القسم الأخير من الحبكة، والخاتمة تسجل حصيلة الصراع (الفكري أو العاطفي أو الديني) الذي أظهرته الشخوص وحالة الإدراك أو الوعي الذي تصل إليه الشخصية بغض النظر عن عمق ذلك الإدراك أو مدى دوامه أو استمراره. (ينظر: المصدر نفسه ٧٧).

ويذهب بعض من الباحثين إلى أهمية النهاية في القصة؛ إذ هي النقطة التي تتجمع فيها وتنتهي إليها خيوط الحدث كلها، فيكتسب الحدث معناه المحدد الذي يريد الكاتب الإبانة عنه، فسميت لذلك بـ " لحظة التنوير" (ينظر: فن القصة القصيرة ٨٢، والفن القصصي طبيعته ـ عناصره ـ مصادره الأولى ٦٠).

ويذكر أن وارين و ويليك قد أطلقا على البنية السردية في المسرحية أو الرواية أو الحكاية اسم " العقدة " ويريدان بذلك " الحبكة ". (ينظر: نظرية الأدب ٢٨٣، والحبكة ١١٠، وملامح السرد القصصي في الشعر الأندلسي ٢٥٩).

٣. الأزمة (العقدة)، النقطة الوسطى عند أرسطو.

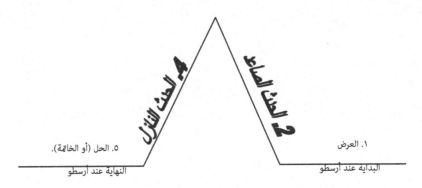

١. العرض

البداية عند أرسطو

٥. الحل (أو الخاتمة).

النهاية عند أرسطو

والقصة من حيث تركيب الحبكة نوعان متميزان، هما: القصة ذات الحبكة المفككة والقصة ذات الحبكة العضوية المتماسكة[1].

وتبنى القصة من النوع الأول، على "سلسلة من الحوادث أو المواقف المنفصلة التي تكاد لا ترتبط برباط ما. ووحدة العمل القصصي فيها لا تعتمد على تسلسل الحوادث، ولكن على البيئة التي تتحرك فيها القصة، أو على الشخصية الأولى فيها، أو على النتيجة العامة التي تنتظم الحوادث والشخصيات جميعا. وهكذا يستطيع الكاتب أن يقدم لنا مجموعة من الحوادث الممتعة، التي تقع على شكل حلقات متتابعة لا تنحدر الواحدة منها عن الأخرى، ولا تتصل إلا بذلك الرباط الذي يخفيه الكاتب عنا حتى نكتشفه أخيرا بعد الفراغ من القصة...أما القصة ذات الحبكة المتماسكة فإنها على العكس من ذلك، إذ تقوم على حوادث مترابطة، يأخذ بعضها برقاب بعض، وتسير في

_____

[1] ينظر: فن القصة ٧٣. ويطلق الدكتور أحمد أمين على النوع الأول: التصميم المفكك، وعلى الثاني: التصميم المحكم. (ينظر: النقد الأدبي ١٣٥).

خط مستقيم حتى تبلغ مستقرها"(١).

كما تنقسم الحبكة القصصية، من حيث موضوعها على نوعين: الحبكة البسيطة، والحبكة المركبة(٢). في النوع الأول تكون القصة "مبنية على حكاية واحدة، أما في النوع الثاني فتكون مركبة من حكايتين أو أكثر. ووحدة العمل والتأثير في القصة، تتطلب تداخل الحكايات المختلفة واندماج بعضها في البعض الآخر"(٣).

وإذا كان الدكتور رشاد رشدي قد ذهب إلى أن للحدث أركانا ثلاثة هي: الفعل والفاعل والمعنى، فإن أليزابيث دبل نقلت في كتابها (الحبكة) نصا عن ر.س. كرين يذهب إلى مثل ذلك مطبقا إياه على الحبكة. والنص هو:"من المستحيل...أن نحدد بشكل واف ماهية أية حبكة ما لم ندخل في صيغتنا جميع العناصر أو الأسباب التي تكون الحبكة تجميعا لها، ويتبع ذلك أيضا أن الحبكات تختلف في البناء حسب أحد المكونات السببية الثلاثة التي تستخدم مبدأ تجميع. فيوجد لذلك حبكات فعل، وحبكات شخصية، وحبكات فكرة. ففي الأولى يكون مبدأ التجميع تغير مكتمل، تدريجي أو مفاجئ، في وضع البطل، وتؤثر فيه الشخصية والفكرة....، وفي الثانية يكون المبدأ عملية تغير مكتملة في الشخصية الأخلاقية للبطل، يسرـع فيها الفعل ويقولبها، وتتضح من خلاله ومن خلال الفكرة والشعور....، أما في الثالثة فيكون المبدأ عملية تغير مكتملة في فكرة البطل، وبالتالي في شعوره، يتحكم فيها ويوجهها كل

---

(١) فن القصة ٧٣-٧٤. وينظر: النقد الأدبي ١٣٥-١٣٧.

(٢) ينظر: فن القصة ٧٥. ويطلق الدكتور أحمد أمين على النوع الأول: التصميم البسيط، وعلى الثاني: التصميم المركب (ينظر: النقد الأدبي ١٣٧).

(٣) فن القصة ٧٦. وينظر: النقد الأدبي ١٣٧.

من الشخصية والفعل"[1].

إن هناك طرائق عدة لعرض الحوادث أو تطويرها مما يدخل ضمن دراسة السرد، لكننا نعرض لها هنا لإعطاء تصوّر متكامل لمفهوم الحبكة، وهذه الطرائق هي: أولا: السرد المباشر، وعمل الكاتب فيها عمل المؤرخ الذي يدون التاريخ الظاهر لمجموعة من الشخصيات. ثانيا: الترجمة الذاتية، وفيها يكتب القاص قصته بضمير المتكلم، ويضع نفسه مكان البطل أو البطلة، أو مكان إحدى الشخصيات الثانوية، ليبث على لسانها ترجمة ذاتية متخيلة، ثالثا: الوثائق أو الرسائل المتبادلة، وفيها يعتمد الكاتب على الرسائل. رابعا: تيار الوعي أو المونولوج الداخلي، وفيها يدرس الكاتب الشخصية الإنسانية، ويعرضها على الملأ برسم قطاع داخلي لحياتها العقلية الطبيعية العفوية، وذلك بوساطة تأملات الشخصية وتداعيات أفكارها[2].

([1]) مفهوم الحبكة وحبكة رواية توم جونز ٣٠٦ نقلا عن: الحبكة ٢٩-٣٠.

كما ذهب الدكتور عدنان خالد عبدالله إلى تقسيم الحبكة على أربعة أنواع تأسيسا على نجاح الشخصية أو إخفاقها فيما تسعى إلى بلوغه ضمن العمل القصصي. وهذه الأنواع هي:

١. الحبكة النازلة: ويكون التأكيد فيها على تحطم أو اندحار الشخصية الرئيسة (سواء أكان ذلك الاندحار نفسيا أم عقليا أم عاطفيا).
٢. الحبكة الصاعدة: هي الحبكة التي تؤكد على انتصار أو نجاح الشخصية الرئيسة (النفسي، العقلي، العاطفي).
٣. الحبكة الناجحة في النهاية: هي الحبكة التي تظهر الشخصية الرئيسة منتصرة بعد إخفاقات متعددة .
٤. الحبكة المقلوبة: هي الحبكة التي تظهر فيها الشخصية الرئيسة محرزة نجاحات متعددة ومستمرة، ثم فجأة تخفق في النهاية إخفاقات ذريعة. (ينظر: النقد التطبيقي التحليلي ٧٧-٧٨).

([2]) ينظر: فن القصة ٧٧-٨٥.

وذهب الدكتور عدنان خالد إلى إيراد ما أطلق عليه أساليب فنية لتنظيم الحبكة، وهي ١. الزمن التاريخي، ٢. الزمن النفسي، ٣. الارتجاع الفني، ٤. التنبؤ القصصي. (ينظر: النقد التطبيقي التحليلي ٧٩-٨٠). =

ومن الأمور التي عرض لها الباحثون في دراستهم للحبكة، التوقيت، "ويرتبط التوقيت ارتباطا وثيقا بتراخي العمل وتوتره في القصة. فإن طبيعة العمل القصصي الذي يراوح بين القوة والضعف، والتراخي والنشاط، والاستجماع والوثوب، تفرض على الكاتب أن يسير بسرعة ملائمة لكل ذلك. فالقصة تبدأ بمقدمة هادئة مسترخية إلى أن تبلغ بداية تجمع العاصفة، ويتلو ذلك اشتداد وطأتها وتأزمها حتى تبلغ الذروة. ثم تنحدر قاطعة الطريق في سرعة متناقصة، حتى تصل إلى مستقرها. وكل حالة من هذه الحالات لها سرعتها الخاصة التي تلائمها، وتتفق مع نشاط العمل القصصي فيها"[1]. إن عنصر التوقيت هذا لا يأتي عفو الخاطر، وإنما يعتمد على فهم الكاتب للحياة، وطريقته في التعبير عن هذا الفهم في عمله القصصي الذي هو صورة من صور الحياة الإنسانية الزاخرة بالأزمات والعقد والمشكلات.

ويرتبط التوقيت بعنصر آخر هو الإيقاع، ويقصد به التنوع والتفاوت في العمل القصصي، ذلك التنوع الذي يقدمه الكاتب لنا على هيئة أمواج تتحرك بنظام خاص لتؤدي إلى تأثير معين، يشعر القارئ معه بأن القصة تسير على وفق قانون مرسوم هو الذي يكسبها هذا الشكل الخاص الذي تتجلى فيه. وقد يبدو هذا التغير التموجي خافتا غامضا حينا، ومتحفزا متسارعا حينا آخر. ولكنه في أحسن حالاته يجمع بين صفات مختلفة في آن واحد، فيكون حرا أو منضبطا، متعسرا أو منسابا، هادرا متوثبا أو خافتا متعثرا، في آن واحد. وسر الإيقاع المؤثر هو هذا التنوع في وحدة تامة مقفلة هي

= ويتضح لنا في هذه الفقرة من الدراسة مدى التداخل بين عناصر العمل القصصي وتراكبها، ذانك التداخل والتراكب اللذان سيفرضان أنفسهما على هذه الدراسة ـ كما في غيرها ـ إذ لا ينجلي مفهوم أحد هذه العناصر من غير الاستعانة بالبقية.

[1] فن القصة ٨٦-٨٧.

العمل القصصي مما يحفظ للقارئ تحفزه وشغفه في التتبع والملاحظة[1].

وإذا ما عنيت القصة بالحادثة وسردها ولم تركز على العناصر القصصية الأخرى فهي نوع يعرف بـ (قصة الحدث أو الحادثة) أو (القصة السردية)[2].

بعد أن انتهينا من عرض أبرز ما قيل في التنظير للحدث وعلاقته بالحبكة بوصفهما عنصرا مهما من عناصر العمل القصصي، ننتقل إلى تلمس أبعاد هذا الذي أوردناه من أساس نظري، أو ملامح منه، فيما اخترناه من نماذج من الشعر العباسي مما نعده ذا نزعة قصصية من حيث بروز عنصر الحدث والحبكة فيه ـ حتى إن ظهر سواه من العناصر ـ فطنين إلى حقيقة التمايز والاختلاف بين ذلك التنظير في أصل ما وضع له، وهذا الشعر الذي نعالجه فيه، ومحاولين أن تكون أمثلتنا شاملة مختلف الموضوعات التي نظم فيها الشعراء العباسيون، مع حرصنا على الإلمام بأساليب هؤلاء الشعراء في تقديم عنصر الحدث وتصويره والتعبير عنه.

إن الشعر العربي العباسي يزخر بالإشارة إلى وقائع وأحداث أراد الشعراء الإفصاح عنها ورسمها ومعالجتها، كل بحسب طبيعته النفسية الخاصة، أو الهدف الذي يرمي إلى بلوغه من وراء شعره، أو أسلوبه الفني المتميز. فضلا عن طبيعته ما يذكر من حدث أو واقعة، فقد يكون الحدث مجرد خبر يرويه، أو موقف مر به واقعا أو تخيلا، يعرض له بالذكر في مقطوعة مستقلة أو ضمن قصيدة طويلة، وربما رسم حدثا متكاملا، بمعنى أنه تقصى جميع جوانبه ـ أو أغلبها ـ في قصيدة كاملة.

قال الصنوبري (ت ٣٤٤هـ)[3]:

---

[1] ينظر: فن القصة ٨٧-٨٨، والنقد الأدبي الحديث ٥٥٨-٥٥٩.

[2] ينظر: فن القصة ٣١-٥٠، والقصة العربية في العصر الجاهلي ٣٣٩، والفن القصصي طبيعته ـ عناصره ـ مصادره الأولى ٦٢.

[3] ديوان الصنوبري ٤٣١. وينظر: شعر علي بن جبلة المعروف بالعكوك ١٤٧-١٤٨.

يا عجبا: أبصرت في السوق ما أبصرته عين مخلوق

ما راعني إلا فتى عاشق وعينه في عين معشوق

ضمتهما الطرق إلى موضع كحلقة الخاتم في الضيق

فافترقا خوف رقيبيهما عن موعد باللحظ مسروق

يصور الصنوبري ههنا موقفا مر به، ذكره كما رآه من غير أن يسهب في رسمه، أو يوغل في تلمس ما أحاط به من ظروف أو ما يمكن أن يكون من ذلك. إنه تصوير لحركة العاشقين المتوجسين خيفة من رقيبيهما فحسب، فلا ذكر للزمان إلا ما يستنبط من أن ذلك كان نهارا بحكم وجودهما في السوق، وأما المكان فهو السوق. فلم يرسم الشخصيتين بطلتي الحدث المذكور، ولم يحاول استبطان مشاعرهما أو أفكارهما في أثناء ذلك إلا ما كان من خوفهما من رقيبيهما حتى إنهما انزويا في حيز ضيق من المكان شبهه الشاعر نفسه بحلقة الخاتم، ولم يتحادثا في أثناء ذلك بأكثر من الإشارة السريعة الخاطفة. أما عن مشاعره هو بإزاء هذا الموقف بوصفه الراوي له، فقد ألمح إليها في أول البيت: يا عجبا...حيث ذهوله مما لمحه وتتبعه من حركة هذين العاشقين، وما ارتسم على ملامحهما من مشاعر.

ومثل ذلك قول المتنبي (ت ٣٥٤ هـ)[1]:

بأبي من وددته فافترقنا وقضى الله بعد ذاك اجتماعا

فافترقنا حولا فلما التقينا كان تسليمه علي وداعا

فالمتنبي ههنا اكتفى بالإشارة إلى أن من أحبه ففارقه لم يكن لقاؤه به بعد ذلك الفراق إلا للتوديع. فلم يشر إلى أكثر من الحدث في عمومه من دون الدخول في تفصيلاته، وربما عمد إلى ذلك راغبا في إطلاق العنان لخيالات متلقيه وإحساساتهم ليرودوا آفاق تلك التفصيلات.

---

(1) ديوان أبي الطيب المتنبي المنسوب إلى أبي البقاء العكبري المسمى: التبيان في شرح الديوان ٢٧٩/٢.

وإذا ما ذهب بعض الباحثين إلى أن من مستلزمات القصة "أن الخبر الذي ترويه يجب أن تتصل تفاصيله أو أجزاؤه بعضها مع البعض بحيث يكون لمجموعها أثر أو معنى كلي..ولكن الأثر أو المعنى الكلي لا يكفي وحده لكي يجعل من الخبر قصة.. فلكي يروي الخبر قصة يجب أن يتوفر فيه شرط آخر...وهو أن يكون للخبر بداية ووسط ونهاية، أي أن يصور ما نسميه "بالحدث""[١]، فإننا نذهب إلى عدم الأخذ بهذا الإلزام، وإن صح، في مثل المثالين السابقين بسبب من طبيعة رؤيتنا للموضوع التي تبحث عن النزعة القصصية، أي النفس القصصي أو الروح القصصية لدى شعراء هذا العصر، وبذلك يكون في ذينك المثالين وما شابههما[٢] نزعة قصصية، على الرغم من عدم توافرهما على مستلزمات بناء الحدث القصصي كما دعا إليها دارسو القصة الحديثة.

وما دمنا بصدد الحديث عن الخبر ومتى يمكن عده قصة، فإن في الشعر العباسي منظومات تاريخية مطولة، عرض فيها ناظموها لحقب تاريخية أو أحداث منها، بحسب هدف كل منهم من ورائها مما لا نعده قصة، "فمن الأخبار ما يمكن أن توضع جنبا إلى جنب...ومع ذلك تظل مجموعة أخبار متفرقة لا تنتج أثرا كليا، ومن الأخبار ما توضع جنبا إلى جنب...فتنتج أثرا كليا ومع ذلك تظل مجرد خبر يزودنا بالمعلومات ولكنه لا يروي قصة"[٣]؛ وذلك لعدم توافر ما اشترط وجودها فيه من عناصر قصصية. وإن كنا نذهب إلى عدم خلو مثل هذه المنظومات التاريخية من نزعة قصصية - ولو بمقدار ضئيل - تومئ إليها طريقة ترتيب الأخبار/الأحداث (الوقائع) وتتابعها، وذلك بتعاقب الجمل الفعلية - بخاصة - التي تنبئ بما كان بحسب تتابع حدوثه الزماني

<hr>

(١) فن القصة القصيرة ١٧.

(٢) ينظر: شعر إبراهيم بن هرمة القرشي (ت ١٧٦هـ) ٧٠-٧١ و٧٦-٧٧ و٢٠٦، وشعر مروان ابن أبي حفصة ٦٠، وديوان العباس ابن الأحنف ١٥٣، وديوان ديك الجن (ت ٢٣٥ أو ٢٣٦ هـ)، والتبيان في شرح الديوان ١٤٧/٢، وديوان أبي فراس ١٧٤.

(٣) فن القصة القصيرة ٢٠-٢١.

التاريخي، فضلا عن الأوصاف المتفرقة في ثنايا هذه الأعمال للأشخاص أو الأحوال. منها محبرة علي بن الجهم (ت ٢٤٩ هـ) في التاريخ، وتقع في ثلاثين وثلاثمئة بيت نظمها على بحر الرجز، وجعلها مزدوجة، أما موضوعها فتاريخي محض يبدأ منذ نشأة الخليقة وينتهي بالمستعين آخر خلفاء بني العباس في زمانه[1]. ومطلعها:

الحمد لله المعيد المبدي	**حمدا كثيرا وهو أهل الحمد**

ومما جاء فيها ذكره بعثة رسول الله محمد (صلى الله عليه وسلم):

ثم أزال الظلمة الضياء	**وعاودت جدتها الأشياء**
أتاهم المنتجب الأواه	**محمد صلى عليه الله**

ومنها يذكر خلافة المستعين:

فانتخب الله لهم إماما	**يؤيد الله به الإسلاما**
وبايعوا بعد الرضا لأحمد	**المستعين بالإله الأوحد**
وكان في العشرين من ولاتها	**من آل عباس ومن حماتها**

ثم ليختمها كما بدأها بحمد الله والصلاة على نبيه المصطفى.

ومنها مزدوجة ابن المعتز (ت ٢٩٦ هـ) التي تقع في عشرين وأربعمئة بيت، دون فيها سيرة الخليفة العباسي المعتضد[2].

ومطلعها:

([1]) ينظر: ديوان علي بن الجهم ٢٢٨-٢٥٠، وعلي بن الجهم حياته وشعره ١٩٣-٢٠٦.

([2]) ينظر: شعر ابن المعتز ق١ ٥١٩/١-٥٩١، وابن المعتز وتراثه في الأدب والنقد والبيان ١٧٠-١٧٤، وقضايا الفن في قصيدة المدح العباسية ٤٨٦-٤٩١.

ومن الجدير بالذكر أن صاحب الأغاني قد أشار إلى أن أبان بن عبد الحميد اللاحقي قد عمل قصيدة في التاريخ سماها ذات الحلل ذكر فيها مبدأ الخلق وأمر الدنيا وشيئا من المنطق (ينظر: الأغاني ١٥٥/٢٣). ولهذا النوع من النظم جذور في الشعر العربي نجدها عند يزيد بن مفرغ الحميري والأصمعي (ينظر: علي بن الجهم حياته وشعره ١٩٣-١٩٤).

باسم الإله الملك الرحمان ذي العز والقدرة والسلطان

ومما جاء فيها، يصف أحوال الخلافة قبل المعتضد:

قام بأمر الملك لما ضاعا وكان نهبا في الورى مشاعا

مذللا ليست له مهابه يخاف إن طنت به ذبابه

وكل يوم ملك مقتول أو خائف مروع ذليل

وبعد أن يسهب في الحديث عما عاناه الناس على أيدي المتسلطين، ينتهي إلى خلافة المعتضد:

ولم يزل ذلك دأب الناس حتى أغيثوا بأبي العباس

الساهر العزم، إذا العزم رقد الحاسم الداء، إذا الداء ورد

فإذا ما قرأنا هذه الأبيات[1]:

ودعتها ولهيب الشوق في كبدي والبين يبعد بين الروح والجسد

وداع صبين لم يمكن وداعهما إلا بلحظة عين أو بنان يد

وحاذرت أعين الواشين فانصرفت تعض من غيظها العناب بالبرد

فكان أول عهد العين يوم نأت بالدمع آخر عهد القلب بالجلد

رأينا أن الشاعر كشاجم (ت ٣٥٠ هـ) قد ذكر، فضلا عن خبر (أو واقعة) وداعه لحبيبته، شيئا مما اختلج في صدريهما عند ذاك، فحين وداعهما كان لهيب الشوق في كبده، والحبيبة انصرفت وهي مغيظة محنقة من مراقبة الواشين لهما، ثم كان من أثر فراقهما دمع يلازم العين وجلد فارق القلب.

إن هذا الرسم للمشاعر والأحاسيس ـ وإن لم يخض فيه الشاعر بعيدا ـ ليقرب هذه الأبيات من الروح القصصي؛ فقد أضاف إليها بعدا نفسيا أسهم في تعميق بيان أثر حدث الفراق في نفسي الحبيبين.

---

[1] ديوان كشاجم ١٥٠. وتنسب لديك الجن مع اختلاف في روايتها. (ينظر: ديوان ديك الجن ١٣٦).

وكما في المقطوعات، فإننا نرى قصائد كثيرة خصصت لوصف واقعة أو تصوير موقف، على اختلاف توجهات الشعراء، وتنوع الموضوعات. ولعل من أكثر الموضوعات نظما ذا نزعة قصصية هو لقاء الشاعر بحبيبته، سواء أكان ذلك اللقاء عفيفا أم غير ذلك. ومن هذه اللقاءات العفيفة ما صوره لنا الشريف الرضي (ت ٤٠٦ هـ) في قصيدته التي مطلعها[1]:

يا ليلة السفح، ألا عدت ثانية	سقى زمانك هطال من الديم

إذ يقول فيها:

وظبية من ظباء الإنس عاطلة	تستوقف العين بين الخمص والهضم
لو أنها بفناء البيت سانحة	لصدتها وابتدعت الصيد في الحرم
قدرت منها بلا رقبى ولا حذر	على الذي نام عن ليلى ولم أنم
بتنا ضجيعين في ثوبي هوى وتقى	يلفنا الشوق من فرع إلى قدم
وأمست الريح كالغيرى تجاذبنا	على الكثيب فضول الريط واللمم
يشي بنا الطيب أحيانا وآونة	يضيئنا البرق مجتازا على إضم
وبات بارق ذاك الثغر يوضح لي	مواقع اللثم في داج من الظلم
وبيننا عفة بايعتها بيدي	على الوفاء بها والرعي للذمم
يولع الطل بردينا وقد نسمت	رويحة الفجر بين الضال والسلم
وأكتم الصبح عنها وهي غافلة	حتى تكلم عصفور على علم
فقمت أنفض بردا ما تعلقه	غير العفاف وراء الغيب والكرم
وألمستني وقد جد الوداع بنا	كفا تشير بقضبان من العنم
وألثمتني ثغرا ما عدلت به	أري الجنى ببنات الوابل الرذم
ثم انثنينا وقد رابت ظواهرنا	وفي بواطننا بعد من التهم

---

(1) ديوان الشريف الرضي ٧٢٢/٢-٧٢٣.

فقد اجتمع بحبيبته بمنأى عن القوم، وكان الوقت ليلا، ليمتد ذلك الاجتماع حتى بزوغ الفجر، حولهما الريح ومن فوقها البرق. التقيا وقضيا الليل متعانقين ثم افترقا من غير ما إثم ولا ذنب. وقد حاول الشاعر هنا الإشارة، من بعيد، إلى زمن هذا اللقاء – الحدث ومكانه، فضلا عن بعض من تفصيلاته، متمثلة هذه التفصيلات في وصف فتاته هذه، وظرف التقائهما فضلا عن بعض مما كان منهما من حركات بريئة في أثناء هذا اللقاء، ثم إدراك الشاعر لما يبعثه ظاهر هذا اللقاء ـ أول العلاقة بعامة ـ من ريبة في نفوس الآخرين فيما لو رأوهما أو أحسوا بما بينهما، على الرغم من حقيقة عدم امتهانهما العفة في ذلك. إن هذه التفصيلات كلها لتدخل في إطار بيان الحدث الرئيس، أي اللقاء، وتوضيح أبعاده وطبيعة جوهره.

أما أبو شاكر عبدالله بن عبد الحميد اللاحقي (ت ٢٠٠ هـ) فالعفة ليست من طبعه، أفدنا ذلك من خلال ما صوره من حادثة لقائه بإحدى الفتيات، وذلك في قصيدته التي أولها[1]:

يا طلل الحي، جادك الطلل ... ما لك وحش العراص يا طلل

إذ يقول فيها:

جارية كالمهاة بارعة الـ ... خدين والخد شادن عطل

لم تلق بؤسا ولم تعان أذى ... لكن عداها النعيم والجذل

دست رسولا أن ائتنا رقدة الـ ... حي إذا ما علمتهم غفلوا

فجئت والليل مكتسى سدف الظـ ... لمة وهنا والطرق أختيل

حتى أجزت الأحماس إني على ... أمثال هاتيك حازم بطل

فلم يرعها إلا قيامي لدى الـ ... باب فجاءت والمشي منخزل

---

[1] أخبار الشعراء المحدثين ٧٠-٧١.

تقول: يا مرحبا ويرعبها الـ خوف من الحاضرين والوجل
فأرخيت دوننا وقد هدأ الـ ليل ستور الحجاب والكلل
ثم دعتنا إلى مبارزة الـ حب فرجت من تحتنا المثل
فكان شيء هيهات أذكره إني ضنين بسرها بخل
فهرولت عند ذاك إذ عظم الـ أمر وقالت ودمعها هطل:
أين من أمي أفر إن علمت أمي بما قد صنعت يا رجل؟
كيف احتيالي لها إذا فطنت ما تنفع اليوم عندها العلل؟
قد كان يجزيك لو قنعت به فيما فعلت اللزام والقبل!
لكن أبت شقوتي فهات فما أحتال أم ما أقول إن سألوا؟!
قلت: تقولين للذي يسل يمنعني من جوابك الكسل!

فهذا الرجل قد لبى دعوة فتاته، فطرقها ليلا إذ السكينة والغفلة، لكنه لم يستطع أن يسكت داعي الغواية في نفسه، فوقع ما فزعت بسببه الفتاة وندمت على الاستجابة له، فلم يأبه بما أصابها بل هزأ بها وسخر. وقد تمكن الشاعر من الإيحاء بما اعتمل في نفس فتاة مثل هذه، أرادته لقاء حب فغدا لقاء خطيئة، فخافت وأعيتها الحيلة، وذلك بما رسمه من حركة (الهرولة)، وما أخبر عنه من هطول دمع، ثم بما أجراه على لسانها من تساؤلات وعتاب. كما استطاع التلميح بعدم مبالاة هذا الآثم بما فعل، وذلك بوساطة طريقته في رواية الواقعة، وبإجابته عن تساؤلات الفتاة المنكوبة[1].

وأما أبو نواس (ت ١٩٨ هـ) فيحكي خبر زيارته وصحب له بيت أحد الخمارين في ظهيرة أحد الأيام. يقول[2]:

---

(1) لبشار بن برد قصيدة رائية تصور حادثة مماثلة. ينظر: ديوان بشار بن برد ٣/١٦٩-١٧٢، وص١٨٤-١٨٦ من هذا البحث.
(2) ديوان أبي نواس ١٤٧-١٤٩.

وفتيان صدق قد صرفت مطيهم	إلى بيت خمار نزلنا به ظهرا
فلما حكى الزنار أن ليس مسلما	ظننا به خيرا، وظن بنا شرا
فقلنا: على دين المسيح بن مريم	فأعرض مزورا وقال لنا كفرا
ولكن يهودي يحبك ظاهرا	ويضمر في المكنون منه لك الاخترا
فقلنا له: الاسم؟ قال: سموأل	على أنني أكنى بعمرو ولا عمرا
وما شرفتني كنية عربية	ولا كسبتني لا سناء ولا فخرا
ولكنها خفت، وقلت حروفها	وليست كأخرى إنما خلقت وقرا
فقلنا له عجبا بظرف لسانه:	أجدت أبا عمرو فجود لنا الخمرا
فأدبر كالمزور يقسم طرفه	لأوجهنا شطرا وأرجلنا شطرا
وقال: لعمري لو أحطتم بأمرنا	للمناكم، لكن سنوسعكم عذرا
فجاء بها زيتية ذهبية	فلم نستطع دون السجود لها صبرا
خرجنا على أن المقام ثلاثة	فطابت لنا حتى أقمنا بها شهرا
عصابة سوء لا يرى الدهر مثلهم	وإن كنت منهم لا بريئا ولا صفرا
إذا ما دنا وقت الصلاة رأيتهم	يحثونها حتى تفوتهم سكرا

ففتيان الصدق وعصابة السوء هؤلاء، كما تردد أبو نواس في وصفهم، صحبوه إلى بيت الخمار اليهودي الحاقد "سموأل" ظهيرة أحد الأيام فابتاعوا منه ما أرادوا من خمر (زيتية ذهبية)، أقاموا بها شهرا، عاصين الله غير قائمين على طاعته[1]. وقد ضمن الشاعر قصيدته هذه ما ينبئ عن أفكاره في تلك الحقبة من عمره وذلك بما حكاه من حوار دار بينه وصحبه من جهة، والخمار من جهة مقابلة. ومن هنا كان هذا الحدث

---

[1] يزخر الشعر العربي بنماذج كثيرة من هذا النوع من القصص التي اصطلح على تسميتها بالقصص الخمري، ولاسيما عند أبي نواس ومسلم بن الوليد (صريع الغواني)، وديوانهما مليئان بهذا النوع من القصص.

المرسوم في هذه القصيدة وسيلة للإعلان عما أراد الشاعر البوح به من أفكار تقترب بالشاعر من التجاوز على القيم العربية/الإسلامية الأصيلة والتحلل منها.

وتزوج محمد بن خالد الذي كان يناصب أبانا اللاحقي العداء، بعمارة بنت عبد الوهاب الثقفي، وكانت موسرة، فقال أبان (ت ٢٠٠ هـ) يهجوه ويحذرها منه[1]:

لما رأيت البز والشاره — والفرش قد ضاقت به الحاره

واللوز والسكر يرمى به — من فوق ذي الدار وذي الداره

وأحضروا الملهين لم يتركوا — طبلا ولا صاحب زماره

قلت: لماذا؟ قيل: أعجوبة — محمد زوج عماره

لا عمر الله بها بيته — ولا رأته مدركا ثاره

ماذا رأت فيه؟ وماذا رجت — وهي من النسوان مختاره؟

أسود كالسفود ينسى لدى التـ — تنور بل محراك قياره

يجري على أولاده خمسة — أرغفة كالريش طياره

وأهله في الأرض من خوفه — إن أفرطوا في الأكل سياره

ويحك فري وأعصى ذاك بي — فهذه أختك فراره

إذا غفا بالليل فاستيقظي — ثم اطفري إنك طفاره

فصعدت نائلة سلما — ذ تخاف أن تصعده الفاره

سرور غرتها فلا أفلحت — فإنها اللخناء غراره

لو نلت ما أبعدت من ريقها — إن لها نفثة سحاره

فما أن رأى الشاعر الملابس والفرش تملأ الحارة، واللوز والحلوى يرمى بها للناس، والمغنين والعازفين جيء بهم للاحتفال والإلهاء، تساءل عن سبب هذا كله، فأجيب بزواج محمد عدوه بعمارة، فأخذ بهجائه شكلا وموضوعا، فهو أسود قبيح من

---

(1) ينظر: أخبار الشعراء المحدثين ٢٤، والأغاني ١٦٤/٢٣.

جهة، وبخيل شحيح من جهة أخرى. ثم توجه بالخطاب إليها يحرضها على الفرار منه والرجوع عن قرارها.

إن حدث الزواج أو الزفاف هذا قد دفع بالشاعر إلى الإخبار عن وقائع أخرى حصلت، لها علاقة به، فما قام به (محمد) على أولاده أرغفة كالريش صغيرة خفيفة طيارة، وما قاله الشاعر من أن أهل (محمد) هذا إن أفرطوا في الأكل فهم من خوفه في الأرض سيارة، أفاد منها الشاعر نفسه في وصم عدوه بالبخل. فضلا عن أنه أفاد من واقعة هرب إحدى الفتيات في تشجيع العروس (عمارة) على الفرار من محمد هذا الذي تزف إليه. قاصدا من وراء ذلك كله إلى هجاء عدوه وإفشال زيجته، كرها وانتقاما.

وقد يعمد الشاعر إلى نقل مثل، معبرا عنه على شكل قصة من قصص الحيوان، مبتغيا الحكمة والوعظ بوساطته، من مثل ما جاء في هذه القصيدة للطغرائي (ت ٥١٥ هـ)[1]:

إذا كنت للسلطان خدنا فلا تشر	**عليه بما يؤذي به الدهر مسلما**
فقد جاء في أمثالهم أن ثعلبا	**وذئبا أصابا عند ليث تقدما**
أضر به جوع طويل فشفه	**وأبقى له جلدا رقيقا وأعظما**
ففاز لديه الذئب يوما بخلوة	**فقال: كفاك الثعلب اليوم مطعما**
فكله وأطعمه فما هو شكلنا	**ولست أرى في أكله لك مأثما**
فلما أحس الثعلبان بكيده	**تطبب عند الليث واحتال مقدما**
وقال: أرى بالملك داء مماطلا	**تهدم منه جسمه وتحطما**
وفي كبد الذئب الشفاء لدائه	**فإن نال منها ينج منه مسلما**
فصادف ذا منه قبولا فعندها	**أحال على الذئب الخبيث فصمما**

(1) ديوان الطغرائي ٣٥٥-٣٥٦.

فأفلت ممسوخ الإهاب مرملا	فلما رآه الثعلبان تبسما
وصاح به: يا لابس الثوب قانيا	متى تخل بالسلطان فاسكت لتسلما

نقل الطغرائي في هذه القصيدة، قصة الثعلب والذئب مع الأسد، فما أن مرض الأسد حتى أراد الذئب أن يقنعه بافتراس الثعلب تطببا، لكن الثعلب أحس بهذه المؤامرة ونجح هو بدوره في إقناع الأسد بأن دواءه في تناول كبد الذئب، فراق هذا للأسد وأراد النيل منه، إلا أن الذئب أفلت منه بعد أن كاد يقضي نحبه بين يديه، فلما رآه الثعلب وهو على حاله من الجرح والإعياء تبسم قائلا له: إذا ما خلوت بالسلطان فاسكت ودع التآمر لئلا تقع في شر أعمالك؛ إذ لا بد من وجود من هو أكثر حيلة ودهاء. وهي الحكمة أو النصيحة التي أراد الشاعر إبلاغها من وراء هذه القصة، بعد أن كان قد أجملها في البيت الأول من القصيدة.

إن عرض الطغرائي لهذه الحادثة يقترب على استحياء مما يطلب وجوده من نمو في الصراع يبلغ ذروة ما ثم يبدا بالانفراج، فإن كنا نذهب إلى أن الذروة ربما تتمثل في رد الثعلب على مؤامرة الذئب ثم إفلات الذئب منها، وخروجه جريحا مدمى إلى حيث نهاية القصة، فإن البداية التي كانت بمرض الأسد لم يوضحها لنا الشاعر أو الراوي كاملة من حيث الدافع الذي دعا الذئب إلى التآمر على الثعلب. وإن كنا نستطيع أن نرجعه إلى مثل ما يكون في نفوس بعض من البشر من رغبة في نيل الحظوة لدى علية القوم، متقربين منهم ومتزلفين إليهم بالنيل من أصحابهم ورفاقهم وعلى حسابهم.

بعد هذا العرض لهذا العدد من القصائد - مما نعده أمثلة تعبر عن غيرها من شعر الحقبة التي ندرس، يتضح لنا أن الحبكة بمفهومها الذي أوردناه لها في مستهل هذا الفصل غير موجودة، بمعنى أن ما ينبغي توافره من استهلال واف يمهد للحدث أو الأحداث، فضلا عن الصراع الذي يتأزم حتى يبلغ الحالة القصوى (الذروة) ثم يشرع بالسير نحو التحلحل، لا نلمح كل ذلك هنا على وفق الصورة التي نظر إليه بها وإنما

بصيغة تقترب في جانب أو أكثر من ذلك التنظير أو تبتعد عنه، وتتمثل هذه الصيغة ـ بعامة ـ في ما لاحظناه من عرض مجريات الحدث منذ بدايته حتى انتهائه وبحسب تسلسل زماني تأريخي متتابع من غير تعمد في إطالة ذلك العرض وتفريعه أو تعقيد مجرى انسيابه؛ فغالبا ما يكون الحدث (أو الواقعة) يسير المتناول، داني المأخذ، جلي المعالم، محدد الأبعاد. فإذا ما حاولنا الكشف في مثل هذه النصوص عن ذروة بعينها تتحقق فيها شروط الذروة في العمل القصصي ـ النثري، فإننا لن نقع عليها إلا بتكلف لا لشيء إلا لوضوح الحبكة التي تضمنت وقائع الحدث (أو الأحداث) وانسيابها بمستوى إيقاعي واحد، ودرجة إيقاعية متقاربة. وما ذلك كله إلا بسبب من طبيعة الموضوعات التي تعالج في مثل هذه القصائد التي بهذا الحجم. ثم إن تناول الشاعر العباسي لهذه الموضوعات أنفسها يتم من زاوية ألف النظر إليها من خلالها تأثرا بطبيعة حياته التي يعيش، فضلا عما اختزنه في ذاكرته من موروث أدبي/شعري عربي اختط هذا النهج من المعالجة القصصية. وإن كنا لا ننكر نسبية ذلك واختلاف الإبداع فيه من شاعر إلى آخر بحسب درجة الموهبة والقدرة الفنية.

إن هذا كله لا يعد انتقاصا من هذا الشعر، وإنما هو أسلوب في المعالجة يتواءم وطبيعة الشعر العربي العباسي، شكلا فنيا وموضوعا، ذلك الشعر الذي هو ابن بيئته. ولكن ماذا عن القصائد الأطول، التي يبلغ عدد أبياتها العشرات، والتي توسلت بالروح القصصية لمعالجة ما تناولت من موضوعات؟

لعل أبلغ مثال على القصيدة الطويلة التي تناولت موقفا أو حدثا معينا وعرضته بأسلوب قصصي ـ هي قصيدة الشاعر أبي القاسم الواساني (ت ٣٩٤هـ)[1]، الذي عده الدكتور مصطفى الشكعة "مبتكر الاتجاه القصصي الفكه الساخر في القصيدة

([1]) ينظر: يتيمة الدهر ٣٣٩/١-٣٤٨.

الطويلة"[1]. أما القصيدة التي نعني فذات المطلع:

من لعين تجود بالهملان ولقلب مدله حيران؟

والتي يبلغ عدد أبياتها ستة وتسعين ومئة بيت.

يستهل الشاعر قصيدته هذه بإعلان ندمه على دعوته من نعتهم بأولاد البغايا والعاهرات الزواني، وذلك في معرض حواره مع لائمين من أخلائه. وما نعته ذاك إياهم، وتصريحه بندمه إلا مدخلا يهيئنا للولوج من خلاله إلى الحدث الرئيس الذي يريد عرضه....فيبدأ بذكر عددهم وأجناسهم. من ذلك قوله:

ضرب البوق في دمشق ونادوا لشقائي في سائر البلدان

النفير النفير بالخيل في دمشق والرجـ ـل إلى فقر ذا الفتى الواساني

جمعوا لي الجموع من خيل جيلا ن وفرغانة إلى ديلمان

ومن الروم والصقالب والتر ك وخلقا من بلغر واللان...

وهكذا يسهب في تعدادهم مبالغا ـ لا ريب ـ في بيان كثرتهم. ثم يصور حالهم في طريقهم إليه:

رحلوا من بيوتهم ليلة المر فع من أجل أكلة مجان

يركضون البريد تسعة أميا ل بنص الوجيف والذملان

شره بارد وحرص على الأكـ ل بأنا قوم من المجان

ما شعرنا ونحن من آمن العا لم إلا بصرخة الديدبان...

فينزلون عليه كالسيل وهم مصممون على أمر ما جعله يشعر بالقلق ثم يصف حاله قائلا:

أشرفوا لي على زروع وأحطا ب وبيت من خيره ملآن

([1]) فنون الشعر في مجتمع الحمدانيين ٣٨٠.

لبن قارس وخبز كثير   وقدور تغلي على الدادكان

وشواء من الجداء ومعلو   ف دجاج وفائق الحملان

وشراب ألذ من زورة المعـ   شوق بعد الصدود والهجران...

ثم يبدأ بإخبارنا بأسماء أبرز هؤلاء الضيوف وصفاتهم، هاجيا ومنتقصا، فذاك الهاشمي والشريفان، وأبو القاسم الكبير وأخوه الصغير، والسري وأخوه الفضل، والشمولي، والأديب والكاتب وصديق الأشراف والفيلسوف، والفرغاني والطرمذان..حتى يقول:

وأتوني بزامر زمره يحـ   ـكي ضراط العبيد والرعيان

ومغن غناؤه يطلق البطـ   ن ويأتي بالقيء والغثيان

قصدت هذه الطوائف حمرا   يا لهتكي وذلتي وامتحاني

قلت: ما شأنكم؟ قالوا: أغثنا   ما طعمنا الطعام منذ ثمان

وأناخوا بنا فيالك من يو   م عبوس عصبصب أرونان

نزلوا حجرتي وأطلقت الأفرا   س بين الرطبان والقصلان

لم يكن مربعا سوى ساعة حتـ   ـى رأيت الزروع كالبلحان

أفقروني وغادروني بلا دا   ر ولا ضيعة ولا بستان

لم ينه الواساني قصيدته بهذه الأبيات، وبذكره طلبهم الطعام وإناختهم ثم مغادرتهم إياه فقيرا، بل إنه سيعود إلى تفصيله بما سيأتي به فيما بعد من أبيات كثيرة. إذ يقول:

حيروني ودلهوني فقد صر   ت بليدا كالذاهل السكران

أسمع اللفظ كالطنين لسهوي   وهو لفظ يجري لغير معاني....

ثم يأخذ بتعداد ما أكلوا، فيتوزع ذلك على ثلاثة عشر بيتا من القصيدة، ثم ينتقل لذكر ما أتلفوا من مزروعات وأهلكوا من حيوانات. فإذا ما خاف على حصانه

وسيفه وأراد إخفاءهما عنهم:

فتمالوا علي شتما ولعنا / واستباحوا عرضي بكل لسان

من له قدرة على الشعر يهجو / ني ومن كان مفحما يلحاني

وكأني أنا الذي عثت في الخيـ / ـر وغيرت صورة الحيوان...

وبعد أن أتوا على كل ما في الدار من طعام وشراب وزروع وحيوان، وبعد أن لحق بهم غيرهم من الساسة والشاكري والعبدان، أخذوا بتكسير كل ما وقعت عليه أيديهم من أثاث وطعام وأشجار وحيوانات وتخريبه، ثم لتقع الطامة الكبرى باعتدائهم على نسائه وغلمانه وهتكهم أعراضهم..من ذلك قوله:

لو سمعتم يا قوم في غسق الليـ / ـل بكاء النساء والولدان

يتنادون بالعويل وبالويـ / ـل وراء الأبواب والجدران...

وينتقلون للعبث به، وإتمام الإجهاز على ما تبقى من أثاث بيته وسرقة ملابسه وسيفه وسكينه وخفه. حتى إذا ما خروا صرعى من التعب هوموا ساعة ثم قاموا بعدها يطالبونه بالصبوح. وحين قرروا المغادرة، يقول الواساني:

سحبوني من جوف بيتي على وجـ / ـهي كأني أدعى إلى السلطان

بقلوب أشد حرا من الجمـ / ـر وأقسى من الصفا الصوان

قلت: رقوا لذلك الطفل ميمو / ن ولا تؤتموه يا إخواني

ما تفي أكلة بقتل غريب / ذي عيال ناء عن الأوطان

علقوني بفرد رجل إلى السقـ / ـف وعذبت ليلتي بالدخان

لو رآني أبي وأمي على رأ / سي ورجلاي بالعصا تنقران

بكيا لي من ذاك واشترياني / من يديهم بكل ما يملكان...

ويلجأ إلى مخاطبتهم محاولا إقناعهم بتركه، راجيا متوسلا..ثم:

قطعوا الحبل فانقلبت على رأ / سي وظهري فاندق لي ضلعان

ثم لما تمكن اليأس خلو ني ومالوا حشوا على الأتبان

وأجيري مسخر ينقل الأتـ بان بالذل عاريا والهوان

وهو يبكي فقلت: ويحك ما تصـ نع بالتبن بعد موتة الفدان...

ولا يني يعدد ما سرقوا منه...ليعرض بذكر من رثى له:

ما رثى لي سوى المبارك من ضر ري وذاك القصير الدحدحاني

رفهاني وخففا الثقل عني فهما من ملامتي سالمان

والسري السري حقا كما سـ مى أيضا من بطنه أعفاني

ثم يختتم القصيدة بقوله:

هل سمعتم فيما سمعتم بإنسا ن عراه في دعوة ما عراني

أسعدوني يا إخوتي وثقاتي بدموع تجري من الأجفان

إخوتي من لواكف الدمع محزو ن كئيب مدله حيران

هائم الفكر ساهر الليل باكي الـ عين واهي القوى ضعيف الجنان

لم يكن ذا القران إلا على شؤ مي فويلي من نحس ذاك القران

أسهب الواساني في هذه القصيدة الطويلة في وصف تفصيلات الحدث، أو وقائعه، الذي عاشه وعانى منه، عارضا إياها على وفق تسلسل وقوعها الزماني التاريخي، وإن لم نعدم محاولته استباق الأحداث وإعلامنا بالنتيجة أو النهاية في وقت متقدم، متابعا وصف ما جرى، مقتربا بذلك مما اصطلح على تسميته بالبناء الدائري في عرض الأحداث أو الوقائع. كما أن ما ذكره من تفصيلات ما حصل قد أسهم في بيان هذا الحدث المرسوم وتعميقه. فقد " يلجأ الروائي إلى أحداث ثانوية أو إلى جزئيات صغيرة يوردها من خلال الأحداث الرئيسة أو الثانوية يؤصل فيها الحدث الأساس، فيبدو مطابقا

للحقبة الزمانية أو البقعة المكانية التي اختارها الروائي كي تكون مسرحا لأحداثه"[1].

إن القصيدة، على الرغم مما أرادت أن تشير إليه من همجية هـؤلاء القوم وبشاعة تصرفاتهم ـ بقطع النظر عن حقيقة ذلك ـ جاءت في ذلك كله على وتيرة واحدة من غيـر مـا تنـوع أو تفاوت في إيقـاع عرض ما يجري، فلم نحس بأهمية جزء من هذه الحادثة على غيره، وكأن كل ما قام به هؤلاء الغاغة متساو في أثره وخطورته، فكان إسرافهم في الأكل والشرب لا يقل عن هتكهم الأعراض أو العبث بكرامة صاحب الوليمة، أو أن هتك الأعراض والعبث بكرامة صاحب الوليمة لا يزيد عن الإسراف في الأكل والشرب. ومن هنا لم نلحظ وجود نقطة تأزم وتوتر بارزة ارتقى إليها، في جزء مـا، مـا أراد الشاعر أن يصوره مـن حـدث مأساوي. فضلا عن أننا لم نحس بتوجع حقيقي من جراء هذه المعاناة؛ ذلك لأن الشاعر، فيما يبدو، قصد إلى المبالغة في الهجاء الساخر الفكه ـ حتى إن صح ما جرى له من ذلك في أصله ـ إن هذا لا يمنع من أن نطلق على مجريات هذا الحدث الذي فشلت فيه الشخصية الرئيسة في الحفاظ على نفسها وممتلكاتها فضلا عمن هم تحت حمايتها، وما انتهت إليه هذه الشخصية من سوء وخيبة، بالحبكة النازلة؛ فللنظم الشعري العربي خصوصيته كما أشرنا إلى ذلك من قبل[2].

إذا ما تناولنا فيما مر من هذا الفصل مقطوعات وقصائد مستقلة، تناولت حدثا

---

[1] صورة البطل في الرواية العراقية (١٩٢٨-١٩٨٠). وربما يتضح أننا لا نعدم في النصوص التي أوردناها سـابقة على نـص الواساني هذا أن نجد شيئا من التفصيلات التي تسهم في تأصيل الحدث وبيانه، لكنها لا ترقى في حجمها وأثرها إلى مثل ما كان لها في هذا النص.

[2] للشاعر محمد بن يسير (ت نحو ٢١٠ هـ) قصيدة من واحد وخمسين بيتا، مطلعها:

لي بستان أنيق زاهر   ناضر الخضرة ريان ترف

أفردها لهجاء شاة جار له، أفلتت من قيدها ودخلت بستانه، فأكلت البقل ومضغت الخوص، ثم دخلت إلى بيته فلم تجد فيه إلا القراطيس فيها شعره وأشياء من سماعاته، فأكلتها وخرجت. مع ذكره لما حدث. (ينظر: الأغاني ١٤/٢٠-٢٦).

55

ما، مقتصرة عليه عارضة إياه بأسلوب قصصي مباشر وواضح، فإننا سنعرض فيما نستقبل من هذا الفصل لنمط آخر من القصائد، ذلك ما جاءت فيه القصة ضمنا، بوصفها أداة تعبيرية بارزة تسهم في بيان موضوع القصيدة الأصيل وتأكيده وتعزيزه. ولاسيما في قصائد المديح والفخر ووصف الحروب. ولنبدأ ببائية أبي تمام (ت ٢٣١ هـ)[١]:

السيف أصدق أنباء من الكتب **في حده الحد ين الجد واللعب**

يستهل أبو تمام قصيدته هذه بأبيات حكمية، يجعل منها مقدمة للدخول في غرض القصيدة الأساس، الذي هو وصف واقعة فتح المعتصم عمورية. وهذه الأبيات "تدور حول قضية هامة تقول: إن الذي يفصل في الأحداث الكبرى هو الفعل لا الكلام، وهو الحرب وليس كلام المنجمين...ثم إنه يبالغ في السخرية من الروم بأكثر من طريقة، وهو يجعل من هذه السخرية مقدمة للقصيدة، وكأنه لم يشأ أن يتخلص تماما من المقدمة التي تتفق وموضوعه"[٢].

ثم يبدأ بوصف هذا الفتح، قائلا:

فتح الفتوح تعالى أن يحيط به **نظم من الشعر أو نثر من الخطب**

عارضا في أثناء ذلك لأحداث مرت تتفق وموضوعه، تلك هي المحاولات السابقة لفتح هذه المدينة قام بها كسرى وأبو كرب، فيفيد من هذا العرض في تأكيد أهمية هذا الحدث وعظمته، وفي تعزيزه وتأصيله. إذ يقول:

وبرزه الوجه قد أعيت رياضتها **كسرى وصدت صدودا عن أبي كرب**

بكر فما افترعتها كف حادثة **ولا ترقت إليها همة النوب**

من عهد إسكندر أو قبل ذلك قد **شابت نواصي الليالي وهي لم تشب**

وينتقل الشاعر إلى ساحة المعركة، واصفا ما جرى:

---

(١) ينظر: ديوان أبي تمام ١/٤٠-٧٤.

(٢) دراسات في النص الشعري: العصر العباسي ٢٠٧-٢٠٨.

كم بين حيطانها من فارس بطل قاني الذوائب من آني دم سرب

بسنة السيف والحناء من دمه لا سنة الدين والإسلام مختضب

لقد تركت أمير المؤمنين بها للنار يوما ذليل الصخر والخشب

غادرت فيها بهيم الليل وهو ضحى يشله وسطها صبح من اللهب

ويعرج، بعد، على مدح المعتصم بطل هذا الحدث:

تدبير معتصم بالله منتقم لله مرتقب في الـلـه مرتغب

وإذ يستمر في المدح، فإنه يعزز من هذا الحدث ويؤكد أثره. ليقول في أثناء ذلك:

لبيت صوتا زبطريا هرقت له كأس الكرى ورضاب الخرد العرب

فأخبر عن السبب الأساس الذي حدا بالمعتصم إلى القيام بهذا العمل الكبير. إنه حدث الاحتلال والاعتداء الذي دفع المرأة العربية لأن تصيح "وامعتصماه"، فجاء حدث "الفتح" استجابة له، فيكمل الحدث الثاني الحدث الأول ويمتزج به ليغدوا حدثا واحدا.

وبعد مديحه المعتصم "باعتباره رمزا للنصر، أتى بالقائد الرومي "توفلس" باعتباره رمزا للهزيمة"[1]، من ذلك قوله:

لما رأى الحرب رأي العين توفلس والحرب مشتقة المعنى من الحرب

غدا يصرف بالأموال جريتها فعزه البحر ذو التيار والحدب

هيهات! زعزعت الأرض الوقور به عن غزو محتسب لا غزو مكتسب

وأخيرا يختم القصيدة بأبيات خمسة، يلخص فيها بتركيز كل ما دار في القصيدة من قبل، مخاطبا بها ممدوحه:

خليفة الـلـه جازى الـلـه سعيك عن جرثومة الدين والإسلام والحسب

بصرت بالراحة الكبرى فلم ترها تنال إلا على جسر من التعب

---

(1) دراسات في النص الشعري العصر العباسي ٢٢٥.

إن كان بين صروف الدهر من رحم   موصولة أو ذمام غير منقضب

فبين أيامك اللاتي نصرت بها   وبين أيام بدر أقرب النسب

أبقت بني الأصفر المراض كاسمهم   صفر الوجوه وجلت أوجه العرب

فهو هنا "يقوم بعملية تكثيف للأحداث والأشخاص التي مرت به ثم يحولها في مهارة إلى ما يشبه الحكم التي هي أثيرة عند الإنسان العربي"[١].

نلحظ بعد هذا العرض لبائية أبي تمام أن لها بناء خاصا اختلف عما مر بنا فيما تقدم من هذا الفصل، بسبب من طبيعة موضوعها الذي هو المديح المتضمن وصف واقعة حرب ما خاضها الممدوح. ولا نجد في مثل هذا البناء ـ الذي هو الأساس في هذا النوع من القصائد العربية ـ الحبكة بمفهومها الغربي، الذي عرضنا له في مستهل هذا الفصل، وإن لم نعدم لمحات منها تواءمت وطبيعة الشعر العربي، والعباسي منه بخاصة، فضلا عن طبيعة الموضوع؛ فالاستهلال للحدث موجود ولكن بطريقة إجمال فكرة القصيدة، ثم يتم بوساطة هذا الإجمال الدخول إلى ذكر التفصيلات ووصف الحدث، فالمديح المتضمن وصف شخصية الممدوح وشيئا من جوانب الحدث، فضلا عن بيان الشاعر، في أثناء هذا المديح نفسه، للسبب الرئيس في حصول ما حصل. وذلك في مقابل شخصية قائد العدو الممثلة للضد السيء، التي عرض لوصفها بعد انتهائه من وصف شخصية الممدوح، ثم الوصول إلى النهاية المتمثلة بإجمال موضوع القصيدة في أبيات قريبة من الحكم والوعظ مخاطبا بها الممدوح نفسه. ولعل هذا البناء العربي الخاص، هو الذي حدا بالمستشرق جيمس ليال إلى القول – في معرض حديثه عن خصوصية البنية الشكلية للقصيدة العربية ومغايرتها للبنية القصصية المألوفة في الغرب – : "إن القصيدة العربية القديمة متميزة جدا في شكلها وروحها، مع أنه لا يسهل تصنيفها ضمن الأنواع

---

(١) دراسات في النص الشعري العباسي ٢٢٨.

(الشعرية) المعروفة في النقد الأوربي. فهي ليست ملحمية، ولا قصصية إلا بقدر ما يساعد وصف الحدث في إبراز صورة للشخصية"[1].

ولننظر فيما يأتي، في قصيدة المتنبي[2]:

غيري بأكثر هذا الناس ينخدع	إن قاتلوا جبنوا أو حدثوا شجعوا

يبدأ المتنبي قصيدته هذه بأبيات حكمية ذاتية تهيء القارئ، للولوج إلى موضوع القصيدة الرئيس، ثم ينتقل إلى وصف أحداث المعركة/موضوع القصيدة، التي هزم فيها جيش ممدوحه سيف الدولة الحمداني. منها:

قاد المقانب أقصى شربها نهل	على الشكيم وأدنى سيرها سرع
لا يعتقي بلد مسراه عن بلد	كالموت ليس له ري ولا شبع
حتى أقام على أرباض خرشنة	تشقى به الروم والصلبان والبيع
	ذ
مخلى له المرج منصوبا بصارخة	له المنابر مشهودا به الجمع

ويعمد الشاعر بعد ذلك إلى تقويم الحدث الرئيس بين أحداث المعركة، وهو استسلام بعض من أتباع سيف الدولة للأسر، والتعقيب على هذا الحدث بصوته هو، وعن طريق الخطاب المباشر للدمستق وقومه بوصفهم أعداء البطل. يقول:

قل للدستق إن المسلمين لكم	خانوا الأمير فجازاهم بما صنعوا
وجدتموهم نياما في دمائكم	كأن قتلاكم إياهم فجعوا
ضعفى تعف الأيادي عن مثالهم	من الأعادي وإن هموا بهم نزعوا
لا تحسبوا من أسرتم كان ذا رمق	فليس يأكل إلا الميتة الضبع
هلا على عقب الوادي وقد طلعت	أسد تمر فرادى ليس تجتمع

---

(1) نقلا من: بين القصصية والغنائية ١٠٦ Lyall, Translation of Ancient Arabian Poetry 1930. p.106 XVIII.

(٢) التبيان في شرح الديوان ٢/٢٢١-٢٣٤.

تشقكم بقناها كل سلهبة — والضرب يأخذ منكم فوق ما يدع

وإنما عرض الله الجنود بكم — لكي يكونوا بلا فسل إذا رجعوا

فكل غزو إليكم بعد ذا فله — وكل غاز لسيف الدولة التبع

لعل المتنبي هدف من هذا الربط، ههنا، بين الماضي والحاضر والمستقبل إلى "إعلاء شأن البطل الممدوح عن طريق التهوين من شأنه أعدائه وشأن انتصارهم الآني الحالي ووضع المعركة موضوع القصيدة في مكانها الصحيح حدثا ثانويا محدود الأهمية والأثر في الحياة البطولية لسيف الدولة، تلك الحياة الحافلة بالانتصارات الجليلة"[1].

ويتركز القسم الأخير الباقي من القصيدة على الغرض الرئيس منها وهو المدح، ولكنه المدح الممزوج بالفخر الشخصي. يقول فيه:

ليت الملوك على الأقدار معطية — فلم يكن لدني عندها طمع

رضيت منهم بأن زرت الوغى فرأوا — وإن قرعت حبيك البيض فاستمعوا

لقد أباحك غشا في معاملة — من كنت منه بغير الصدق تنتفع

ليختمها بقوله:

إن السلاح جميع الناس تحمله — وليس كل ذوات المخلب السبع

خلص صاحبا بحث(بين القصصية والغنائية)، بعد دراستهما لعينية المتنبي هذه، إلى نتيجة نرى أنها تنطبق على بائية أبي تمام سالفة الذكر، فضلا عن قصائد المتنبي الأخرى التي نحا فيها هذا المنحى الذي أبدع فيه وبرز[1]. ناهيك عن غير ذلك من القصائد

([1]) بين القصصية والغنائية ١١٧.

([2]) من ذلك مثلا: ميميته:

على قدر أهل العزم تأتي العزائم — وتأتي على قدر الكرام المكارم

(التبيان في شرح الديوان ٣/٣٧٨-٣٩٢) =

العربية التي نظمت في هذا الغرض ، إذ قالا: "إنها قصيدة لا ترمي إلى سرد قصة ذات حبكة متماسكة، وهذا يعني أنها ليست قصيدة قصصية بالمفهوم الغربي، ولكنها في الوقت ذاته قصيدة تتسم بتعدد الحالات الشعورية المعبر عنها وبعدم التركيز على العاطفة الشخصية عند الشاعر أو المتحدث في القصيدة وبالتداخل اللافت بين الخاص والعام والتقابل الواضح بين الذاتي والموضوعي. والاستنتاج الذي يفرض نفسه في ضوء هذا التحليل هو أن عينية المتنبي بوصفها مثالا على الشعر العربي البطولي والشعر العربي القديم بعامة لها خصوصيتها التي تميزها شكلا ومضمونا عن كل من القصيدة القصصية والقصيدة الغنائية بالمفهوم الغربي وتجعل منها مثالا على "القصيدة" العربية المتميزة التي لا يجوز تصنيفها تحت أي من الأنماط الشعرية الغربية "[1].

ولا شك في أن إثباتنا هذا الرأي ههنا، لا يتقاطع وما نذهب إليه من توافر ملامح

= ورائيته:

طوال قنا تطاعنها قصار	**وقطرك في ندى ووغى بحار**

(التبيان ٢/١٠٠-١١٣)

وميميته:

عقبى اليمين على عقبى الوعى ندم	**ماذا يزيدك في إقدامك القسم**

(التبيان ٤/١٥-٢٦)

ونذكر لأبي تمام كذلك : لاميته:

آلت أمور الشرك شر مآل	**وأقر بعد تخمط وصيال**

(ديوان أبي تمام ٣/١٣٢-١٤٥)

وينظر: قضايا الفن في قصيدة المدح العباسية ٤٦٦-٤٧٢ و٤٨٥-٤٩١، وأبو تمام الطائي حياته وحياة شعره ٢٢٦-٢٢٧.

([1]) بين القصصية والغنائية ١١٩. وينظر: المصدر نفسه ١٢٠-١٢٢. أما كلمة "القصيدة" الموضوعة بين قوسين صغيرين في نهاية النص فهي مصطلح أطلقه ياروسلاف ستيتكيفتش على هذا النمط الشعري العربي المتميز. (ينظر: المصدر نفسه ١١٥).

قصصية في القصيدة العباسية، عبرت عن نفسها بطريقتها الخاصة، التي تتفق وطبيعتها المتميزة عن غيرها من أشعار الأمم الأخرى؛ فالأمم في نشاطها الإبداعي تتشابه في جوانب وتختلف في سواها، مع احتفاظ كل منها بنمطها الخاص الذي يعبر عن خصوصيتها في التفكير والعمل في حالات التشابه، بله الاختلاف. وهكذا لا يعني تميز القصيدة العربية - ومنها العباسية - شكلا ومضمونا، النابع من خصوصيتها، عن كل من القصيدة القصصية والقصيدة الغنائية بالمفهوم الغربي، أنها تفتقر إلى كل من هذين النمطين، القصصي والغنائي، وإنما هي تشتمل عليهما وتقدمهما، مجتمعين أو منفردين، بالشكل الذي تفرضه تلك الخصوصية، ويعبر عنه ذلك التميز.

ومن الجدير بالتنويه به، أن من الشعراء من لجأوا، في معرض قصائدهم في المديح أو الفخر - بخاصة - إلى الإشارة إلى قصة مروا بها أو عاشوها، لا ذاكرين القصة بتفاصيلها وإنما مشيرين إليها بوصفها حدثا وقع لهم، أو أنهم يعرضون بالذكر لحدث من قصة الحب تلك، متوسلين بذلك الحدث المذكور إلى الانتقال إلى غرض القصيدة الأساس. من ذلك قصيدة بشار بن برد (ت ١٦٧ هـ) التي يبدؤها بقوله[1]:

تخليت من صفراء، لا بل تخلت ... وكنا حليفي خلة فاضمحلت

تغيب أعداء الهوى عن حبيبها ... وكان لها رأي النساء فضلت

رأتني ترفعت الشباب فأعرضت ... بشق فما أدري: طغت أم أدلت

وما سمتها هونا فتأبى قبوله ... ولكنما طال الصفاء فملت

فيا عجبا زينت نفسي بحبها ... وزانت بهجري نفسها وتحلت

لوت حاجتي عند اللقاء وأنكرت ... مواعيد قد صامت بهن وصلت

ولولا أمير المؤمنين سقيتها ... أواما يناجينا لها حيث حلت

ذ

يذكر بشار هنا إعراض محبوبته عنه وصدودها إياه، بعدما كان يجمع بينهما

(1) ديوان بشار بن برد ٢/٨-٩.

من ود، وما ذاك منها إلا بعدما أحست بتجاوزه عهد الشباب... فيستعين بهذه الحادثة في ذكر أمير المؤمنين، ثم الانتقال إلى الفخر.

وكثيرا ما يكون الحدث المتوسل به من تلك القصة خبر زيارة تمت بين الشاعر وحبيبته. فحبيبته كشاجم هي التي تزوره، يقول[1]:

شمس الضحى في الغمام مستتره	**أم دمية في النقاب معتجره**
حنت فجاءت مجيء مذنبة	**إليك مما جنته معتذره**
يقتادها الشوق ثم يمنعها	**خوف العدى والحسودة المكره**

لينتقل بعد أبيات يذكر فيها تلك الزيارة، ويرد فيها على لوم لائمته في الحب، إلى المديح.

أما أبو فراس الحمداني (ت ٣٥٧ هـ) فهو الذي يزور محبوبته التي انقطع طيفها عن زيارته، يقول[2]:

وفي كلتي ذاك الخباء خريدة	**لها من طعان الدارعين ستائر**
تقول إذا ما جئتها، متدرعا:	**أزائر شوق أنت أم أنت ثائر**
فقلت لها: كلا ولكن زيارة	**تخاض الحتوف دونها والمحاذر**

لينتقل هو الآخر إلى الفخر والمديح بعد أبيات ليست بالقليلة يتكلم فيها على زيارات قام بها لحبيبته، إذ يقول:

عفى الهم عني همة عدوية	**وقلب على ما شئت منه مظاهر**
وأسمر، مما ينبت الخط ذابل	**وأبيض مما تطبع الهند، باتر**

ويستمر في مثل ذلك حتى نهاية القصيدة.

وأما السري الرفاء (ت ٣٦٢ هـ) فيذكر لقاء له بمحبوبته، أعاده إلى ذاكرته

(1) ديوان كشاجم ٢٠٧. وينظر: ديوان سبط ابن التعاويذي ٣٠-٣٥.

(2) ينظر: ديوان أبي فراس ١٠٢-١١٩.

ما حل بينهما من فراق، لينتقل من بعد ذكره إلى غرض القصيدة الأساس وهو التظلم[1].

ولعل الدارس يلحظ أن مضمون هذا الحدث العاطفي، يتناغم وما يريد الشاعر أن يصل إليه أو يعرض له بوساطة قصيدته ، فيكون الشاعر بذلك يمهد لغرضه الأساس من وراء قصيدته بما يذكره من مثل هذا الحدث؛ إذ يستميل به أسماع متلقيه إليه أولا، وحتى لا يفجأهم بما سيرمي إليه بأبياته من بعده ثانيا.

ومن تلك المقدمات الحدثية ـ إن جاز التعبير ـ ما يعرض له الشعراء بالذكر من جلساتهم الخمرية وما يجري فيها، سواء تلك التي تذكر حدثا بعينه، أو التي تنقل لنا ما يجري من سلوك وحوار في مثل تلك الاجتماعات، أو التي تروي كيف تصنع الخمر وتجهز للشرب بحسب التسلسل الزمني لذلك، فضلا عما يمكن أن يتضمنه من تشبيهات أو ما إلى ذلك، ومنه ما جاء في قصائد أبي نواس ومسلم بن الوليد بخاصة. يقول مسلم (ت ٢٠٨ هـ) ـ مثلا ـ في قصيدته التي مطلعها[2]:

هلا بكيت ظعائنا وحمولا ... ترك الفؤاد فراقهم مخبولا

بعد أبيات يقولها في فراق أحبته، إذ ينتقل إلى ذكر الخمر:

ولرب يوم للصبا قصرته ... بالملهيات وقد يكون طويلا

وسلافة صهباء بنت سلافة ... صفراء لما تعصر التسليلا

أختان واحدة هي ابنة أختها ... كلتاهما تدع الصحيح عليلا

لينتقل بعد أن يكمل هذا الشعر في الخمرة بما يريد، إلى ذكر رحلته إلى ممدوحيه فيمدحهم. وهكذا...

إن اعتدادنا أمثال هذه المقدمات أحداثا مما يمكن أن يحتويه عمل قصصي لا أخبارا فحسب، يأتي من احتوائها في كثير منها على أوصاف مادية أو معنوية لبعض مما

---

(1) ينظر: ديوان السري الرفاء ٦٨٢/٢-٦٨٤.

(2) ينظر: شرح ديوان صريع الغواني ٥٣-٦٠.

يتحدث عنه من شخصيات، كما قد تحتوي على حوار يدور بين شخصيتين أو أكثر، فضلا عن توفر عدد منها على إحساس خاص أو متميز بالزمان والمكان يقترب في جوانب منه من التعبير عن الإحساس بمثلها لدى الشخصيات القصصية، أو يكون فيها وصف لحالات نفسية ومشاعر وأفكار، وعرض لتداعيات، تقترب في ملامح منها من الحوار الداخلي (المونولوج) أو تيار الوعي[1].

---

(1) سنعرض لمصطلح الحوار الداخلي أو الذاتي (المونولوج) في حينه من هذا البحث. أما مصطلح تيار الوعي فقد عرفه دوجاردان بأنه "الذي هو بطبيعته صنو الشعر. هو الكلام غير المسموع وغير الملفوظ الذي تعبر به الشخصية عن أفكارها الباطنية التي تكون أقرب ما تكون إلى اللاوعي. وهي أفكار لم تخضع للتنظيم المنطقي لأنها سابقة لهذه المرحلة. والإيحاء للقارئ بأن هذه الأفكار هي الأفكار عند ورودها إلى الذهن". (القصة السايكولوجية ١١٧). فقصص تيار الوعي إذن " نوع من القصص يركز فيها أساسا على ارتياد مستويات ما قبل الكلام من الوعي بهدف الكشف عن الكيان النفسي للشخصيات" (تيار الوعي في الرواية الحديثة ٢٠). ولمزيد من الإيضاح نضيف أن مستويات ما قبل الكلام من الوعي هي تلك التي لا تخضع للمراقبة، والسيطرة، والتنظيم على نحو منطقي، وهي لا تتضمن أية أسس تتعلق "بالتوصيل" كما هو الحال في مستوى "الكلام" من الوعي ذلك الذي يصل إلينا بالتكلم أو الكتابة. (ينظر: تيار الوعي في الرواية الحديثة ١٥-٢٠).

الفصل الثاني

الشخصية

تحدثنا في الفصل السابق عن الحدث. ونتحدث في هذا الفصل عن عنصر آخر، لولا وجوده لعد ذلك الحديث ـ عن الحدث ـ ناقصا، إنه: الشخصية "Character". ومن قبل تساءل هنري جيمس: هل الشخصية سوى تحديد الحادثة، وهل الحادثة إلا توضيح الشخصية؟[1].

إن الحدث في كثير من الأحيان ينشأ "عن موقف معين ثم يتطور إلى نهاية معينة، ومع ذلك يظل الحدث ناقصا. فتطوره من نقطة إلى أخرى إنما يفسر لنا كيف وقع ولكنه لا يفسر لنا لم وقع، فلكي يستكمل الحدث وحدته، أي لكي يصبح حدثا كاملا، يجب أن لا يقتصر الخبر على الإجابة على الأسئلة الثلاثة المعروفة وهي كيف وقع وأين ومتى؟ بل يجب أن يجيب على سؤال رابع مهم وهو لم وقع؟ والإجابة على هذا السؤال تتطلب البحث عن الدافع أو الدوافع التي أدت إلى وقوع الحدث بالكيفية التي وقع بها. والبحث عن الدوافع يتطلب بدوره التعرف على الشخص أو الأشخاص الذين فعلوا الحدث أو تأثروا به. فمن البديهي أنه ما من حدث يقع بالطريقة المعينة التي وقع بها إلا كان نتيجة لوجود شخص معين أو أشخاص معينين. كما أن وجود شخص معين أو أشخاص معينين يترتب عليه وقوع الحدث بطريقة معينة. وبذلك يكون من الخطأ الفصل أو التفرقة بين الشخصية وبين الحدث، لأن الحدث هو الشخصية وهي تعمل أو هو الفاعل وهو يفعل"[2].

إن علاقة الشخصية وثيقة بعناصر القصة كلها، لا الحدث وحده فحسب، ومن هنا تعد "من أهم أنواع العلائق الهادفة إلى إقامة البناء القصصي وتحديد وجهته وإتمام

---

(1) ينظر: نظرية الأدب ٢٨١، وفن القصة القصيرة ١٣.

(2) فن القصة القصيرة ٢٩-٣٠، وينظر: الفن القصصي في القرآن الكريم ٢٩٠، والنقد الأدبي ١٤٠-١٤١، وملامح السرد القصصي في الشعر العربي قبل الإسلام ٣١٣.

الفعل فيه"[1].

إن العمل القصصي "معرض لأشخاص جدد يقابلهم القارئ ليتعرف عليهم ويتفهم دورهم، ويحدد موقفهم. "وطبيعي أنه من الصعب أن نجد بين أنفسنا وشخصية من الشخصيات التي لم نعرفها ولم نفهمها نوعا من التعاطف. ومن هنا كانت أهمية التشخيص Characterization في القصة، فقبل أن يستطيع الكاتب أن يجعل قارئه يتعاطف وجدانيا مع الشخصية، يجب أن تكون هذه الشخصية حية. فالقارئ يريد أن يراها وهي تتحرك، وأن يسمعها وهي تتكلم. يريد أن يتمكن من أن يراها رأي العين" "[2]. ثم لتصبح، من ثمة، مثل هذه الشخصيات مدار المعاني الإنسانية، ومحور الأفكار والآراء العامة[3]. ولعل ذلك كله مما دفع بعضا من الباحثين إلى عد الشخصية أهم عنصر من عناصر الفن القصصي[4].

([1]) ملامح السرد القصصي في الشعر الأندلسي ٢٦١. ويذكر أن الدكتور رشاد رشدي قد ذهب إلى الربط بين الحدث والشخصية والمعنى؛ إذ قال " ولكن تصوير الشخصية وهي تعمل لا يكفي بدوره لاكتمال الحدث فالحدث المتكامل هو تصوير الشخصية وهي تعمل عملا له معنى" (فن القصة القصيرة ٥٠). أما عبدالله إبراهيم فيذهب إلى ربط الشخصية بالمكان والزمان، فضلا عن الحدث، فينقل عن Encyclopaedia Britannica Vol.13: أن بناء الشخصيات الروائية وسلوكها يعتمدان على المكان الذي توجدان فيه مثلما يعتمدان على القوى الخاصة للشخصيات، التي يمنحها إياها الروائي. ثم يقول: ويدخل الزمن بوصفه عاملا أساسيا في بناء الشخصية فهو يكشف عن تطورها الفكري ويؤثر فيها من خلال "حركة الوعي التي تجعلها تنفل وتتأثر وتؤثر". (ينظر: البناء الفني لرواية الحرب في العراق ٨٥. والنص الأخير بين القوسين الصغيرين نقله الباحث من: الزمن التراجيدي في الرواية المعاصرة سعد عبد العزيز ٤٢).

([2]) الأدب وفنونه ١٥٣. والنص بين القوسين داخل النص نقله الدكتور عز الدين إسماعيل من: H.Show & D.Bement: Reading the short story; Harper & Brothers, New York 1:41. p.8.

([3]) ينظر: فن القصة ٥١-٥٢، والنقد الأدبي الحديث ٥٦٢، والقصة العربية في العصر الجاهلي ٣٤١، والفن القصصي- طبيعته - عناصره - مصادره الأولى ٦٧.

([4]) ينظر: النقد التطبيقي التحليلي ٦٦.

أما المصادر التي يأتي منها القاص بشخصياته فتختلف باختلاف طبيعة التجربة التي يعبر عنها، والزاوية التي ينظر من خلالها إليها، والمحكوم ذلك كله بما يريد هو إيصاله والبوح به من أفكار ومشاعر. فقد يلتقط شخصياته من ملاحظاته المباشرة في الحياة المحيطة... وقد يسمع عنها في أحد مجالسه أو من أحد أصدقائه، أو يقرأ عنها...وقد تكون أخيرا وليدة الخيال المحض[1]. وإذا ما كان الأشخاص ذوي أصل حقيقي أو واقعي فإنهم لا يبدون كما نألفهم أو نراهم في حياتنا اليومية عادة؛ ذلك أنهم "في ضوء العرض الفني أوضح جانبا، وسلوكهم معلل في دوافعه العامة، ونوازعهم مفسرة نوعا من التفسير. قد يكون فيه بعض التعقيد، ولكنه تعقيد ذو معان إنسانية كذلك، وله أسبابه التي يجلو بها الكاتب هذه المعاني"[2].

وإذ أشرنا في الفصل السابق إلى أن هناك نوعا من القصص يعرف بقصة الحادثة، فإن هناك كذلك قصة الشخصية، تتمثل في أولاهما الوقائع، وفي الثانية المواقف. في الأولى يكون الاهتمام بالحادثة أولا ثم تختار الشخصيات المناسبة، وفي الثانية يحدث العكس[3]. على أن هذا التقسيم لا يبدو بمثل هذه الحدة، فكل ما في

([1]) ينظر: فن القصة ٩٠-٩١، والنقد الأدبي ١٣٨. وتذهب ديان دوات فاير إلى "أن خلق الشخصيات المتخيلة هو جوهر العمل الروائي أما الاحتمالات فلا حصر لها" (ينظر: فن كتابة الرواية ٤٥).

([2]) النقد الأدبي الحديث ٥٦٢.

([3]) ينظر: الأدب وفنونه ١٥٣، وبناء الرواية (موير) ١٨-٢١، وفن القصة ٣١-٦٠، والقصة العربية في العصر الجاهلي ٣٤١، ويرى أحمد أمين أن التشخيص، عموما "أكبر قيمة في الروايات من التصميم، ولذلك كانت الروايات التي تهتم بالأشخاص أسمى من التي تعتمد على الحوادث" (النقد الأدبي ١٤٠).

ومن القصص التي تعنى بالشخصية نوع يسمى "البيكارسك"، وفيه يتناول الكاتب شخصية أساسية في خلال سلسلة متتابعة من المشاهد، كما يقدم مجموعة كبيرة من الشخصيات، ومن خلالها يقدم الكاتب نوعا من المعلومات، كما يرسم صورة للمجتمع. والفرق بين هذا النوع من القصة، =

الأمر "أن كاتبا يولي الشخصية اهتماما، أكبر، وآخر يهتم بالحادثة، ولكن القصة ذاتها لا يمكن أن تخلو خلوا تاما سواء من الشخصية أو الحادثة"[1].

إن طرائق تصوير الشخصية أو التشخيص Characterization عند القصاص لا تخرج عن نطاق إحدى طريقتين، أولاهما: التشخيص بالاعتماد على المظاهر أو الملامح الخارجية للشخصية من شكل وملبس، تستخدم للدلالة على طبيعة الشخصية انفعاليا. وتوجهها فكريا، وبناءها نفسيا، سواء أكان ذلك قوة أم ضعفا، صدقا أم كذبا...فضلا عن تحليل العواطف والدوافع والأفكار والإحساسات، والتعقيب على بعض منها وتفسير بعض آخر، وقد يصدر أحكامه عليها صراحة من دون التواء[2].

والثانية: التشخيص بالاعتماد على استبطان الشخصية والحديث عن أعماقها والتوغل في خصائصها، وعبور الحاجز بين العقل الواعي والباطن لديها، وذلك بالسماح للشخصية أو للشخصيات بأن تكشف عن نفسها بوساطة الكلام والحركة، وقد تتوضح بعض من صفاتها عن طريق أحاديث الشخصيات الأخرى عنها، وتعليقها على

= والرواية هو أن البيكارسك واقعية في حين أن الرواية تحكي عادة مغامرات خيالية. (ينظر: الأدب وفنونه ١٥٤).

فإذا ما عرض أدوين موير لنوع آخر من الرواية هو الرواية الدرامية، قال فيه: " وفي هذا القسم تختفي الهوة بين الشخصيات والحبكة. فليست الشخصيات فيها جزءا من آلية الحبكة ولا الحبكة مجرد إطار بدائي يحيط يالشخصيات بل تلتحم على العكس كلتاهما معا في نسيج لا ينفصم. فالسمات المعينة للشخصيات تحدد الحدث، والحدث بدوره يغير الشخصيات مطورا إياها، وهكذا يسير كل شيء في الرواية إلى النهاية، والرواية الدرامية في أعلى مستوياتها ذات صلة بالتراجيديا الشعرية، تماما كما تتصل رواية الشخصية بالكوميديا". (بناء الرواية ٣٧. وينظر تنظير موير لهذا النوع من الروايات في المصدر نفسه ٣٧-٦٠).

(1) الأدب وفنونه ١٥٤.

(2) ينظر: النقد الأدبي ١٣٨-١٣٩، وفن القصة ٩٨، ونظرية الأدب ٢٨٥، وصورة البطل في الرواية العراقية ٢١٤، والبناء الفني لرواية الحرب في العراق ٨٧. ويذكر أن أحمد أمين والدكتور محمد يوسف نجم يسميان هذه الطريقة في التشخيص بالطريقة التحليلية.

أعمالها[1].

وللقاص أن يستعمل كلتا الطريقتين بحسب الزاوية التي ينظر من خلالها إلى موضوعه وطبيعة معالجته إياه. "وعلى وجه العموم، بما أن القصة تقوم على السرد والحوار، فهي تبيح للكاتب أن يستعمل الطريقتين معا في رسم الشخصية"[2].

وإذا ما أردنا أن ندرس ونحكم في مدى نجاح تصوير أي روائي أو قاص

---

(1) ينظر: النقد الأدبي ١٣٩، وفن القصة ٩٨، والنقد الأدبي الحديث ٥٥٣-٥٥٥، ونظرية الأدب ٢٨٥، وصورة البطل في الرواية العراقية ٢١٤. ويذكر كذلك أن أحمد أمين والدكتور محمد يوسف نجم يسميان هذه الطريقة في التشخيص بالطريقة التمثيلية. ويقول عبدالله إبراهيم:"على أن الملامح الخارجية للشخصية لم تبق إحدى السمات المهيمنة في فن الرواية، لأنه بحلول القرن العشرين، ونتيجة لكشوفات عمل النفس، تحول الاهتمام من المظهر الخارجي للشخصية، إلى دواخلها ومحاولة تقصي ملامح وعيها الذاتي، وكان أول تقويض للملامح الخارجية للشخصية، قد حدث في صورة التخلص من الاسم الصريح للشخصية، وتحولها إلى ضمير. لقد كان الاسم الصريح في الرواية التقليدية مهما، لأنه "يؤشر الجوانب الحياتية المختلفة للشخصية"، أما في الرواية الجديدة، فقد حل الضمير محل الاسم، يقول ريكاردو: "إذا كنا نحرص على الشخصيات، فيجب أن نقر بتحولها إلى ضمائر" لأن الضمائر في الرواية الحديثة هي الوسيلة "للتمييز في مستويات الوعي واللاوعي المختلفة". ويعود هذا التحول إلى انطواء الفرد على نفسه وإحساسه بالهامشية، فقد أصبح شيئا أو رقما. مما دعاه ذلك إلى الانكفاء والاتجاه إلى "عالمه الخاص، وإلى حالته الداخلية الخاصة والضيقة والمحدودة والفقيرة" " (البناء الفني لرواية الحرب في العراق ٨٧-٨٨. وينظر: المصدر نفسه ١٢١ للاطلاع على مصادر النصوص التي ضمنها الباحث فقرته هذه.)

(2) فن القصة ٩٩. أما الدكتور عدنان خالد فيورد خمس طرائق للتشخيص هي: ١/ التشخيص بالاعتماد على المظاهر الخارجية. ٢/ التشخيص بالاعتماد على وصف القاص، ويريد بهذه الطريقة أن القاص يقوم بقطع انسياب الحديث أو السرد ليقدم لنا حكما أخلاقيا حول شخصية ما أو أفعالها. ٣/ التشخيص بعرض أفكار الشخوص. ٤/ التشخيص باستخدام الحوار. ٥/ التشخيص بتصوير الأفعال، ويريد بها أن ما تفعله الشخصية القصصية أو تخفق في عمله أو ما تختار أن تفعله، دلالات واضحة على نفسيتها وتركيبها العقلي والعاطفي. (ينظر: النقد التطبيقي التحليلي ٦٨-٧٤).

لشخصياته، أو فشله فيه، يجب أن لا نهمل سعة مجاله المتاح لذلك أو ضيقه[1]، ذلك الذي تتحكم فيه طبيعة الموضوع، ووجهة النظر التي ينظر منها إليه. على أن لا نغفل أن ذلك كله رهين بموهبته وثقافته ومدى قدرته الفنية.

وإذ ننتقل إلى الكلام على أنواع الشخصيات، استنادا إلى أدوارها في الأعمال القصصية، فسنجد أن هناك صنفين: أولا: الشخصية المسطحة "Flat" وتسمى الجاهزة أو الثابتة أو النموذجية أو السهلة أو السكونية أو ذات المستوى الواحد. وهذا الصنف تبنى فيه الشخصية عادة على فكرة واحدة أو صفة لا تتغير طوال القصة، فلا تؤثر فيها الحوادث ولا تأخذ منها شيئا، وإنما يحدث التغير في علاقتها بالشخصيات الأخرى حسب، أما تصرفاتها فلها دوما طابع واحد بعيدا عن الدوران والغموض.

ولهذه الشخصيات فائدة كبيرة عند الكاتب والقارئ؛ فالكاتب يستطيع بلمسة واحدة أن يقيم بناء هذه الشخصية، التي تقدم فكرته طوال القصة، وهي لا تحتاج إلى تقديم وتفسير ولا إلى فضل تحليل وبيان. ولاسيما في (قصص الشخصيات). أما القارئ فإنه يجد في مثل هذه الشخصيات بعضا من أصدقائه ومعارفه الذين يقابلهم كل يوم، بل لعل من السهل عليه أن يتذكرها ويفهم طبيعة عملها في القصة[2].

أما الصنف الثاني من الشخصية، فهو الشخصية المستديرة أو المدورة "Round" وتسمى كذلك النامية أو المتطورة أو المعقدة. وهي الشخصية التي تنكشف للقارئ أو المتلقي تدريجيا في خلال القصة، وتتطور بتطور حوادثها ويكون تطورها، عادة، نتيجة لتفاعلها المستمر مع هذه الحوادث. وقد يكون هذا التفاعل ظاهرا أو خفيا، وقد ينتهي

---

(1) ينظر: النقد الأدبي ١٣٩.

(2) ينظر: أركان القصة ٨٣-٩٦، وبناء الرواية (موير) ١٨، والأدب وفنونه ١٥٣، وفن القصة ١٠٣، والنقد الأدبي الحديث ٥٦٥-٥٦٦، والقصة العربية في العصر- الجاهلي ٣٤١، وفن كتابة الأقصوصة ٢٨، ونظرية الأدب ٣٦ و٢٨٦، والنقد التطبيقي التحليلي ٦٧، والفن القصصي طبيعته ـ عناصره ـ مصادره الأولى ٧٠.

بالغلبة أو الإخفاق. إنها تتمتع بأبعاد وصفات عاطفية وانفعالية وفكرية متعددة، تتغير بتغير الزمان والمكان والسن والموقف في خلال العمل القصصي. والمحك الذي تميز به الشخصية المدورة أو النامية، هو قدرتها الدائمة على مفاجأتنا بطريقة مقنعة، فإذا لم تفاجئنا بعمل جديد أو بصفة لا نعرفها فيها، فمعنى ذلك أنها مسطحة. أما إذا فاجأتنا ولم تقنعنا بصدق الانبعاث في هذا العمل المفاجئ فمعنى ذلك أنها شخصية مسطحة تسعى لأن تكون نامية[1].

في حديثنا عن الشخصية في العمل القصصي، لا بد لنا أن نعرج للكلام على الشخصيات الرئيسة (بطل القصة أو أبطالها)، والشخصيات الثانوية، "ذلك أن في كل قصة شخصا أو أشخاصا يقومون بدور رئيسي فيها، إلى جانب شخصيات أخرى ذات دور أو أدوار ثانوية. ولا بد أن يقوم بينهم جميعا رباط يوحد اتجاه القصة ويتظافر على ثمار حركتها، وعلى دعم الفكرة أو الأفكار الجوهرية فيها، وذلك بتلاقيهم في

[1] ينظر: أركان القصة ٨٥-٩٦، وبناء الرواية (موير) ١٨-٢١، والأدب وفنونه ١٥٤، وفن القصة ١٠٤، والنقد الأدبي الحديث ٥٦٦ والقصة العربية في العصر الجاهلي ٣٤١، وفن كتابة الأقصوصة ٢٨، ونظرية الأدب ٣٦ و٢٨٦، والنقد التطبيقي التحليلي ٦٨، والفن القصصي طبيعته ـ عناصره ـ مصادره الأولى ٧١-٧٢.
يقول الدكتور محمد يوسف نجم "ويقرب من هذا التمييز بين الشخصيات النامية، والمسطحة، التمييز بين الشخصيات الإنسانية (الأفراد)، والنماذج البشرية، فالشخصية الإنسانية لها مشخصاتها الدقيقة، وخصائصها المميزة، وقسماتها الفارقة، وبهذا تختلف عن سواها من الشخصيات. أما النموذج البشري، فهو تجسيم مثالي لسجية من السجايا، أو لنقيصة من النقائص، أو لطبقة أو مجموعة خاصة من الناس، وهو يحوي جميع صفاتها وخصائصها الأساسية... وكثيرا ما نرى هذين النوعين مختلطين في القصة". (فن القصة ١٠٥). أما الدكتور علي عبد الخالق فيرى أن الكتاب يرسمون شخصيات قصصهم حسب فلسفتهم ونظرتهم للحياة والناس، فمن الكتاب من تكون رؤيتهم للشخصيات قائمة على التحليل الرمزي، ومنهم من يجعل نظرته لشخصيات القصة واقعية بحتة، وآخرون ينظرون للشخصيات نظرة تحليلية نفسية. (ينظر: الفن القصصي ـ طبيعته ـ عناصره ـ مصادره الأولى ٧٢-٧٤).

حركتهم نحو مصائرهم، وتجاه الموقف العـام في القصـة... وإذا كانـت الشخصيات ذات الأدوار الثانوية أقل في تفاصيل شؤونها فليست أقل حيوية وعناية من القاص"[1].

إن البطل ـ أو الشخصية الرئيسة في العمـل القصصي ـ لا يمتلك طبيعـة مختلفـة متباينـة عـن الشخصيات الأخرى التي تشاركه في داخل القصة. "فما البطل في واقع الحال إلا واحد من الشخصيات، وهو يمتاز عن بقية الشخصيات في أنه الشخصية الأساس والمحور الذي تدور حوله الشخصيات الأخرى، وهو الذي يستأثر عادة باهتمام القارئ بوصفه الأداة الفنية التي تجسد النقاط المركزية في الرواية. وتقوم الشخصيات الأخرى في الرواية بدور الكشف عن طبيعة العلاقة بين البطل والناس من حوله، وهي تضيء بطريقة ضمنية أعماق هذا البطل وطبيعة تفكيره، وما يضمر في داخله من مشاعر وانفعالات وأحاسيس"[2].

وقد تؤدي الشخصية الثانوية "دور المعاكس Foil الذي تكون أفكاره وقيمه ومثله مختلفـة تمـام الاختلاف عن أفكار وقيم ومثل الشخصية الرئيسة. ويعنـي هـذا أن الشخصية الثانويـة تسـتطيع أن تحـدد وتؤكد وتعين مواقف الشخصية الرئيسة لأنها تعرض صورة مغايرة تماما عنها"[3].

وفيما يأتي مخطط لأنواع الشخصية مـن حيـث تسـطيحها ونماؤهـا، ومـن حيـث كونهـا رئيسـة أو ثانوية[4]:

([1]) النقد الأدبي الحديث ٥٦٩. وينظر: صورة البطل في الرواية العراقية ٢٦١.

([2]) صورة البطل في الرواية العراقية ٢١٥.

([3]) النقد التطبيقي التحليلي ٧٥.

([4]) هذا المخطط منقول من: الفن القصصي طبيعته ـ عناصره ـ مصادره الأولى ٧٩.

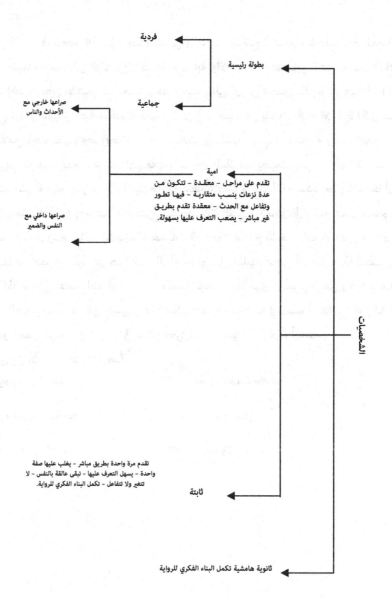

فردية

بطولة رئيسية

صراعها خارجي مع
الأحداث والناس

جماعية

امية

تقدم على مراحل – معقدة – تتكون من
عدة نزعات بنسب متقاربة – فيها تطور
وتفاعل مع الحدث – معقدة تقدم بطريق
غير مباشر – يصعب التعرف عليها بسهولة.

صراعها داخلي مع
النفس والضمير

تقدم مرة واحدة بطريق مباشر – يغلب عليها صفة
واحدة – يسهل التعرف عليها – تبقى عالقة بالنفس – لا
تتغير ولا تتفاعل – تكمل البناء الفكري للرواية.

ثابتة

الشخصيات

ثانوية هامشية تكمل البناء الفكري للرواية

77

وإذ نعرج على الشعر العربي في العصر العباسي فإننا نتلمس في ثناياه ملامح التنظير للشخصية في العمل القصصي على نحو ما ألمنا به، محاولين الإشارة إلى نقاط التشابه والاختلاف، والتطابق وعدمه بين ذلك التنظير وهذا الشعر، آخذين بعين الاعتبار كلا بحسب خصوصيته. على أن من الجدير بالتوضيح ههنا أننا لا ندرس الشخصية التي ترد في معرض قصة متكاملة فحسب، بل إننا سنعرض بالدراسة أو الإشارة لكل ما رسمه الشعراء من ملامح لمحبوباتهم وصويحباتهن، أو عذالهم والواشين بهم، أو رفاقهم وأصدقائهم، أو أعدائهم، أو ممدوحيهم، أو مهجويهم، وما كان لهم معهم جميعا. فضلا عما يحيط بهم من أنماط أخرى غيرها من الشخصيات، بشرية وغير بشرية، مما لا يدخل بوصفه عنصرا في قصة محددة بعينها؛ ذلك أن هدفنا هو أن نقول إن مثل هذه الأوصاف أو الرسوم للشخصيات التي لا تدخل في إطار عمل قصصي- متكامل هي دلالة على إمكان رسم هؤلاء الشعراء لشخصيات قد تكون نماذج لشخصيات في عمل قصصي- يملك سمة الكمال فيما لو اقتصروا على مثل هذه الأعمال أو عملوا على طلبها. بمعنى أن مثل هذا التصوير للشخصية ـ ولاسيما إذا ما عززه عنصر آخر أو أكثر من عناصر القصة الأخرى ـ هو بيان عن وجود نزعة قصصية لدى الشعراء العباسيين، عبرت عن نفسها بهذا الشكل، كما عبرت عنه في رسم أحداث ـ أو وقائع أحداث ـ متكاملة، أو قصص قريبة من الكمال في نماذج أخرى، ولدى هؤلاء الشعراء أنفسهم.

قال العباس بن الأحنف (ت ١٩٢ هـ)[1]:

صادت فؤادي مكسال منعمة ... كالبدر حين بدا بيضاء معطار

خود تشير برخص حف معصمه ... در وساعده للوجه ستار

صادت بعين وثغر رق لؤلؤه ... فالعين ممرضة والثغر سحار

---

(1) ديوان العباس بن الأحنف ١٣١. وينظر: المصدر نفسه ٨١.

يا ليت لي قدحا في راحتي أبدا ... قد مس فاها ففيه منه آثار

طوبى لثوب لها إني لأحسده ... إذا علاها وشد الثوب أزرار

ما سميت قط إلا هجت أذكرها ... كأنما أشعلت في قلبي النار

فابن الأحنف هنا يرسم ـ كذلك ـ صورة لشكل هذه الفتاة التي صادت فؤاده، بشرة وقواما وعينا وثغرا، فضلا عن كونها مكسالا منعمة، والكسل والتنعم كناية عن كونها ثرية مدللة مخدومة.

كما يخبر عما أحدث هوى صاحبة هذه الصورة التي رسم في نفسه حتى لكأن النار تشتعل في قلبه، ودا ورغبة، إذا ما ذكرت أمامه، فيصور شيئا مما يعتمل في نفسه هو من أحاسيس ومشاعر بوصفه الشخصية الأخرى الوارد ذكرها في هذه الأبيات، فرسم شخصية الفتاة شكلا، ورسم شخصيته هو مضمونا، على أن هذا المضمون رهن بهذا الموقف بذاته.

وهكذا فإن مثل هذا الوصف لشكل فتاة أو امرأة ما، ولمظهرها، وذكر طبائعها وتصرفاتها، فضلا عما يمكن أن نلمح وجوده من شخصية أخرى هي شخصية الشاعر أو الراوي نفسه، المنفعل بجمال هذه الفتاة، هو رسم للشخصية أو لمحة من لمحات رسم الشخصية كما نظر له في الأدب أو النقد القصصي، ولكن بما يتواءم وطبيعة هذا الشعر العربي[1].

وقد يعرض الشاعر لوصف مجموعة من الفتيات مررن به، فأعجب بهن، من

---

(1) ينظر: ديوان بشار بن برد ١/١٧٠ و٣٥٠-٣٥١، وديوان إسحاق الموصلي ١٦٧-١٦٨، وديوان الصنوبري ٦٣-٦٤ و١٩٧، وديوان كشاجم ٩٥، وديوان مهيار الديلمي (ت ٤٢٨ هـ) ٣/١٦٦-١٦٧، وديوان الأبيوردي ١/١٥٤-١٥٥. وقد يصف الشاعر امرأة من غير أن يبين عن أثرها في نفسه، ينظر في ذلك: ديوان أبي تمام ٢/١١١، وشعر ابن المعتز ق١ ٢/٥٢٣-٥٢٤، وشعراء عباسيون (مطيع بن إياس ت ١٦٩ هـ): ٧٠، وينظر كذلك: القصة في مقدمة القصيدة العربية (في العصرين الجاهلي والإسلامي) ٢٨-١٢٣.

ذلك قول ابن المعتز[1]:

وبيض بألحاظ العيون كأنما	هززن سيوفا واستللن خناجرا
تصدين لي يوما بمنعرج اللوى	فغادرن قلبي بالتصبر غادرا
سفرن بدورا، وانتقبن أهلة	ومسن غصونا، والتفتن جآذرا
وأطلعن في الأجياد للدر أنجما	جعلن لحبات القلوب ضرائرا

فهو هنا يصف شكلهن وحركاتهن بتشبيهه إياها كلا بما يناظره من مشبهات، فهن بياضهن ونضارة وجوههن بدورا، فإذا ما لبسن النقب غدون كالأهلة. أما في تثنيهن في مشيهن فيشبهن الغصون، وفي التفاتهن فيشبهن الجآذر. وأما ما في أجيادهن من در فكأنه النجوم. وهو يخبر بأن تنبهه إليه وهيامه بجمالهن حدث حين تصدين له ذات يوم بمنعرج اللوى، فأسرنه بهذا الجمال الذي وصف، والحركة التي عرف.

وقد تكون فتاة الشاعر أو حبيبته بين مجموعة من الفتيات، فيصفها ويصفهن. من ذلك قصيدة ابن الرومي (ت ٢٨٣ أو ٢٨٤ هـ)، التي أولها[2]:

شمس مكونة في خلق جارية	باتت تدير بعيد الدنح قربانا
أبصرتها بين أتراب هززن على	عقد الزنانير بالكشبان أغصانا

إذ يصف في هذه القصيدة فتاته وصويحباتها من حيث جمالهن وتحركهن، فضلا عما جرى بينه وبينها من كلام مقتضب في أثناء لقائه بهن، ثم ما أحدثه كل ذلك في نفسه من حب وفي عينيه من لذة.

---

(1) شعرابن المعتز ق١ ٣/٣٩٥-٣٩٦. وينظر: التبيان في شرح الديوان ١/٣١٣-٣١٩، وديوان الخالديين ٣٠.

(2) ديوان ابن الرومي ٦/٢٥٩٠. وينظر: ديوان بشار بن برد ٢/١٥٢-١٥٣، وديوان كشاجم ١٩٢، وديوان سبط ابن التعاويذي ٣١.

وكما يعجب الشاعر بمجموعة من الفتيات، فقد يعجب هو وأصحاب له بفتاة، فيصفها ويذكر ما أحدثته فيهم من أثر. قال البحتري (ت ٢٨٤ هـ)[1]:

حين جاءت فوت الرواح فقلنا	أي شمس تجيء فوت الرواح؟!
هز منها شرخ الشباب فجالت	فوق خصر كثير جول الوشاح..

ثم يقول بعد أبيات في وصف جمالها:

وأشارت إلى الغناء بألحا	ظ مراض من التصابي صحاح
فطربنا لهن قبل المثاني	وسكرنا منهن قبل الراح
قد تدير الجفون من عدم الألـ	باب ما لا يدور في الأقداح...

فلم نعرف عن الفتاة أكثر مما قال، ولم نعرف عن صحبه الذين أشار إليهم بضمير الجمع شيئا إلا ما يوحي به النص من أن اجتماعه وصحبه بهذه الفتاة كان في جلسة لهو.

لقد حفل الشعر العباسي بنماذج كثيرة، متعددة ومتنوعة، من الشخصيات. وإذا كان منه ما اقتصر على إيراد نموذج أو اثنين منها حسبما تقتضي طبيعة الموضوع المعالج حتى تغدو هاتيك الشخصية أو الشخصيتان الشخصيات الرئيسة، كما مر بنا في الأمثلة السابقة، فإن منه ما احتوى على أكثر من ذلك. فالقارئ لقصيدة بشار بن برد، التي مطلعها[2]:

أعاذل، قد نهيت فما انتهيت	وقد طال العتاب فما انثنيت

يجد فيها شخصية العاذلة التي يكثر تردادها في الشعر العباسي - على

---

(1) ديوان البحتري ٤٥٧/١-٤٥٨.

(2) ديوان بشار بن برد ٤/٢ ـ ٨ .

اختلاف صورها من ذكر أو أنثى أو بصيغة الجمع، وعلى تعدد مسمياتها كاللائمة[1]. كما يجد ذكر الوشاة ـ والوشاة (أو الواشي) مما يكثر ترداده في هذا الشعر كذلك بوصفه نمطا من الشخصيات مشهورا[2] ـ إذ يقول:

لقد نظر الوشاة إلي شرزا ومن نظري إليها ما اشتفيت

وما دمنا ههنا بصدد الحديث عن العذال والوشاة بوصفها شخصيات أدت دورا مهما في الشعر العباسي ذي النفس القصصي، فلعل من الجدير بالذكر أنها كانت غالبا شخصيات من دون ملامح خارجية أو أن ملامحها الخارجية باهتة في الوقت نفسه الذي كانت فيه ذات أثر معنوي، فكري ونفسي، مؤثر.

ونعود لقصيدة بشار السالفة الذكر، لنرى أنه بعد ذكره العاذلة والوشاة، وإذ ينتقل لذكر حبيبته، يعرج على ذكر الندماء، ومن دون أن يعينهم ـ كما لم يعين العاذلة والوشاة من قبل ـ:

وما يخفى على الندماء أني أجيد بها الغناء وإن كنيت

وغب وصفه محبوبته وحبه إياها يذكر ما كتبته له في رسالة منها إليه:

ودست في الكتاب إلي إني - وقيتك - لو أرى خللا مضيت

على ما قد علمت جنون أمي وأعين إخوتي منذ ارتديت

---

(1) ينظر : ديوان العباس بن الأحنف ١٦٥، وشرح ديوان صريع الغواني ٦٢، وديوان أبي تمام ٢١٨/١و٢٤٢، وديوان البحتري ٤٦/١، وشعر ابن المعتز ق١ ٢٠٤/٢ ، وديوان كشاجم ٢٠٨، وديوان مهيار الديلمي ١٢٢/١.

(2) ينظر: شرح ديوان صريع الغواني ٦١، وديوان ديك الجن ١٣٦، وديوان البحتري ٢١٣/١، وديوان كشاجم ١٥٠، وديوان الأبيوردي١٩٢/٢، وديوان الطغرائي ٨٠، وديوان سبط ابن التعاويذي ٥٤.

ومثل العاذل والواشي كانت شخصية الرقيب . ينظر: ديوان بشار بن برد ١٨٢/١، وديوان الصنوبري٤٣١ ، وديوان الأبيوردي ١٩٠/٢، وديوان سبط ابن التعاويذي ٣١. وعن وجود هذه الأنماط من الشخصيات في الشعر العربي ، ينظر: القصة في مقدمة القصيدة العربية (في العصرين الجاهلي والإسلامي)٨٠ ـ٨٤.

فنرى في محتوى هذه الرسالة، ذكرا لشخصية أم الفتاة هذه، وإخوتها، ودورهم جميعا في منعها من الخروج للقاء حبيبها هذا الشاعر (أو الراوي)، لندرك من خلال هذا الذكر فضلا عما أومئ إليه من صفات شخصيات الأم والإخوة، طبيعة الظروف التي تحيط بشخصية الفتاة فيتضح لنا شيء من معاناتها النفسية في خضم هذا الصراع الذي تعانيه بين رغبتها في اللقاء، وعدم استطاعتها ذلك بسبب وجود من يقف يوجهها في ذلك، ويمنعها منه بقوة. وهنا يتضح دور الشخصيات الثانوية ـ ولاسيما الأم والإخوة ـ في التأثير في الحدث وتعزيزه وتعميق أبعاده ودفعه إلى أمام، وفي إسقاط الضوء على الشخصيات الرئيسة التي تضطلع ببطولة هذه القصة (أو الأحداث).

ثم يعرج على ذكر جارية هذه الفتاة التي كانت تغنيها ما تحب ذكره، تعريضا بأهلها، فيقول:

وقد قامت وليدتها تغني عشية جاء أني اشتكيت

تقول ودفها زجل النواحي: إذا أمي أبت صلتي أبيت

فتدخل الجارية هنا بوصفها شخصية ثانوية أخرى، لكنها تلزم جانب الفتاة. ولو بمواساتها وحسب.

إن قصيدة بشار هذه تصور حالة حب حادثة بين فتى هو الشاعر (أو الراوي)، وفتاة اكتفى برسم صورتها (أو حالتها) النفسية بإزاء الظروف التي تحيط بحالة الحب هـذه التي تعيشها، كـما لم يخبر عن نفسه هو أيضا ، إلا ما كان من لمحات نفسية كذلك. ثم إن هذا الحب يعترض سبيله أهل الحبيبـة مـن أم وإخوة، فضلا عن العذال والوشاة، ويتعاطف معه الندماء والجارية. وإذا ما كانت الشخصيات الثانوية التي تقف في طريق هذا الحب قوية مؤثرة، فإن الشخصيات التي تسانده ضعيفة هشة.

وقال ابن الرومي، يحكي قصة زيارة قام بها لحبيبة له[1]:

كتبت ربة الثنايا العذاب تتشكى إلي طول اجتنابي

وأتاني الرسول عنها بقول لم تبينه في سطور الكتاب

أيها الظالم الذي قدر اللـ ـه به في الأنام طول عذابي

لو علمت الذي بجسمي من السقـ ـم وضر الهوى لكنت جوابي

فتجشمت نحوها الهول، والحر راس قد هوموا على الأبواب

وهي في نسوة حواسر لم يكـ حلن جفنا برقدة لارتقابي

طالعات علي من شرف القصـ ـر يحاذرن رقبة البواب

ولها بينهن في حديث جله ليته يرق لما بي

فوقفت ساعة ثم ناديـ ـت: سلام مني على الأحباب

فتباشرن بي، وأشرفن نحوي بشهيق وزفرة وانتحاب

ثم قالت: أما اتقيت إله النـ ناس في طول هجرتي واجتنابي؟

قلت: ما عاق عن زيارتك الكأ س وصوت يهيج من إطرابي

إن جنبي على الفراش لناب كتجافي الأسر فوق الظراب

وافترقنا على مواعيد سكنـ ـن بها لاعجا من الأوصاب

نرى في هذه القصيدة القصصية نماذج عدة من الشخصيات: (الحبيبة) ربة الثنايا العذاب، التي بعثت إلى حبيبها (الشاعر أو الراوي) برسالة. حملها إليه (رسول) تخبره فيها بشدة شوقها إليه، فيجيبها بزيارة يتجسم فيها الهول؛ إذ عليه أن يعبر إليها (الحراس) و(البواب)، فيلقاها في (نسوة) حواسر، يستقبلنه معها، ثم أخيرا يعود بعد أن يتفقا على موعد للقاء.

وككل القصائد التي تناولت مثل هذا الموضوع، تشكل شخصية الحبيب

---

(1) ديوان ابن الرومي ٣٣٠/١.

وحبيبته الشخصيات الرئيسة، فيما تشكل الشخصيات الأخرى الشخصيات الثانوية التي تسهم في دفع مجريات القصة إلى أمام، وذلك بتعميق الحدث (أو الأحداث) وتأصيله وتوضيح موقف الشخصية (أو الشخصيات) الرئيسة وبيانه.

وكشخصيات (العاذل) و(الواشي) و(الرقيب)، شغلت شخصية (الرسول) حيزا مهما في الشعر العباسي ذي الروح القصصي، ذلك الذي يتناول موضوع الغزل ولقاءات المحبين والتراسل بينهم، وأدت دورا بارزا فيه[١]. ومنه قصيدة ابن الرومي هذه.

وقد حاول ابن الرومي في هذه القصيدة أن يسبر شيئا من الحالة النفسية التي تعاني منها شخصياته أو تعيشها، ولاسيما منها الحبيبة بما أرسلت إليه تخبره بما تشعر به من عذاب وسقم جراء انقطاعه عن زيارتها، فضلا عما أحس هو به من ألم بسبب ابتعاده عنها، ومن خوف وقلق وترقب حين عبر الحراس والبواب إليها حتى إنه عبر عن ذلك بتجشم الهول. كما أنه عرض لتصوير حالة صاحبات محبوبته النفسية، فهن نتيجة لتعاطفهن معها لم تكتحل جفونهن بالنوم في انتظار مجيئه، فضلا عن استبشارهن بمقدمة حتى إنهن أشرفن نحوه حين رأينه بشهيق وزفرة وانتحاب. وبذلك آثر ابن الرومي الاكتفاء بالإشارة إلى الوضع النفسي لشخصيات قصيدته هذه كلها من دون وصف مظهرها الخارجي، الذي لم نعرف منه أكثر من أن حبيبته ربة ثنايا عذاب، وأن رفيقاتها النسوة كن حواسر. فالأحداث تبقى "جافة والشخوص هياكل ما لم ينفذ القاص إلى ما وراءها من حياة، وتبرز هذه الحياة وتكتسب قوتها واهتمامها بالعناية الخاصة بالحالات النفسية وإبرازها وإبراز ما يترتب عليها من تصرف وسلوك"[٢].

ومثل ابن الرومي، أشار الأبيوردي (ت ٥٠٧ هـ) في قصيدته ذات المطلع[٣]:

---

(١) ينظر: ديوان أبي نواس ٨٣٤ و٨٧٩، وديوان ديك الجن ٥٧، وديوان مهيار الديلمي ١١/٢.

(٢) مقدمة في النقد الأدبي ٢٢٥ ـ ٢٢٦.

(٣) ديوان الأبيوردي ٥٥٥/١ ـ ٥٥٧.

سل الركب يا ذواد عن آل جساس هل ارتبعوا بعد النقيب بأوطاس

إلى زيارة قام بها لحبيبته، واصفا حبيبته ونفسه وما كان منهما في أثناء تلك الزيارة، وذلك بعد مقدمة طللية قصيرة ينتقل منها إلى قص ما كان منها - أي الزيارة - لينتقل كذلك من بعد ذلك القص إلى المديح. قال بعد ذكر نيران القوم:

ومن موقديها غادة دونها الظبا تلوح بأيدي غلمة غير أنكاس
وكل رديني كأن سنانه يعط رداء الليل عنهم بنبراس
مهفهفة غرثى الوشاحين، دونها تحرش عذال ورقبة حراس
يضيء لها وجه يرق أديمه فما ضرها لو رق لي قلبها القاسي
وفي المرط دعص رشه الطل، أزرت به تحت غصن، فوقه البدر، مياس
سموت لها والليل حارت نجومه على أفق عار، بظل الدجى كاس
فهبت كما ارتاع الغزال، وأوجست من ابن أبيها خيفة أي إيجاس
تشير إلى مهري حذار صهيله وتستكتم الأرض الخطا خشية الناس
فقلت لها: لا تفرقي، وتشبثي بنهاس أقران ومناع أخياس
ترد يديه عن وشاحك عفة وعرض صقيل لا يزن بأدناس
وطوقتها يمنى يدي، وصارمي بيسراي، فارتاحت قليلا لإيناسي
وذقت، عفا عنا الإله وعنكم جنى ريقة تلهي أخاكم عن الكاس
فلما استطار الفجر مال بعطفها وداعي، كما هز الصبا قضب الآس
وكم عبرة بلت وشاحا ومحملا بها زفرة أدمت مسالك أنفاسي
ولاحت تباشير الصباح كأنها سنا المقتدي بالله في آل عباس

ففتاته غادة، رشيقة وجهها مضيء رقيق البشرة، كفلها ممتلئ تحت جسم مياس كالغصن يعلوه وجه كالبدر إشراقا - وفي وصف الوجه هنا تكرار- فإذا سما لها ليلا فزعت وأوجست خيفة من أخيها - الذي سماه ابن أبيها - ولعله رمز به إلى أهلها

بعامة، حتى إنها لتخاف من صهيل المهر وتطلب لو أن الخطى تستكتم الأرض صوت وقعها عليها خشية الناس. ومن أجل أن يطمئنها أخبر بقوله لها: لا تخافي وتشبثي بالشجاع ومناع مآوي الأسود، الذي تمنعه عفته وعرضه الصقيل عن أن يمد يده إلى وشاحك قاصدا سوءا. فوصف بذلك نفسه مبينا عن التزامه الخلقي وشجاعته، فضلا عن حبه إياها، فقد أخبر بتطويقه إياها بيده اليمنى في الوقت نفسه الذي يمسك فيه سيفه بيده اليسرى. وهذه الحركة وإن كانت تنبئ عن الشجاعة فإنها تومئ إلى ما يمكن أن يكون في نفسه من شيء من الخوف لما قام به من هذه الزيارة ولاسيما أنه قد أشار من قبل إلى ما يحوط فتاته هذه من سيوف ورماح يحملها فتية أشاوس من قومها وعشيرتها.

إن حركته هذه، إذ طوقها بيمناه في الحين الذي أمسكت يسراه بسيفه، قد بعثت الراحة قليلا في نفسها لما آنسته منه من حب ومن قوة تقدر على حمايتها هي من جهة، والدفاع عن نفسه هو إذا ما أحس بلقائهما أحد من قومها من جهة ثانية.

ثم يخبر بأنه قبلها قبلة أسكرته بعذوبة ريقها، فإذا ما هل الفجر مال بعطفها الوداع حتى انهمرت العبرات لتخرج في أثناء ذلك زفرة منه كأنها أدمت مسالك أنفاسه؛ وما ذاك إلا حزنا على هذا اللقاء الذي يجب أن ينتهي لأن تباشير الصباح قد لاحت. إلا أنه لم يوضح تحديدا هل بكيا كلاهما أم تفردت هي وحدها بذلك؟ لينتقل من ثمة إلى المديح.

لقد رسم الشاعر (أو الراوي) في هذه الأبيات صورة مادية ومعنوية لحبيبته، أما المادية فبوصفه إياها شكلا، وأما المعنوية فبما مرت به من مشاعر وحالات نفسية في أثناء تلك الزيارة التي قام بها إليها، كما رسم صورة لنفسه مقتصرا فيها على الجانب المعنوي منها. وقد اضطلعا كلاهما ببطولة هذه الواقعة/القصة.

أما ما أشير إليه من شخصيات أخرى من غلمة ـ تلوح بأيديهم الظبا والرماح ـ وابن أب، فلم يكن دورها إلا ثانويا، متمثلا بأثر كل منها المعنوي/ الرمزي الذي وجه

مجريات الواقعة/القصة بهذا المجرى. ومبعث وصفنا أثرها بالرمزي أنها تقوم بالدور نفسه في كل ما يحكى أو يقص من أحداث أو قصص من هذا النمط من الموضوعات.

لقد استعان الشاعر في تصويره هذا للشخصيات بالأساليب الفنية التي وفرتها له فنون البلاغة العربية من بيان ومعان وبديع. وإن منهجنا ليعد ما انتقل إليه الشاعر في هذه القصيدة عينها بعد ذلك في وصف شخصية الممدوح شكلا وصفات وأفعالا، فضلا عما كان من علاقته به، نوعا متميزا من وصف الشخصية تميز به الشعر العربي. سنعرض له تفصيلا فيما بعد.

وكما أن الحبيبة قد تكون مصحوبة برفيقات لها، فإن الحبيب الشاعر (أو الراوي) له أصحاب أو رفاق أو أخلاء هو أيضا، ولا تتعدى مهمتهم غالبا في مثل هذه المقطوعات أو القصائد ـ أو أجزاء القصائد ـ ذات النفس القصصي، مهمة الشخصيات الثانوية في القصة ـ مما عرضنا له آنفا ـ يقول سلم الخاسر (ت ١٨٦ هـ)[1]:

تبدت فقلت الشمس عند طلوعها بجيد نقي اللون من أثر الورس

فلما كررت الطرف قلت لصاحبي على مرية، ما ها هنا مطلع الشمس

إن صاحب الشاعر ههنا لم يكن بأكثر من سامع لخطاب الشاعر، من غير أن يقوم بفعل مؤثر. ولعل عدم التأثير هذا في الأحداث هو سمة مجموعة غير قليلة من نماذج أصحاب الشعراء ورفاقهم الذين لم يأتوا على ذكرهم في مثل هذه النصوص إلا وسيلة للبوح ببعض مما يختلج في صدورهم من أفكار ومشاعر، سواء أكان ذلك بمخاطبة الشعراء إياهم من طرف واحد أم بصنع حوار يتبادلونه معهم.

إن هذا التوظيف لشخصية الصاحب أو الخليل من أجل رواية حدث ما أو التعبير عن فكرة أو إحساس ما من قبل الشاعر، لمما يؤكد تلبس الشاعر بالروح القصصية

---

(1) شعراء عباسيون ١٠٦. وينظر: ديوان ابن الدمينة (ت١٨٠- أو ١٨٣ هـ) ٣٦، وديوان أبي نواس ١٤٧، وديوان الشريف الرضي ٣٩٨/١، وديوان الأبيوردي ١٨٧/٢.

وتوسله بها للبوح عما في داخله، حتى إن لم يضف على تلك الشخصية الدور الفعال المباشر. مع تأكيدنا أن ذلك كله يخضع لمدى قدرة الشاعر الفنية، ولجوئه إلى عناصر القصة وسيلة إلى ما يريد.

وهناك في الشعر العباسي الذي ندرس نمط آخر من الشخصيات شغل موقعا متميزا فيه، أعني به أبطال ما اصطلح عليها بالقصص الخمري، من خمار أو رب حانوت، وندمان أو ندامى، وساق أو ساقية، وقيان. قد يجتمعون كلهم في قصيدة واحدة، أو أن يذكروا متفرقين ـ فرادى أو أكثر ـ بحسب ما يريد الشاعر الإفصاح عنه أو روايته. يقول أبو نواس[1]:

أمالك، باكر الصهباء مال — وإن غالوا بها ثمنا فغال

وأشمط، رب حانوت تراه — لنفخ الزق مسود السبال

دعوت وقد تخونه نعاس — فوسده براحته الشمال

فقام لدعوتي فزعا مروعا — وأسرع نحو إشعال الذبال

فلما بينتني النار حيا — تحية وامق لطف السؤال

وأفرخ روعه، وأفاد بشرا — وهزهز ضاحكا جذلان بال

عددت بكفه ألفا لشهر — بلا شرط المقيل ولا المقال

يصف أبو نواس في هذه الأبيات حالة هذا الخمار حين زاره ذات ليلة، مفاجئا إياه، إذ أفاق هذا الخمار فزعا مروعا من نومه لما دعاه أبو نواس لكنه استبشر به إذ عرفه، ولاسيما أنه نقده من المال ما أرضاه، وربما أراد الشاعر (أو الراوي) هنا أن يشير كذلك إلى غناه وبذله المال في سبيل الخمرة من غير حساب. وبينما لم نعرف عن هذا الخمار إلا ما كان منه في هذا الموقف، فإننا لم نعرف شيئا البتة عن (مالك) المخاطب

([1]) ديوان أبي نواس ١٨٤ ـ ١٨٥. وينظر : المصدر نفسه ١٤٧ ـ ١٤٩، وديوان كشاجم ٥٠ ـ ٥١، وديوان مهيار الديلمي ١٦٧/٣.

في هذه القصيدة، والمروي له ما جاء فيها من خبر هذا الحدث، ولعله وسيلة الشاعر لروايته فحسب. ويقول أبو نواس أيضا[1]:

وندمان صدق باكر الراح سحرة ... فأضحى وما منه اللسان ولا القلب
تأنيته كيما يفيق فلم يفق ... إلى أن رأيت الشمس قد حازها الغرب
فقام يخال الشمس لما ترجلت ... فنادي الصبوح وهي قد كربت تخبو
وحاول نحو الكأس يخطو فلم يطق ... من الضعف حتى جاء مختبطا يحبو
فقلت لساقينا: "اسقه" فانبرى له ... رفيق بما سمناه من عمل، ندب
فناوله كأسا جلت عن خماره ... وأتبعها أخرى فثاب له لب
إذا ارتعدت يمناه بالكأس، رقصت ... به ساعة حتى يسكنها الشرب
فغنى وما دارت له الكأس ثالثا ... "تعزى بصبر بعد فاطمة القلب"

يشغل النديم في هذه القصيدة الحيز الأكبر، بل إنها نظمت فيه تحديدا مبينة عن حالته هذه التي صورتها لنا من غير أن تعلمنا بالسبب فيها. ولعل الشاعر (أو الراوي) أراد من ورائها أن يصور حالة إنسانية معينة، هي حالة العاشق الذي يسلي نفسه ويروح عنها بالخمرة. وإن تركيز الشاعر ههنا على أمر هذا النديم جعله يأخذ هو ـ أي الشاعر أو الراوي ـ والساقي دورا ثانويا كانت مهمته الإسهام في بيان الموقف/الحالة التي أراد أن يصورها أو يعبر عنها، متمثلة بشخص هذا النديم.

نلحظ في النماذج التي مرت في هذه الدراسة، فضلا عما سنستقبل من نماذج في فصولها الأخرى، أن الشعراء غالبا ما يلجأون إلى عدم التصريح بأسماء الشخصيات التي

---

[1] ديوان أبي نواس ٧٩-٨١. وينظر: المصدر نفسه ٦٩-٧٠ و٩٠-٩٢، وديوان بشار بن برد ٥/٢، وأشعار الخليع الحسين ابن الضحاك ٣٤، وشعر ابن المعتز ق١ ١٥١/٢، وديوان مهيار الديلمي ١٦٧/٣.

يعرضون لها بالذكر في أشعارهم، ولاسيما في موضوع الغزل منها[1]. أما في الموضوعات الأخرى فالنسبة قد تزيد أو تنقص بحسب عمق انفعال الشاعر بالموقف الذي يصوره، وما قد يكون من تأثيره بما يحيط به من ظروف. ولعل شعر المديح هو الوحيد الذي تختفي فيه هذه الظاهرة ـ أو تكاد ـ بسبب من طبيعة الغرض من ورائه، وهو إعلاء شأن الممدوح وإبراز مآثره.

وإغفال التصريح هذا يتخذ صيغتين: الأولى الاكتفاء بالصفة أو الوصف مثل: مكسال منعمة، ربة الثنايا العذاب، بيض، عاذلة، ندمان..أو الجنس مثل صحب، نسوة..أو المهنة مثل: خمار، ساق. فضلا عن صيغ أو وسائل أخرى قد ترد فيما نستقبل من البحث. أما الصيغة الثانية فهي استخدام الضمير، مثل: جاءت، قلنا، غالوا...أو أسلوب (المبني للمجهول) مثل: قيل...

ولعل السبب في هذه الظاهرة يكمن فيما يمكن أن يكون من تأثر الشعراء بأسلوب القرآن الكريم في بعض من قصصه؛ إذ يهمل ذكر الأسماء[2]. فضلا عما قد يعود منه "إلى التركيز الذي تستدعيه طبيعة الشعر.وصعوبة الإشارة إلى الشخصية دائما بذكر اسمها"[3]. ناهيك عما يمكن أن يرجع في جانب منه، ولاسيما في قصائد الغزل والحب، إلى عدم رغبة الشاعر في الإعلان عن اسم فتاته حتى لا يفضحها بين أهلها وقومها وخاصة ما لم تكن الظروف أو العادات والتقاليد تسمح بهذا الإشهار. وهذه الأسباب جميعا تنطبق، مجتمعة أو متفرقة، على ما في الشعر العربي على امتداد تاريخه من نماذج مثل هذه، ومنه طبعا الشعر العباسي. على أننا لا نغفل الإشارة إلى ما وقع فيه

---

(1) ينظر، فضلا عما أوردناه من نصوص: شعر إبراهيم بن هرمة القرشي ١٥١-١٥٨، وشعراء عباسيون (سلم الخاسر) ١٠٦، وديوان علي بن الجهم ١٤٥، وديوان أبي فراس ٦٣، وشرح ديوان سقط الزند ٢٦٣.

(2) ينظر: الفن القصصي في القرآن الكريم ٢٧٤ و٢٨٣-٢٨٥.

(3) ملامح السرد القصصي في الشعر الأندلسي ٢٦٤.

الشعراء العباسيون من تأثر بالنماذج الشعرية العربية السابقة عليهم، تلك التي استخدمت هذا الأسلوب في التعبير وتوسلت به، فكان ذلك من دواعي نسجهم على هذا المنوال. ليكون الشاعر العربي - عباسيا أو ممن عاش قبله - بهذا قد سبق المنظرين المحدثين في كلامهم على اللجوء إلى الضمائر واستخدامها بوصف ذلك أسلوبا من أساليب تصوير الشخصيات في الأعمال القصصية - من حيث طبيعته الفنية ودلالته النفسية - على أن سبقه هذا قد اتخذ صيغة عملية فنية.

وإذ يحفل الشعر العباسي بالمديح، على اختلاف شخصيات الممدوحين وتنوعها وتباينها، فإننا نعد ما رسم من شخصية الممدوح - أي ممدوح - شكلا ومظهرا، وما وصفت به من طبائع وأخلاق وأفكار، فضلا عما قام به من أعمال واضطلع ببطولته من أحداث، من قبيل رسم الشخصية القصصية بكل ما يتطلبه ذلك من شروط وأصول، وبما يجعل منها شخصية رئيسة تشغل مركز الأحداث بل وتحركها. كما أنها تتسم بالثبات لا بمعنى السطحية والهامشية، ولكن بمعنى اكتمال طبائعها النفسية وخصائصها الفكرية، لينعكس ذلك من ثمة في ما تقوم به من دور على صعيد مجتمعها بكل ظروفه وفي جميع جوانبه؛ ذلك أن الشاعر قد يضفي على ممدوحه ما يريده هو منه أو ما يفترض وجوده فيه، لا ما يمتاز به الممدوح حقيقة فحسب، ولاسيما إذا ما كان الممدوح ذا منصب قيادي، سياسيا أو عسكريا، وله أعمال سجلها التاريخ له لأهميتها ودورها المؤثر في حياة المجتمع والأمة؛ فإن "الأحداث التاريخية المعروفة هي التي تميز إحدى الشخصيات عن الأخرى وإنه كلما كثرت الأحداث تميزت الشخصية، ووضحت الصورة، وكلما قلت جرى الأمر على العكس، وجاءت الشخصية مبهمة غامضة"[1]. لتزداد صورة الممدوح نصاعة وألقا إذا ما حظي بحب الشاعر المادح وإعجابه صدقا

([1]) الفن القصصي في القرآن الكريم ٢٧٧.

وبإخلاص.

ومن هذا المديح ما جاء في قصيدة مروان بن أبي حفصة (ت ١٨٢ هـ) في الخليفة المهدي التي مطلعها[1]:

طرقتك زائرة فحي خيالها	**بيضاء تخلط بالحياء دلالها**

فقد قال:

ملك تفرع نبعه من هاشم	**مد الإله على الأنام ظلالها**
جبل لأمته تلوذ بركنه	**رادى جبال عدوها فأزالها**

فهذا الممدوح ذو محتد شريف؛ إذ هو من بني هاشم، وهم الذين ينتسب الرسول (صلى الله عليه وسلم) إليهم، فضلا عن أصالتهم هم بين العرب...ثم إنه بما يتصف به من حميد الصفات وكريم الشمائل قد أضحى جبلا للأمة تلوذ به حين تعتريها الخطوب، ولعل أبرز هاتيك الصفات والشمائل في ما ينبئ عنه سياق القصيدة ههنا هو القوة والشجاعة والأنفة.

ثم ينتقل بعد أبيات ليخاطبه، بعد أن تحدث عنه في ما سبق ذلك من أبيات بضمير الغائب:

كلتا يديك جعلت فضل نوالها	**للمسلمين وفي العدو وبالها**
وقعت مواقعها بعفوك أنفس	**أذهبت بعد مخافة أوجالها**

فيعمد إلى صيغة الخطاب ليخبر عن كرمه للمسلمين، وشدة بأسه على الأعداء. ولكي يزيد الشاعر من مدى كرم هذا الممدوح ومن قوته على أعدائه أسبغ الكرم فضلا عن قوة الإهلاك لكلتا يديه.

ومما نتج عن هذا الجمع بين الكرم والقوة في نفس الممدوح، الحلم والعفو عند المقدرة.. فتأمن النفوس الخائفة شدة بطشه حين يقدر عليها بما ينعم به عليها من عفو

---

(1) ينظر: شعر مروان بن أبي حفصة ٩٦-٩٩.

ومسامحة تنبئان عن سعة صدره وطول باله.

وعلى هذه الطريقة من الوصف يستمر الشاعر في الكلام على ممدوحه بما ينتج عنه، من بعد، من صورة معنوية / نفسية لهذا الممدوح فهو أصيل النسب، وشجاع، وكريم، وحليم، وورع. على أننا لا نعدم أن نعثر في أثناء ذلك ـ وفي معرض حديثه عن إحدى معاركه التي انتصر فيها على أعداء المسلمين، في تضاعيف هذه القصيدة ـ على بعض من الملامح المادية لهذا الممدوح؛ إذ قال فيه:

قصرت حمائله عليه فقلصت ... ولقد تحفظ قينها فأطالها

فبإشارته إلى قصر حمائله عليه ـ والحمائل نجاد السيف ـ وإلى حيطة صانع تلك الحمائل إذ أطالها خوفا من أن تكون قصيرة، كناية عن طول قامة هذا الممدوح. وطول القامة مما تمدح به الرجال.

أما إشارته إلى ما عليه وجه هذا الممدوح من ضياء حين يذكر طلوعه الدروب على ظهور الخيل ـ في أثناء تلك الواقعة التي كان بطلها ـ:

قودا تريع إلى أغر لوجهه ... نور يضيء أمامها وخلالها

فإما أن يكون تعبيرا عن حسن أخلاقه وحميد صفاته حتى لكأنها نور تستضئ به تلك الخيل في أثناء سيرها، فضلا عن الجيش كله، وإما أن يكون إشارة إلى ما قد يكون عليه وجه هذا الممدوح حقيقة من جمال خلقة ونورانية ملامح.

أما سبط ابن التعاويذي (ت ٥٨٣ أو ٥٨٤ هـ) فإنه في قصيدته التي أولها[1]:

أبثكم أني مشوق بكم صب ... وأن فؤادي للأسى بعدكم نهب

يمدح الوزير عضد الدين معز الإسلام أبا الفرج هبة اللـه. ومما جاء فيها:

له خلقا بأس وجود إذا سقى ... بسجليهما لم يخش جور ولا جدب

([1]) ينظر: ديوان سبط ابن التعاويذي ٣٠-٣٥.

عليه من الرأي الحصين مفاضة وفي كفه من عزمه باتر عضب

إن هذا الممدوح شجاع ذو بأس، وكريم ممدود اليد بما لا يخشى معهما جور ولا ظلم ولا جدب وجوع. وهو فضلا عن ذلك ذو عقل ثاقب ورأي سديد ما يجنبه الخطر ويحميه من الزلل حتى لكأنه يرتدي درعا واسعة قوية، ثم إنه يمضي فيما يريد الوصول إليه والحصول عليه بعزم شديد وحزم لا ينثني وكأنه يحمل سيفا باترا قاطعا يزيل بوساطته ما يعترض سبيله، إلى ما يبغي، من عقبات.

ومما جاء فيها كذلك حكاية الشاعر عما كان له مع هذا الممدوح من أمر، وهو اتصاله به وحظوته عنده بكرمه ولطفه فضلا عن شعوره بالأمان على نفسه وماله في كنفه حتى إنه وصف مدة عيشه في جنابه بالدهر الرائق، بما يؤكد ما يريد الشاعر إسباغه على ممدوحه هذا من صفات القوة والشجاعة فضلا عن الكرم والبشاشة، قال:

وقد عشت دهرا رائقا في جنابه فما شل لي سرح ولا ريع لي سرب

أروح ولي منه الضيافة والقرى وأغدو ولي منه الكرامة والرحب

وهكذا يمضي في مدح هذا الوزير وقومه بما يشخص صورة معنوية بارزة له بخاصة، ولقومه بعامة. صورة تحمل الصفات كلها التي يحب أن يفتخر بها كل ذي رياسة وأمر فضلا عن غيره.

وهكذا يتضح أن أغلب الصور التي يرسمها الشعراء لمدوحيهم، على اختلاف درجات المسؤولية التي بلغوها ـ خليفة، أو أميرا، أو وزيرا، أو واليا، أو قائدا، أو قاضيا.... هي صور معنوية تبغي تأكيد القيم الأصيلة والأخلاق الرفيعة وتعزيزها لدى الشخص الممدوح أولا وبين عامة الناس ثانيا، من غير الاعتناء الشديد بحجوم الممدوحين وملامحهم وما إليها؛ فصورة الممدوح أو شخصيته، بما يقال فيه من صفات ومزايا وما يحكى عنه من أفعال ومآثر قام بها ـ سواء أشير إليها إجمالا أم أطنب في روايتها أو رواية بعض منها ووصفه تفصيلا ـ تؤكد تلك الصفات وتحكي عن هاتيك المزايا، هي

قيمة لا جسد، ومعنى لا شكل. ومن هنا فهي صورة معنوية، نفسية وفكرية، يراد تأصيلها أساسا لا مظهرا خارجية وملامح مادية فحسب[1].

أما المهجو فإنه في قصائد الحرب والسياسة يمثل الشخصية المضادة لشخصية الممدوح بكل قيمها ومبادئها، وغالبا ما يكون ذكره ووصفه في القصيدة أقل في حجمه من الممدوح، وكأن الشاعر منهم يريد بذلك بيان صغر مكانة هذا المهجو وضآلة حجمه بإزاء الممدوح. فإذا ما أطال في ذكره كان ذلك لمزيد من الهجاء يصبه عليه، ومهما يكن من أمر فإن في ذلك تعميقا لفضائل الممدوح وتأصيلا لصفاته. وبذلك تغدو شخصيتا الممدوح والمهجو الشخصيتين الرئيستين، وأحيانا الوحيدتين، في مثل هذا الشعر، وإن اختلف حجم تصوير كل منهما ماديا ومعنويا. هذا ما لم نعد شخصية المهجو/الضد، استنادا إلى ذلك الحجم، شخصية ثانوية جاءت لتعزز شخصية الممدوح الرئيسة وتؤكدها بما تعرضه من صورة مغايرة لها تماما - معنوية بخاصة ـ.

قال المتنبي[2]:

رأى ملك الروم ارتياحك للندى	**فقام مقام المجتدي المتملق**
وخلى الرماح السمهرية صاغرا	**لأدرب منه بالطعان وأحذق**
وكاتب من أرض بعيد مرامها	**قريب على خيل حواليك سبق**
وقد سار في مسراك منها رسوله	**فما سار إلا فوق هام مفلق**

---

(1) إن الشعر العباسي يزخر برسم شخصية الممدوح على وفق ما ذهبنا إليه، وربما لا يخلو ديوان شاعر من شعراء هذا العصر ـ من ذلك، هذا ما لم يطغ المديح عند عدد من هؤلاء الشعراء على غيره من الموضوعات. فضلا عما ذكر من ذلك في الكتب التي تناولت فن المديح بالبحث أو تلك التي عرضت لطائفة من شعراء العصر العباسي ـ ولاسيما أعلامه منهم ـ بالدراسة. وينظر: ص٥٤-٥٩ من هذا البحث.

(2) التبيان في شرح الديوان ٣١١/٢-٣١٣. وينظر: ديوان أبي تمام ٦٤/١ و٣٧/٢، وديوان البحتري ٢١٣/١-٢١٧. وص٥٤-٥٩ من هذا البحث.

فلما دنا أخفى عليه مكانه		شعاع الحديد البارق المتألق

وأقبل يمشي في البساط فما درى		إلى البحر يسعى أم إلى البدر يرتقي

ولم يثنك الأعداء عن مهجاتهم		بمثل خضوع في كلام منمق

وكنت إذا كاتبته قبل هذه		كتبت إليه في قذال الدمستق

فإن تعطه منك الأمان فسائل		وإن تعطه حد الحسام فأخلق

فهذه الشخصية الضد مهزومة خائبة، تسعى إلى الصلح بعد أن ذاقت الهزيمة على يد الممدوح (سيف الدولة الحمداني). وأضاف المتنبي في هذه الأبيات شخصية أخرى هي مبعوث ذلك القائد المهزوم، واصفا مشيته المنكسرة نحو الممدوح، لتكون هذه الشخصية الثانوية المضافة، تأكيدا للموقفين وتعميقا لهما، موقف الممدوح المنتصر وموقف المهجو المهزوم الذي تمثله بانتسابها إليه، فيتضح من ثمة أنموذجاهما، كل بما يرمز إليه.

وإذ نتكلم على المهجو بوصفه أنموذجا أو نمطا لرسم الشخصية، لا بد لنا أن نشير إلى تعدد ملامح هذه الشخصية وتنوعها بحسب هدف راسمها من ورائها. فهذا ابن الرومي يقول في غلام لبعض إخوانه يقال له نصر[1]:

لي خادم لا أزال أحتسبه		يغيب حتى يرده سغبه

نرسله لاشتراء فاكهة		فقصرنا أن تجيئنا كتبه

كم قال ضيفي، وقد بعثت به:		هيهات يوم الحساب منقلبه

وخلته قد سما إلى كرم رضـ		وان لكي يجتنى له عنبه

وإنما زار مالكا فرأى		زقوم صدق فظل ينتخبه

ثم أتاني، وقد طما غضبي		عليه، والضيف قد طما غضبه

(1) ديوان ابن الرومي ٢٠٢/١-٢٠٣.

فقال: هاكم وليس في يده | **إلا نوى كان مرة رطبه**
أو عجم رمانة وقشرتها | **بغير ماء، لقد خلا عجبه**
ضل فما يهتدي لطيبة | **كأنما مجتناه محتطبه**
غيبته سرمد، وخيبته | **لا تنقضي أو يغوله عطبه**
يبطئ حتى أكاد أحسبه | **صادف تيسا فظل يحتلبه**

إنه في حديثه عن هذا الغلام بما كان منه في مثل هذا الموقف؛ إذ غاب طويلا في ما أرسل من أجله من شراء فاكهة فإذا ما عاد جاء بالسيء التالف من الرطب والرمان، فضلا عما شبه به مدة غيبته بالسرمد وما أشار إليه من ملازمة الخيبة إياه ـ وذلك كله ينبئ عن طبيعة شخصيته ـ إنما يهجوه؛ لأن ما عرض له من صفاته هو الإهمال والغباء.

أما سبط ابن التعاويذي فيهجو من يدعى ابن الزريش، شكلا ومضمونا، موظفا أسلوب الحوار في ذلك، إذ يخاطبه قائلا[1]:

مجتمع فيك كل شؤم | **وكل لؤم وكل غش**
غير لبيب ولا أريب | **ولا مليح الكلام هش..**

ثم يقول فيه مستمرا في توجيه الخطاب له:

لحية تيس ووجه قرد | **وعين ثور ورأس كبش**

فيستفيد من أسلوب التشبيه في مثل هذا البيت في رسم صورة هذا الرجل كما يراه أو يحس به هو آنذاك نتيجة لما كان بينهما مما لم يفصح عنه.

وهكذا تتنوع ملامح شخصية المهجو، بحسب نظرة الشاعر إليه ومقدرته الفنية في تصويره، مع ملاحظة تباين أشكال المهجوين واختلاف طبائعهم وعدم تساويهم في مدى قربهم أو بعدهم من الشاعر في حقيقة الأمر؛ إذ قد يكون المهجو رفيقا أو عدوا، سيدا أو خادما، رجلا أو امرأة، شيخا أو شابا، فردا أو مجموعة. على أن لا نغفل عن أن

---

(1) ديوان سبط ابن التعاويذي ٢٤٦.

سوء القصد مبيت سلفا لأي سبب كان وإلا لما كان الهجاء، ومن ثمة كانت المبالغة في تشويه صور المهجوين المادية والمعنوية[1].

وإذا كان مجموعة من الشعراء قد عرضوا لأحداث ووقائع تاريخية فيما نظموه من مطولات تاريخية، فإنهم لم يفعلوا أكثر من ذكر أبطال هذه الأحداث والوقائع، ومن أسهموا فيها من غير إسهاب وإمعان وتركيز في تصوير هاتيك الشخصيات ورسمها شكلا وموضوعا، إذ كان جل اهتمامهم في تلك المنظومات منصبا على إيراد الأخبار وسردها[2].

وفضلا عما ذكرنا من أنواع الشخصيات التي شكلت نماذج أو أنماطا زخر بها الشعر العباسي، فإننا نرى وجود شخصيات أخرى متنوعة في هذا الشعر، مستلة من الحياة بكل ما تحفل به من مواقف وحوادث، وأفكار ومشاعر. فذاك أبو فرعون الساسي (ت هـ) يقول واصفا حال أبنائه في معرض حديثه عن فقره وسوء حاله[3]:

وصبية مثل صغار الذر ... سود الوجوه كسواد القدر

جاءهم البرد وهم بشر ... بغير قطف وبغير دثر

تراهم بعد صلاة العصر ... بعضهم ملتصق بصدري

وآخر ملتصق بظهري ... إذا بكوا عللتهم بالفجر

حتى إذا لاح عمود الفجر ... ولاحت الشمس خرجت أسري

---

(1) ينظر: شعر مروان بن أبي حفصة ٢٨، وديوان ابن الرومي ٦٨٢/٢ و١٤٠٨/٤، وديوان البحتري ٣٦/١ و٢٠٧٦/٤-٢٠٧٧ و٢٢٨٠-٢٢٨١، وشعر ابن المعتز ق١ ٦٣٣/١-٦٣٤ و٦٣٧ و٦٦٨-٦٦٩، وديوان كشاجم ٣٨٩، والتبيان في شرح الديوان ٢٠٤/١-٢٠٩ و٣٥٩/٢-٣٦١، وديوان الخالديين ١٠٧، والأغاني ١٦٤/٢٣، واتجاهات الهجاء في القرن الثالث الهجري ٣١-٢١٤ و٣٧٩-٤١٦.

(2) ينظر: ديوان علي بن الجهم ٢٢٨-٢٥٠، وشعر ابن المعتز ق١ ٥١٩/١-٥٩١.

(3) الورقة ٥٧، وينظر: الشعراء الصعاليك في العصر العباسي الأول ١٢٦-١٢٧.

عنهم وحلوا بأصول الجدر كأنهم خنافس في حجر

هذا جميع قصتي وأمري فاسمع مقالي وتول أمري

فأنت أنت ثقتي وذخري

فأولاده ضعاف ضعفا شديدا كأنما هم صغار النمل، ألوانهم شاحبة سود، وأجسادهم عارية وليس لديهم من الثياب ما يقيهم برد الشتاء، قد التفوا من حوله، فبعضهم التصق بصدره، وبعضهم قد علا ظهره، يشكون ويبكون الجوع وهو يشفق عليهم ويعدهم بأنه سيسعى في الأرض من أجلهم مع انبلاج أول أضواء الصباح، ولم تكد الشمس تشرق حتى تركهم وخرج يطلب الرزق لهم، فاستقروا في ركن من أركان بيتهم كأنهم الخنافس في الجحر.

إن هذا الرسم لهؤلاء الصبية الصغار شكلا وحالا ـ ولعله شكل فرضته حال ـ فضلا عن الإيماء إلى حال هذا الأب السيئة ماديا والتعيسة نفسيا؛ لما لا شك في معاناته إياه من ألم وشعور بالعجز نتيجة لما وصلت إليه حال أولاده هذه، ليشير، فضلا عن خصوصيته، إلى ما كانت تعيش فيه الطبقة الفقيرة في المجتمع العباسي من بؤس وجوع وشر[1].

وذاك الواساني يأتي في نونيته[2] بعدد كبير من الشخصيات، هم مدعووه إلى الوليمة التي أقامها لهم في منزله، مسميا عددا منهم وواصفا الآخر من غير ما تسمية، وكلها شخصيات مسطحة ثابتة في مقابل شخصيته هو المدورة، التي انتقلت من الاطمئنان والمرح إلى الخوف والاكتئاب والذل، فنمت بذلك من حالة نفسية ومادية إلى أخرى. ذلك فضلا عن ثانوية تلك الشخصيات بإزاء شخصيته هو الرئيسة. وذاك أبان

(1) ينظر: الشعراء الصعاليك في العصر العباسي الأول ١٢٧.

(2) ينظر: يتيمة الدهر ١/٣٣٩-٣٤٨، وص٤٩-٥٤ و١٤٦-١٤٨ من هذا البحث.

اللاحقي[1]، يشير إلى ما امتلأت به الحارة من ملهين، من طبالين وزمارين، في حفل زفاف شخصيتيه الرئيستين: عمارة بنت عبد الوهاب الثقفي ومحمد بن خالد، فضلا عن دخوله هو الأحداث بوصفه شخصية رئيسة ثالثة، أسهمت في إفشال حدث الزواج ذاك.

وهذا بشار بن برد، يحاور كاهنا[2]:

ألا يا كاهن المصر الذي ينظر في الزيت

تراني عائشا حتى ... أرى عبدة في البيت؟

فقال: ادن أرى موتا ... ودورا سابق الموت

وتستمر القصيدة، ولكن دور الكاهن فيها انتهى عند هذا الحد، فلم نعرف عنه شيئا إلا إجابته عن السؤال، تلك الإجابة التي ستصير مدخلا لموضوع القصيدة الغزلي.

وهذا أبو نواس يصور شخصية بخيل اسمه "سعيد"، وشخصية مسكين يلجأ إليه طالبا فضله، فلا ينال منه سوى الأذى والإهانة.

يقول[3]:

رغيف سعيد عنده عدل نفسه ... يقلبه طورا، وطورا يلاعبه

وإن جاءه المسكين يطلب فضله ... فقد ثكلته أمه وأقاربه

يكر عليه السوط من كل جانب ... وتكسر ساقاه وينتف شاربه

---

(1) ينظر: أخبار الشعراء المحدثين ٢٤، والأغاني ١٦٤/٢٣، وص٤٥-٤٦ من هذا البحث.

(2) ديوان بشار بن برد ١٦/٢. ومن الشخصيات التي عرض ابن برد لذكرها جارة له، قال فيها:

ربابة ربة البيت ... تصب الخل في الزيت

لها عشر دجاجات ... وديك حسن الصوت

(ينظر: المصدر نفسه ٢٧/٤-٢٨).

(3) ديوان أبي نواس ٥٦٩.

أما البحتري فينقل إلينا قولا عن طبيبه الذي يصفه بالاحتيال لا غير[1]:

ولقد قال طبيبي - وطبيبي ذو احتيال - :

أشك ما شئت سوى الحب فإني لا أبالي

سقم الحب رخيص ودواء الحب غال

ولعل مأتى وصفه طبيبه بالاحتيال هو مجابهة الطبيب إياه بعدم مبالاته بشكواه من الحب، وإخباره إياه أن الوقوع في الحب أسهل وأهون من الخلاص منه. فإذا كان ما يرمي إليه الطبيب أن دواء الحب، حين لا يمكن تحقيق الوصال، هو الفراق، تأكد فهمنا لمبعث اتهام الشاعر (أو الراوي) للطبيب بالاحتيال؛ ذلك لأنه جبهه بما لم يكن يتوقعه أو لم يكن يريد سماعه لصعوبته عليه.

مثلما يشير البحتري نفسه إلى أحد زائريه، ذلك الذي يسأله عن حاله مع جار جديد له، فيجيبه عن سؤاله عارضا لوصف هذا الجار، فيتخذ بذلك من شخصية الزائر المجهولة الغائمة هذه وسيلة للدخول إلى وصف الشخصية الرئيسة الأخرى (الجار الجديد)، فضلا عنه. يقول[2]:

زائر زارني ليسأل عن حا لي كما يسأل الصديق الصديقا

كيف حالي، وقد غدا ابن جبير لي دون الجيران جارا لصيقا!؟

غاديا، رائحا علي، فما يتـ ركني أن أريح أو أن أفيقا

يقتضيني الغداء والشمس لم تبـ ـزغ طلوعا، ولم تبلج شروقا

معدة أولية كرحى البر (م) تلقى حبا، وتلقي دقيقا

ويد لا تزال ترمي بأحجا ر من اللقم تعجز المنجنيقا

صاح بلعومه فخلنا المنادي صاح في حلقه: الطريق! الطريقا!

---

(1) ديوان البحتري ١٦٨٠/٣.

(2) ديوان البحتري ١٥٤١/٣.

وكأن الفتى يطم ركايا	قد تهورن، أو يسد بثوقا
وإذا جيء بالخوان تخوفـ	ت، وأشفقت أن يموت خنيقا!

فهذا الجار الجديد الذي يصفه أكول شره. يروح ويجيء في طلب الطعام، معدته كالرحى، ويده كآلة المنجنيق في رميها اللقم إلى الفم، وبلعومه يصيح من كثرة الطعام، حتى إنه ـ أي الشاعر ـ يخاف عليه إذا ما رأى مائدة الطعام أن يموت مختنقا؛ لكثرة ما يأكل فضلا عن سرعته وشرهه في هذا الأكل. ولعل كلام الشاعر (أو الراوي) هذا، بما فيه من تشبيهات قصد فيها إلى المبالغة والتهويل من أمر حال جاره هذه – وإن كانت صدقا في أصلها – لم يخل من نية الهجاء.

وذاك إسحق الموصلي (ت ٢٣٥ هـ) يخبر عن رده على الـ (آمرة بالبخل)، تلك الشخصية التي لجأ إلى الإتيان بها ليشير إلى كرمه[١].

إن شخصيات العمل القصصي لتقترب من نفوسنا، ويزداد إحساسنا بها وتآلفنا معها بقدر ما يقترب بها راسمها من نبض الواقع الحياتي الذي يعيش أو نعيش، وذلك بما يضفيه عليها من واقعية وما يحاول أن يطبعها عليه من صدق؛ "فالشخصيات يجب أن تتصرف بسهولة ويسر لكي تكون حقيقية"[٢]، وهو ما نلمح سعي الشاعر العباسي إلى بلوغه من خلال تلك الأمثلة التي قدمنا.

وإذ تتعدد الشخصيات وتتنوع بما ينبئ عن ثراء تجارب الشعراء في الحياة، فإن بعضا منهم يلجأ إلى التعمية والإخفاء سبيلا فنية نحو جذب القارئ، وشد انتباهه. فهذا مسلم بن الوليد يخبر عن كلام قيل لفتاته من غير أن يصرح عمن قاله[٣]:

(١) ديوان إسحق الموصلي ١٦٣.

(٢) أركان القصة ١١٢.

(٣) شرح ديوان صريع الغواني ١٧٤-١٧٥، وينظر: ديوان بشار بن برد ١/١٨٠ و١٩٦، وديوان العباس بن الأحنف ٣٢٠.

قيل لها إنه أخو كلف	**بحبكم هائم ومفتتن**
فأعرضت للصدود قائلة	**يقول ما شاء شاعر لسن**

إن نصوص الشعر العباسي ذي النزعة القصصية المتمثلة بعنصر الشخصية هذا تقترب من طبيعة القصة القصيرة؛ إذ يتضح فيها ما تفضله هذه القصة من احتوائها على عدد قليل من الشخصيات، خلافا للرواية حيث يكثر الأشخاص؛ "فليس في القصة القصيرة فرصة لرسم هذا العدد الكبير من الشخصيات، لضيق الحيز من جهة، ولأن القصة ذاتها لم تنشأ لتحليل عدد كبير من الشخصيات من جهة أخرى. ومع ذلك فمن الممكن أن تكثر الشخصيات في القصة القصيرة، ولكن لا بد من أن تكون في مجموعها وحدة، أي أن يجمعها غرض واحد"[١]. وهذا ما لحظناه فيما مر بنا من أمثلة من الشعر العباسي الذي ندرسه، فضلا عما سنستقبل منه. سواء أكانت تلك الشخصيات أفرادا محددين بعينهم أم مجموعة منهم تؤدي دورا واحدا معينا.

وبهذا تجمع مثل هذه النصوص من الشعر العباسي ذي النفس القصصي بين نمطين من التركيز، أولهما ما يجب فيه من تركيز وتكثيف تقتضيه طبيعته بوصفه شعرا له خصائصه الفنية المتميزة، وثانيهما ما تتطلبه طبيعة القصة القصيرة نفسها من صفة التركيز الأساسية فيها، "أساسية في الموضوع وفي الحادثة وطريقة سردها، أو في الموقف وطريقة تصويره، أي في لغتها. ويبلغ التركيز حد أنه لا تستخدم لفظة واحدة يمكن الاستغناء عنها، أو يمكن أن يستبدل بها غيرها فكل لفظة موحية، ولها دورها، تماما كما هو الشأن في الشعر"[٢]. ومن هنا امتلك الشعر العباسي ذو النزعة القصصية خصوصيته وتميزه في رسم شخصياته، كما في عناصره القصصية الأخرى. فيلحظ في رسم شخصياته هذه، على اختلاف موضوعاته، وسواء في ذلك الخيالية منها

---

(١) الأدب وفنونه ١٦٢.

(٢) الأدب وفنونه ١٦٢.

وذات الأصل الحقيقي ـ المعينة المسماة منها، أو الموسومة بوصف، أو المضمر عنها ـ أنه يتم "بجرأة وبضربات سريعة "[1].

وما من شك في أن هذه الشخصيات متباينة في وضوحها، ومختلفة في دقة ملامحها، المادية والمعنوية، ولعل ذلك يعود إلى طبيعة الموقف المعالج، وإلى الزاوية التي ينظر الشاعر من خلالها إليه، فضلا عن قدرة الشاعر الفنية ومدى انفعاله بما يقول.

لم يقتصر الشعراء العباسيون على الإنسان بوصفه يمثل عنصر الشخصية في أشعارهم ذات الروح القصصي، بل إنهم جعلوا من الحيوان والجماد والمعاني شخصيات ذات أدوار مؤثرة بل رئيسة في أعمالهم تلك، بما رسموه لها من أحداث وقعت لها أو قامت هي بها، وبما أصدروه على لسانها من عبارات وأفكار[2]. فتوسلوا بها للإعراب عن مشاعرهم هم، والتعبير عن أفكارهم هم.

وإذ ننتقل للحديث عن الحيوان، شخصية قصصية، فإننا نعد وصف الشاعر إياه، شكلا وحركة وطبائع، مما يدخل في رسم الشخصية القصصية، حتى إن لم يضف عليه أية معان إنسانية، فإن حصل هذا فإنه تأكيد وتعزيز لما نذهب إليه.

لعل الناقة والحصان، سواء أكان كلام الشاعر عليهما إفرادا أم جمعا، أكثر الحيوانات بروزا في ما نحن بصدد الحديث عنه؛ لما شغلاه من حيز واسع ومكانة رفيعة في هذا الشعر الذي نعالج، وما ذلك إلا لما كان لهما من دور مهم جدا في حياة العربي، استقرارا وترحالا، سلما وحربا..ولنبدأ بالناقة قارئين قول ابن المعتز في وصف ناقته[3]:

[1] فن كتابة الأقصوصة ٢٩.

[2] ينظر: الفن القصصي في القرآن الكريم ٢٦٥، والقصة في شعر امرئ القيس (مجلة) ٦١، وملامح السرد القصصي في الشعر الأندلسي ٢٦٥-٢٦٦.

[3] شعر ابن المعتز ق١ ١٦٢/١-١٦٤. وينظر: ديوان بشار بن برد ٣٢٨/١-٣٢٩، وشعر مروان ابن أبي حفصة ٩٦-٩٧، وديوان أبي نواس ٤٢١-٤٢٥، وشرح ديوان صريع الغواني ٧٣-٧٦، والتبيان في شرح الديوان ٣٦/١-٤١، وديوان أبي فراس ١٠٥، وديوان مهيار الديلمي ٧٨/١-٧٩.

ولرب مهلكة يحار بها القطا مسجورة بالشمس خرق مجهل
خلفتها بشملة تطأ الوجى مرتاعة الحركات حلس عيطل
ترنو بناظرة كأن حجاجها وقب أناف بشاهق لم يحلل
وكأن مسقطها إذا ما عرست آثار مسقط ساجد متبتل
وكأن آثار النسوع بدفها مسرى الأساود في هيام أهيل
ويشد حاديها بحبل كامل كعسيب نخل خوصه لم ينجل
وكأنها عدوا قطاة صبحت زرق المياه وهمها في المنزل
ملأت دلاة تستقل بحملها قدام كلكلها كصغرى الحنظل
وغدت كجلمود القذاف يقلها واف كمثل الطيلسان المخمل
حملتها ثقل الهموم فقطعت أسبابهن بنا تخب وتعتلي

إن ما أضفاه الشاعر على ناقته هذه من صفات، وما شبهها بـه مـن مشبهات في رسـمه صـورتها الشكلية والمعنوية، منحها صورة الناقة القوية، الصبور، المنتبهة، السريعة، الجميلة، التـي كانـت عنـد حسـن ظن صاحبها فحملته بكل همته وهمومه إلى ما يريد، فشاركته بـذلك بطولـة مـا يتحـدث عنـه مـن واقعـة رحلته هذه.

أما المتنبي فإنه يحادث ناقته(١):

وقلنا لها: أين أرض العراق؟ فقالت ونحن بتربان: ها

فيشخص منها محاورا يسأله فيجيبه(٢)، مخبرا عن بلوغه إلى مقصده

---

(١) التبيان في شرح الديوان ٣٩/١. وينظر: الرحلة في شعر المتنبي ١٢٣-١٣١.

(٢) سنعتمد في تحديدنا لمصطلح التشخيص في هذا الحيز من الدراسة على ما ذهب إليه الدكتور عبد القـادر الربـاعي مـن أن التجسيد: هو تقديم المعنى في جسد شيئي أو نقل المعنى من نطاق المفاهيم إلى المادية الحسية، وأن التشخيص: هو إحياء المواد الحسية الجامدة وإكسابها إنسانية الإنسان =

بمساعدتها.

وإذا ما انتقلنا إلى الخيل، فلعل شعر المتنبي فيها من أوضح الأدلة على عناية الشاعر العباسي بها، وانشغاله ببيان دورها المهم في حياته بكل جوانبها. من

ذلك قوله في جواده، إذ يذكر رحلة له[1]:

وعيني إلى أذني أغر كأنه	**من الليل باق بين عينيه كوكب**
له فضلة عن جسمه في إهابه	**تجيء على صدر رحيب وتذهب**
شققت به الظلماء أدني عنانه	**فيطغى وأرخيه مرارا فيلعب**
وأصرع أي الوحش قفيته به	**وأنزل عنه مثله حين أركب**

فجواده هذا الذي كان رفيق سفره وواسطته فيه حتى غدا ذا دور مهم في واقعة الرحلة هذه، أسود تضيء جبينه غرة كأنها الكوكب، عريض الصدر، واسع الجلد مما يقتضي سعة الخطو وسرعة العدو، فضلا عن انتباهه ونشاطه ومرحه وذكائه وقوته.

ومثلما شخص المتنبي من الناقة محاورا يحس به ويجيبه، فعل مثل ذلك مع

= وأفعاله، وأن التجسيم: هو ما يسعى عن طريقه الشاعر إلى إيصال المعنى المجرد إلى مرتبة الإنسان في قدرته واقتداره. وكان الدكتور الرباعي قد ذهب إلى أن التشخيص والتجسيم جزآن انقسم عليهما التشخيص بمعناه العام وهو ارتفاع الأشياء إلى مرتبة الإنسان مستعيرة صفاته ومشاعره. (ينظر: الصورة الفنية في شعر أبي تمام ١٦٧-١٧٢). والتشخيص والتجسيد والتجسيم تدخل جميعا في إطار ما يعرف في علم البلاغة بالاستعارة المكنية، وهي الاستعارة التي حذف فيها المشبه به وذكرت لازمة من لوازمه. والمشبه به في موضوعنا هذا هو الإنسان؛ إذ تضفى على المواد الحسية والأمور المعنوية خصائص إنسانية من حواس وتصرفات وأفكار ومشاعر. وهذا هو الاختلاف بين هذا التشخيص (البلاغي)، والتشخيص Characterzation الذي يعني رسم الشخصية القصصية، شكلا ومضمونا، في العمل القصصي.

([1]) التبيان في شرح الديوان ١/١٧٩-١٨٠. وينظر: ديوان أبي نواس ١٢٣-١٢٥، وشرح ديوان صريع الغواني ٧٧-٧٩، وشعر ابن المعتز ق١ ١/٧٢، وديوان أبي فراس ١٠٤، وديوان السري الرفاء ٢/٢٥١-٢٥٢، وديوان الأبيوردي ١/٦٢٣-٦٢٥.

حصانه. قال في معرض إحدى مدائحه، بعد أن وصف شعب بوان، الذي كان يعد من جنان الدنيا الأربع آنذاك[1]:

يقول بشعب بوان حصاني:	**أعن هذا يسار إلى الطعان**
أبوكم آدم سن المعاصي	**وعلمكم مفارقة الجنان**

إنه ينقل ما دار في خلده هو، فيجعله على لسان حصانه بوصف ذلك وسيلة فنية من جهة، وليبين عن شدة ارتباطه النفسي بحصانه ـ إذ كان رفيق دربه ووسيلته فيه ـ من جهة أخرى.

وقد تشغل شخصية الحيوان بطولة حدث ما، يعرض له الشاعر في إحدى قصائده. وإذا ما تماثلت صفات الحيوانات، ولاسيما الناقة والحصان منها، لدى عامة الشعراء ـ وإن عبر كل منهم عنها ورسمها من خلال وجهة نظره الخاصة ـ فإن التركيز على حيوان واحد معين في حدث بعينه أو واقعة بذاتها، يجعل من الوصف أكثر عمقا؛ إذ يسهب في تقصي أدق الحركات وأصغر الأفعال ويسجلها فضلا عن محاولة استبطان ما يمكن أن يكون أو يتوقع من انفعالات قد يحس بها أو يعيشها هذا الحيوان بما يتناسب وطبيعة تلك الواقعة. ولعل أبرز مثال على ما نريد، وصف المتنبي للأسد الذي حاول الهجوم على ممدوحه (بدر بن عمار)، فتمكن منه الثاني. ونورد ههنا ذلك الوصف كاملا لأهميته[2]:

أمعفر الليث الهزبر بسوطه	**لمن ادخرت الصارم المصقولا**

([1]) التبيان في شرح الديوان ٢٥٥/٤-٢٥٦. وينظر: الرحلة في شعر المتنبي ١١٦-١٢٣.

([2]) التبيان في شرح الديوان ٢٣٧/٣-٢٤٣. ويذكر أن البحتري قد أورد قصة مثل هذه في إحدى مدائحه (ينظر: ديوان البحتري ١٩٦/١-٢٠١). ويأتي إيرادنا قصيدة المتنبي دون البحتري، لاعتدادنا إياها أجود منها وأفضل؛ إذ اعتنى المتنبي بوصفه هذا وتعمق فيه، في محاولة منه لتقصي تفاصيل حالة الأسد في أثناء ذلك الموقف. كما أن للشريف الرضي قصيدة في وصف أسد (ينظر: ديوان الشريف الرضي ٧١٠/٢-٧١٢).

وقعت على الأردن منه بلية   نضدت بها هام الرفاق تلولا
ورد إذا ورد البحيرة شاربا   ورد الفرات زئيره والنيلا
متخضب بدم الفوارس لابس   في غيله من لبدتيه غيلا
ما قوبلت عيناه إلا ظنتا   تحت الدجا نار الفريق حلولا
في وحدة الرهبان إلا أنه   لا يعرف التحريم والتحليلا
يطأ البرى مترفقا من تيهه   فكأنه آس يجس عليلا
ويرد عفرته إلى يأفوخه   حتى تصير لرأسه إكليلا
وتظنه مما يزمجر نفسه   عنها لشدة غيظه مشغولا
قصرت مخافته الخطى فكأنما   ركب الكمي جواده مشكولا
ألقى فريسته وبربر دونها   وقربت قربا خاله تطفيلا
فتشابه الخلقان في إقدامه   وتخالفا في بذلك الماكولا
أسد يرى عضويه فيك كليهما   متنا أزل وساعدا مفتولا
في سرج ظامئة الفصوص طمرة   يأبى تفردها لها التمثيلا
نيالة الطلبات لولا أنها   تعطي مكان لجامها مانيلا
تندى سوالفها إذا استحضرتها   ويظن عقد عنانها محلولا
ما زال يجمع نفسه في زوره   حتى حسبت العرض منه الطولا
ويدق بالصدر الحجار كأنه   يبغي إلى ما في الحضيض سبيلا
وكأنه غرته عين فادنى   لا يبصر الخطب الجليل جليلا
أنف الكريم من الدنيئة تارك   في عينه العدد الكثير قليلا
والعار مضاض وليس بخائف   من حتفه من خاف مما قيلا
سبق التقاءكه بوثبة هاجم   لو لم تصادمه لجازك ميلا
خذلته قوته وقد كافحته   فاستنصر التسليم والتجديلا

قبضت منيته يديه وعنقه فكأنما صادفته مغلولا

سمع ابن عمته به وبحاله فنجا يهرول أمس منك مهولا

وأمر مما فر منه فراره وكقتله أن لا يموت قتيلا

تلف الذي اتخذ الجراءة خلة وعظ الذي اتخذ الفرار خليلا

إن شخوص هذه الواقعة التي يعرض لها المتنبي في قصيدته هذه، والتي اقتطعنا منها هذا الجزء، أربعة. شخصيتان منها رئيستان، والأخريان ثانويتان. أما الرئيستان فهما شخصية هذا الأسد الذي وصف الشاعر شكله وحركاته وطبائعه، وشخصية الممدوح الذي هاج هذا الأسد عن بقرة افترسها بعد أن شبع وثقل، فوثب ـ أي الأسد ـ إلى كفل فرسه ـ أي الممدوح ـ فأعجله عن استلال سيفه، فضربه بالسوط ودار به الجيش.

أما الشخصيتان الثانويتان فهما الفرس الذي كان يمتطيه الممدوح، والذي عرض له الشاعر بالوصف في أبياته (في سرج..إلى: تندى سوالفها)، والأسد الثاني الذي جعله الشاعر ابن عمة ذاك الأول، والذي تذكر ما حدث لابن خاله هذا فآثر الانسحاب من أمام الممدوح حين التقاه. وبهذا كان للحيوان أغلب الأدوار التي اضطلع بها عنصر الشخصية في تجسيد هذه الواقعة وتصويرها.

ولقد أجاد المتنبي في وصف طبائع هذا الأسد، مقرونة بوصفه شكله وحركاته، ثم في تعليقه على بعض من هذه الحركات بما يمثل محاولة لاستبطان دواخل هذا الأسد في مثل هذا الموقف، ولاسيما في قوله (أنف الكريم.، والعار مضاض..)، فعلى الرغم من إحساس الأسد باحتمال أن يكون في هذا اللقاء حتفه، فإن أنفه من الدنيئة ومما يمكن أن يجر عليه التخاذل والهروب من عار، دفعه للثبات والمواجهة فكان حتفه فيها. ومثل هذا، قوله (وأمر مما فر...وتلف الذي..) حين جعل الشاعر الأسد الثاني يتذكر ما حل بالأول، فينسحب مؤثرا السلامة في الهزيمة على الموت في التحدي. إنه نوع ثان من التفكير، لعله يشبه ما يعتمل في نفوس بني البشر

منهما[1].

ومما نعده تشخيصا كذلك، وصف الخمرة والحديث عنها بإضفاء مميزات وصفات إنسانية عليها، بما يجعل منها أو يصورها بطلة لوقائع بعينها. من ذلك قول مسلم بن الوليد فيها[2]:

وبنت مجوسي أبوها حليلها	**إذا نسبت لم تعد نسبتها "النهرا"**
تجيش فتعدي جوهر الحلي خدرها	**وتغضي فتعدي نكهة العنبر الخدرا**
أخص الندامى عندها وأحبهم	**إليها الذي لا يعرف الظهر والعصرا**
بعثت لها خطابها فأتوا بها	**وسقت لها عنهم إلى ربها المهرا**
وما زال خوفا منهم في جحودها	**يقربهم فترا ويبعدهم شبرا**
إلى أن تلاقوها بخاتم ربها	**مخدرة قد عتقت حججا عشرا**
إذا مسها الساقي أعارت بنانه	**جلابيب كالجادي من لونها صفرا**
أناخ عليها أغبر اللون أجوف	**فصارت له قلبا وصار لها صدرا**
قلوب الندامى في يديها رهينة	**يصيدونها قهرا وتقتلهم مكرا**
أبت أن ينال الدن مس أديمها	**فحاك لها الإزباد من دونها سترا**

(1) لمزيد من الاطلاع على الوقائع أو الأحداث أو الأخبار التي اضطلعت ببطولتها شخصيات حيوانية، ينظر: وصف البحتري للذئب (ديوان البحتري ٢/٧٤٠-٧٤٥)/، وقصة العنز التي عاشت بحقل محمد بن يسير فهجاها (الأغاني ١٤/٢٠-٢٦)، ووصف الصنوبري للبراغيث (ديوان الصنوبري ٤٣٥)، ووصف الشريف الرضي للذئب (ديوان الشريف الرضي ١/٥٠٢-٥٠٣). فضلا عن قصائد الطرد مما كان للحيوانات من خيل وطير وكلاب وغزلان وغيرها أدوار مهمة فيها: (ينظر: ديوان ابن الرومي ٤/١٤٧٣-١٤٨٠، وديوان كشاجم ١٨٦-١٩٢، والتبيان في شرح الديوان ٣/٣١١-٣٢٤، وديوان أبي فراس ٣١٩-٣٢٨)، وقصيدة الطغرائي التي اضطلع ببطولة قصتها ذئب وثعلب وأسد (ديوان الطغرائي ٣٥٥-٣٥٦).

(2) شرح ديوان صريع الغواني ٤٧-٥٠. وينظر: المصدر نفسه ٥٦-٥٨، وديوان أبي تمام ١/٢٦-٣٢.

إذا ما تحساها الحليم أخو النهى أسر بها كبرا وأبدى بها كبرا

فهذه الخمرة الموصوفة، المرسومة صورتها، بنت لها أب، تجيش وتغضي- وتحب، تخطب ويساق إليها المهر، تجور، تخدر، تعير، تملك القلوب بيديها، تمكر، لها أديم تأبى أن يمس، تقسو. بل إن الشاعر ليضفي على الإزباد والدن كذلك صفات إنسانية، يقربهما من أن يكونا شخصيتين ثانويتين في هذا الوصف تعميقا لرسم الشخصية الرئيسة التي هي الخمرة، وذلك حين يجعل من الأول حائكا يحوك لها سترا يحول دون مس الثاني أديمها.

كما أننا نذهب إلى تجلي النزعة القصصية في ما يذكر من وصف لطريقة - أو طرائق - إعداد الخمرة وتهيئتها؛ إذ تورد مراحل هذه الطريقة- أوالطرائق - بتسلسل زماني متتابع لمجرياتها وكأنها حدث يروى، فضلا عن تصوير الخمرة نفسها وكأنها بطل هذا الحدث وشخصيته الرئيسة. هذا ما لم يشترك في ذلك ما يمكن أن يكون موجودا من شخصيات أخر كالخمار والسقاة والندامى والمغنين والقيان، فضلا عن الراوي، وما يشخص أو يجسد أو يجسم من مواد حسية أو أمور معنوية. لتتوزع كلها - متفرقة أو متجمعة - بين شخصيات رئيسة وشخصيات ثانوية تسهم في صقل صورة الشخصية أو الشخصيات الرئيسة منها، فضلا عن توضيح مجريات الحدث وتأصيلها، وعلى وفق ما يرتئي الشاعر.

وإذ يعاني الشاعر آلام الهوى وتباريح الغرام، فإنه قد يسعى إلى البحث عمن أوقعه فيه. وبسبب من ذاك يكون هذا الحوار بين العباس بن الأحنف وقلبه وعينيه؛ إذ شخص منهما محاورين يعاتبهما لما أحلاه به من ضنى إذ عشقا. قال[1]:

إذا لمت عيني اللتين أضرتا بجسمي فيكم قالتا لي: لم القلبا

([1]) ديوان العباس بن الأحنف ٦٣. وينظر: شعر ابن المعتز ق١ ٢/٣٣١-٣٣٢.

فإن لمت قلبي قال: عيناك هاجتا — عليك الذي تلقى ولي تجعل الذنبا

وقالت له العينان: أنت عشقتها — فقال: نعم، أورثتماني بها عجبا

فقالت له العينان: فاكفف عن التي — من البخل ما تسقيك من ريقها عذبا

فقال فؤادي: عنك لو ترك القطا — لنام، وما بات القطا يخرق السهبا

فكل من القلب والعينين يلقي باللائمة على الآخر، ليتضح أنهما اشتركا معا في إيقاع الشاعر (أو الراوي) في الحب.

وهذا الشيب يحل ضيفا على العكوك (ت ٢١٣ هـ)[1]:

ألقى عصاه وأرخى من عمامته — وقال: ضيف فقلت: الشيب؟ قال: أجل

فقلت: أخطأت دار الحي، قال: ولم — مضت لك الأربعون الوفر ثم نزل

فما شجيت بشيء ما شجيت به — كأنما اعتم منه مفرقي بجبل

رسم الشاعر للشيب، بحكم ما يعنيه من وهن وكبر، صورة الشيخ يحمل عصا ويلبس عمامة. ثم إنه يصر على النزول، واثقا من أنه لم يخطئ، على الرغم من محاولة الشاعر (أو الراوي) الإيحاء له بذلك؛ إذ وطؤه عليه ثقيل، فيغدو الشيب والشاعر (أو الراوي) شخصيتي هذا الحدث الرئيستين والوحيدتين.

أما أبو العلاء المعري (ت ٤٤٩ هـ) فإنه يضع قصيدة على لسان الدرع يخاطب بها السيف، وهي قصيدته التي مطلعها[2]:

([1]) شعر علي بن جبلة المعروف بالعكوك ١٦٨.

([2]) ينظر: شرح ديوان سقط الزند ١٩٩-٢٠٠.

إن الأمثلة على هذا التشخيص في الشعر العباسي كثيرة. من ذلك ـ فضلا عما مر ـ ينظر: ما أخبرنا به بشار بن برد من تثاقل ليله ونوم صبحه (ديوان بشار بن برد ١٠٧/٢)، ومخاطبة البحتري لمنزل الأحباب ولمغاني الأحباب (ديوان البحتري ٢٠٥٧/٤، ٢٥٤٣ على التوالي)، والمحاورة التي وضعها أبو نواس بين الجود والجمال في معرض إحدى مدائحه (ديوان أبي نواس ٥٠٣)، والمحاورة التي وضعها الصنوبري بين الورد والنرجس في أي منهما أجمل (ديوان الصنوبري ٤٩٨)، وما قالته الأقلام =

ألم يبلغك فتكي بالمواضي وسخري بالأسنة والزجاج؟

وقال ابن المعتز[1]:

أردت الشرب في القمر وقطع الليل بالسهر

وقد جمعت ما يلهي فلم أترك ولم أذر

فدب الغيم معتمدا فأخفاه عن النظر

فبت أفور من غضب على الأحداث والغير

وجاء إلي شيطاني يحرشني على القدر

وحاول كفرة مني وجرأني على سقر

= للمتنبي مفضلة السيف على نفسها (التبيان في شرح الديوان ١٥٩/٤)، وما أضفاه أبو فراس الحمداني على الهوى من يد، وعلى الدمع من كبر (ديوان أبي فراس ١٥٧. وينظر: أبو فراس الحمداني الموقف والتشكيل الجمالي ٤٣٤-٤٤٣).

إن اعتدادنا تثاقل الليل ونوم الصباح، فضلا عن المحاورة بين الجود والجمال تشخيصا، يأتي من فهمنا أن الشاعرين أرادا دلالات هذه الأشياء المادية لا المعنوية. أما إذا فهمت بدلالاتها المعنوية فإن ذلك يعد تجسيما ـ بحسب ما نذهب إليه ـ والقول نفسه يصدق في أبيات المتنبي في الحمى التي أصابته إبان إقامته في مصر، فقد يعد ما صورها عليه تشخيصا أو تجسيما (ينظر: التبيان في شرح الديوان ١٤٦/٤-١٤٧). كما أن تجسيم المعاني الإنسانية من مشاعر وأفكار، بما يقربها من عنصر الشخصية في العمل القصصي على نحو أو آخر، لما حفل به الشعر العباسي أيضا. ينظر على سبيل المثال: مخاطبة أبي نواس للنفس (ديوان أبي نواس ٨٣٩)، ومخاطبة دعبل الخزاعي للندى (شعر دعبل بن علي الخزاعي ٥٦)، ومخاطبة أبي تمام ليوم الفراق (ديوان أبي تمام ٦٦/٣) ـ إذا أردنا دلالته المعنوية أما إن أردنا دلالته المادية فإنه يغدو تشخيصا ـ ومخاطبة كشاجم للصوت (ديوان كشاجم ٤٨٩)، ومخاطبة أبي بكر الخالدي للنفس (ديوان الخالديين ٣١)، ومخاطبة الابيوردي للدهر (ديوان الأبيوردي ٩١/٢). وربما كان من ذلك كذلك ما نظم فيه عدد من الشعراء من زيارة طيف الحبيب وما يكون في مثل هذه الزيارات من كلام أو فعل، ولاسيما ما قاله فيها أبو تمام والبحتري والشريف الرضي والشريف المرتضى، فضلا عن سواهم (ينظر: طيف الخيال مواضع كثيرة متفرقة، وأشعار الخليع الحسين بن الضحاك "ت ٢٥٠ هـ" ٩٤-٩٥).

(1) شعر ابن المعتز ق١ ١٠٦/٢-١٠٧.

فقام العقل يطفئ عن	فؤادي جمرة الضجر
وولى آيسا مني	وفزت عليه بالظفر
ووكل بي تلامذة	فأسقوني إلى السحر
وأبدوا لي مليح الوجـ	ـه منقوشا من الصور
يصرر في الهوى وزري	وحل مخانق الصرر
فما يأبي على طلب	ولا يعصي من الحصر
وأغووني فكان إليـ	ـه ما قد كان في سكري
فلما أصبحوا طاروا	إلى إبليس بالخبر

يخبر الشاعر (أو الراوي) في هذه القصيدة عن واقعة حدثت له. شخوصها: هو، والغيم، والشيطان، وتلامذة الشيطان، والعقل، ومن سماه (مليح الوجه). إنها جلسة شرب ولهو، أعد لها كل ما يوفر له التمتع بها. لكن أول ما عكر عليه ذلك هو الغيم بتعمده إخفاء القمر الذي أراد أن يسهر في ضوئه عنه. وإعطاء الغيم هذه الصفة الإنسانية وهي الإرادة على فعل شيء وتحقيقه هو ما سميناه تشخيصا، وهو ما أعطى الغيم هذه القدرة على التدخل في مجربات الحدث، وغدوه شخصية ـ ولو ثانوية ـ من شخصياته.

ومثل ذلك ما كان للشيطان، مع الفرق في أن الشيطان هنا شخصية رئيسة، حاولت إخراج الشاعر (أو الراوي) عن الصواب، لكن عقل الشاعر حاول التصدي له والوقوف بالمرصاد له. وإذ أحس ـ أي الشيطان ـ بالهزيمة ولى، غير أنه أرسل تلامذة له ليؤثروا في نفس الشاعر، ويقوموا بما فشل هو في تحقيقه بصورة مباشرة، وينجح هؤلاء التلامذة الذين لم تتضح ملامحهم لنا، ولعلهم ليسوا إلا رفاقه في جلسته هذه، في ما أوكل إليهم من مهمة إغواء الشاعر، بما عرضوه عليه من (مليح الوجه) واستجابته لهم. فيطيروا بخبر نجاحهم هذا إلى سيدهم إبليس. وهكذا تحكم إبليس في إدارة دفة وقائع الحدث. ومن هنا كانت شخصيته رئيسة شاركت شخصية الراوي في بطولته.

115

أما العقل فقد نجح في المواجهة المباشرة ضد إبليس، لكنه فشل في المواجهة غير المباشرة؛ إذ لم يستطع الصمود.

وأما التلامذة فإنهم أناس حقيقيون يأتمرون بأمر الشيطان، فغطت ملامحه عليهم، فلم تكن شخصياتهم بل شخصيتهم؛ إذ كانت مهمتهم واحدة ودورهم نفسه، إلا ثانوية، خدمت إرادة الشخصية الرئيسة. ليتميز من بينهم (مليح الوجه) هذا الذي كان وسيلتهم في ما أرادوا.

وعلى الرغم من إيجاز الشاعر (أو الراوي) وتركيزه، فإننا نلمح تغيرا (نموا) في عدد من شخصيات هذا الحدث؛ إذ تغير موقف العقل من النجاح إلى الفشل، وعلى العكس منه كان موقف إبليس. أما الشاعر (أو الراوي) فإن موقفه الذي تحكم فيه العقل من جهة، وإبليس وتلامذته من جهة مضادة، فقد تغير نحو الرضوخ لإرادة إبليس. وقد اعتددنا هذا الرضوخ فشلا لأن العقل هو قائد صاحبه ـ أي صاحب هذا العقل ـ وعلى هذا فإن نجاح العقل يعني نجاح صاحبه، وفشله يعني فشله. وإن كانت بداية القصيدة أو استهلال الحدث، بما أشارت إليه من استعداد الشاعر (أو الراوي) وتهيئته مستلزمات جلسة لاهية عابثة، قد أومأت إلى ما يمكن أن تنتهي إليه.

وأخيرا فإن استعارة الشاعر لما أحس به من ضجر، جمرة أطفأها العقل، لما يدخل في إطار ما اصطلحنا عليه بالتجسيد.

وهكذا نرى أن تصوير الشخصية في الشعر العباسي قد استحوذ على اهتمام الشعراء؛ فلقد توقفوا عند شخصياتهم البشرية وغير البشرية، وحاولوا أن يرسموا لها الأبعاد التي تستطيع من خلالها أداء فعلها المحدد لها، ولاسيما إذا ما كانت ضمن إطار عمل قصصي. ومهما كانت طبيعة النزعة القصصية داخل القصيدة من حيث توفر عناصر القصة كلها أو بعض منها، أو الحجم الذي شغلته، أو قدرة الشاعرة الغنية في توظيفها والإفادة منها، فإن موضوع الشخصية كان من أبرز العناصر التي حظيت برعاية الشعراء العباسيين وعنايتهم، على تباين توجهاتهم واختلاف مشاربهم.

الفصل الثالث
الزمان والمكان

إن كل حدث يقع، لا بد أن يقع في مكان معين وزمان بذاته؛ فهما وعاء الأحداث، وركيزتان مهمتان من ركائز تأصيل الحدث؛ إذ يبدو من خلالهما مقنعا ممكن الحدوث. لذلك يتحتم أن يرتبط ـ أي الحدث ـ بظروف وعادات وتقاليد ومبادئ خاصة بالزمان والمكان اللذين وقع فيهما. والارتباط بكل ذلك ضروري لبعث الحيوية والتأثير في العمل القصصي لأنه يمثل البطانة النفسية للعمل. وتزداد أهمية هذا العنصر ـ أي الزمان والمكان "setting" ـ حين يساعد على فهم الجو النفسي ـ أو الوضع النفسي ـ للعمل القصصي أو الشخصية. ومن ثمة كان هذا التواشج والتكامل بين الزمان والمكان، والحدث، والشخصيات [1].

إن أساليب القصاص تتباين في التعامل مع الزمان والمكان؛ "إذ قد يحدد الروائي بشكل مباشر بقعة مكانية معينة تستظل بسقف زماني معقول، ويتحرك البطل في هذه الحالة في إطار هذه البقعة المكانية، وفي ظل السقف الزماني المحدد، ولكن الروائي قد يطلق الحدث من إسار الزمان والمكان إشارة إلى إمكانية حصول الحدث في أي زمان ومكان، فهو حدث يتسم بالشمول والسعة والطابع الإنساني. ويتفنن الروائي الفنان في تأصيل إحساسنا بالزمان والمكان حيث نشم رائحة المكان ونلمس تفاصيل البيئة

([1]) ينظر: الأدب وفنونه ١٥٥، والقصة العربية في العصر الجاهلي ٣٤١، والرواية والمكان ١٥-١٦، وصورة البطل في الرواية العراقية ٢٧٣، وملامح السرد القصصي في الشعر العربي قبل الإسلام ٣١٥، والنقد التطبيقي التحليلي ٨٢، وفن كتابة الرواية ٣٦، والبناء الفني لرواية الحرب في العراق ١٢٧-١٢٨، والفضاء الروائي عند جبرا إبراهيم جبرا ١٤، والسردية العربية بحث في البنية السردية للموروث الحكائي العربي ٢٥١. ويقول أدوين موير في معرض حديثه عن الزمان والمكان بين رواية الشخصية والرواية الدرامية:"إن العالم الخيالي للرواية الدرامية يقع في "الزمان"، وإن العالم الخيالي لرواية الشخصية يقع في "المكان"، ففي الأولى، باختصار، يقدم لنا الكاتب تحديدا عابرا للمكان ويبني حدثه في نطاق "الزمان"، وفي الثانية يفترض الزمان فيكون الحدث إطارا زمنيا ثابتا، يوزع دائما ويعدل مرة بعد أخرى في نطاق "المكان" " بناء الرواية ٦٢. وينظر: المصدر نفسه ٦١-٨٦.

المكانية ونكاد نحس بالثواني والدقائق والساعات ووقعها على البطل والشخصيات داخل الرواية"[1].

ويرتبط الزمان والمكان في عدد من الأعمال القصصية "بمعنى وشكل ووحدة العمل نفسه، في حين أنهما ثانويان في أعمال أخرى. وهذا يعني أن وظيفة الزمان والمكان تختلف باختلاف الأعمال الأدبية في الحجم والسعة والإحاطة والشمول... وباختصار فإن القاص يحاول أن يضع القارئ في سياق العمل ونقله عاطفيا إلى تلك الحقبة التاريخية التي يصورها ليقنعه بمعقولية ومنطقية الحدث"[2].

وفي حين أطلق بعض من الباحثين على الزمان والمكان في العمل القصصي- أو الروائي اصطلاح الفضاء (الروائي)[3]، اصطلح عليهما آخرون بالبيئة[4]. وبعضهم

([1]) صورة البطل في الرواية العراقية ٢٧٣.

([2]) النقد التطبيقي التحليلي ٨٢. ووضع الدكتور عدنان خالد ثلاث وظائف أساسية للزمان والمكان في العمل القصصي هي: أ/ الزمان والمكان كحبكة النتاج القصصي. ب/ الزمان والمكان كجو النتائج القصصي. ج/ الزمان والمكان عدوين للشخوص. (ينظر: المصدر نفسه ٨٢-٨٤).

([3]) ينظر: الفضاء الروائي عند جبرا إبراهيم جبرا ٨-٢٠. وقد دأبت دراسات كثيرة على دراسات الزمان والمكان في الأدب، ولاسيما في الأعمال القصصية والروائية منه، سواء أكانت دراسات ذات طابع خاص أم عام ـ وهو ما يعنينا في هذا البحث ـ فضلا عن دراستهما فلسفيا. نذكر منها تمثيلا لا حصرا: أركان القصة، وبناء الرواية (موير)، والزمن في الأدب (ميرهوف)، وجماليات المكان، والرواية والمكان، والحبكة، وبناء الرواية (سيزا)، وإشكالية المكان في النص الأدبي، والفضاء الروائي عند جبرا إبراهيم جبرا.

([4]) ينظر: فن القصة ١٠٨-١١٢، والنقد الأدبي الحديث ٥٥٩-٥٦١، والفن القصصي طبيعته ـ عناصره ـ مصادره الأولى ٨٠-٩٠. ويفهم من عدد من الدراسات أن المقصود بالبيئة هو المكان فقط. (ينظر في ذلك: نظرية الأدب ٢٨٨، وفن كتابة الرواية ٣٤-٣٨). ويقول الدكتور محمد يوسف نجم "والكاتب يستعين في رسم بيئة قصته، بالوسائل نفسها التي يستعين بها في سرد االحوادث أو رسم الشخصيات. وهو يلتقطها كما يلتقط هذه، بالملاحظة والمشاهدة، أو من قراءاته الخاصة، أو ينسجها بخياله نسجا، مسلطا عليه قوة الاختراع والإبداع، معتمدا على ما يلتقطه أثناء تجاربه في الحياة. وليس الأمر كذلك في القصص التاريخية، فإن الكاتب هنا يبحث عن بيئته في =

بالعنصر الاجتماعي والمادي(1).

وإذا ما كانت "الرواية رحلة في الزمان والمكان على حد سواء"(2)، فإن القصة القصيرة تختلـف عنهـا في توظيفهما – أي الزمان والمكان – والتعامل معهما، من حيث طبيعتهما الفنية هي، لا بمعنى ضآلة دورهما فيها أو صغر حجمهما؛ فهما دعامتان أساسيتان فيهـا كـما في الروايـة، لكن الاخـتلاف في التقانـة والأسـلوب الخاصين بكل من الرواية والقصة القصيرة؛ "فالقصة القصيرة من الممكن أن تجتاز بالقارئ فترة زمنية طويلـة كما تصنع الرواية، ولكن يحدث الفرق هنا في طريقة العرض. فالتفصيلات والجزئيات التي تملأ كل يوم وكل ساعة في تلك الفترة الزمنية لا حاجة لكاتب القصة القصيرة بها، بل إنه يجتاز كـل شيء لينتقـل مباشـرة مـن لمسة من لمساته للموضوع إلى أخرى، مجتازا بذلك من الزمن فـترة قـد تطـول وقـد تقصرـ فطريقـة العـلاج ترتبط ارتباطا حيا بالموضوع، وهذا ـ من جهة أخرى ـ فرق جوهري بين القصة القصيرة والطويلـة. فلينتقـل كاتب القصة القصيرة في الزمن كيف شاء، وليجتز الشهور والسنين، ولكن الذي يجعل عملـه قصة قصيرة ـ رغم ذلك ـ هو الوحدة الزمنية التي تتمثل في القصة. فلا بد في القصة القصيرة من هذه الوحدة الزمنية التي تربط بين لمساته المتباعدة في الزمان. وهذا طبيعي إذا عرفنا أن القصة القصيرة في عمومها لا تتجاوز الفكـرة الواحدة، فحسب كاتب القصة القصيرة الناجحة أن يصور هـذه الفكـرة أو تلك في قصـته، لا مجموعـة مـن الأفكار مهما يكن بينها من ارتباط كما هو الشأن في القصة الطويلة"(3).

= كتب التاريخ...وهو بطبيعة الحال لا يتقيد بها تقيدا تاما، إنما يستعين بها على تصور الفترة، ويترك لخياله اللمسات الفنية الأخيرة التي تصهر هذه المادة وتمزجها مزجا تاما، وتحيلها إلى مهاد ملائم تتحرك عليه الحوادث، وتسعى فيه الشخصيات" ينظر: فن القصة ١٠٨-١٠٩.

(1) ينظر: النقد الأدبي ١٤٣-١٤٥. والعنصر الاجتماعي هو الزمان، والمادي هو المكان.
(2) بناء الرواية دراسة مقارنة في ثلاثية نجيب محفوظ (سيزا) ٩٩.
(3) Hudson, An Introduction to the Study of Lit; p.435 نقلا من: الأدب وفنونه ١٦١.

أما المكان، ففي القصة القصيرة "لا يتضح إلا المكان المكثف، بحكم أن فنية هذا النوع من الكتابة القصصية تتطلب الإيحاء والتركيز والشد إلى المفاصل المهمة من العلاقة بين فنية القصة وتاريخية المكان. إلا أن المكان كعنصر من عناصر البناء الفني، لا يستغنى عنه بحكم هذه الكثافة، بل يصبح الأرضية التي يشيد عليها القاص بناءه. ذلك أن المكان هنا يميل إلى أن يجري بعض هوية البطل، وبعض سمات الأسلوب"[1].

إننا إذ نسوق ما قيل في الفرق بين طبيعة التعامل مع الزمان والمكان فنيا بين الرواية والقصة القصيرة؛ فذلك يعود إلى ما نذهب إليه من اقتراب أغلب نماذج الشعر العباسي ذي النزعة القصصية المتمثلة بهذا العنصر من طبيعة القصة القصيرة أكثر من الرواية من حيث تعبيرها عن إحساسها بالزمان والمكان وتعاملها معهما، لذا شئنا الإشارة إلى خصوصية القصة القصيرة هذه في التعامل معهما.

ننتقل في الآتي من هذا الفصل إلى تلمس ملامح الزمان والمكان، واستجلاء أبعادهما المادية والمعنوية، بوصفها الإطار أو المجال الذي تحققت في خلاله وقائع الحدث (أو الأحداث) ومجرياته، وتحركت في أثنائه الشخصيات، وذلك طبعا في الشعر العباسي ذي النفس القصصي- فضلا عما نجده في هذا الشعر العباسي نفسه من إحساس خاص بالزمان والمكان مما يدخل في ما نعده نحن نزوعا نحو الأسلوب القصصي- حتى لو لم يكن داخلا في نطاق قصة شعرية متكاملة بعينها.

ونبدأ بالنصوص التي تعاملت مع الزمان بوصفه وقتا، جرى فيه الحدث أو وقائعه. هذا بشار بن برد يقول[2]:

أسقمت ليلة الثلاثاء قلبي ... وتصدت في السبت لي لشقائي

([1]) إشكالية المكان في النص الأدبي ١٥١.

([2]) ديوان بشار بن برد ١٠٨/١. وينظر: المصدر نفسه ٢٦٦/١ و٧٣/٢.

وغداة الخميس قد موتتني ثم راحت في الحلة الخضراء

إذ أخبر عن وقت كل حدث أو فعل جرى له من هـذه المـرأة؛ فقـد أسـقمت قلبـه ليلـة الثلاثـاء، وتصدت له في السبت مما أشقاه، وموتته غداة الخميس.. ثـم راحـت. وإن لم نعـرف أي ثلاثـاء أو سـبت أو خميس تحديدا.

وهذا أبو نواس يذكر أنه رأى ممدوحه ـ الذي هو كالشمس طلعة وبهاء ـ ليلة الجمعة، يقول[1]:

أنا أبصرت صاح الشمـ س ليلة الجمعه

فماج الناس في الناس وظنوا أنها الرجعه

وإذا ما حكى الشاعر عن حادثة مهمة، سياسية أو عسكرية، عاشها، أو خبر من هذا القبيـل سـمع به أو وقع له هو، فقد يعمد إلى تحديد موعد هذه الحادثة أو الخبر بما حصـل فيهـا. مـن ذلـك قصيـدة أبي فراس الحمداني، التي مطلعها[2]:

وما أنس لا أنس يوم المغار، محجبة لفظتها الحجب

إذ يذكر واقعة حصلت لسيف الدولة الحمداني، كان هو حاضرها، ووقتها يوم المغار أي يوم الغارة هذه التي حصلت فيها الواقعة، وهو عند المؤرخين لا شك معروف.

وقد يكون تحديد الوقت أو الحيز الزماني للحدث من حيث موقعه من اليوم الواحد، من غير أن يذكر الشاعر أي يوم كان ذاك، فهذا أبو نواس يخبر عن نزوله هو (أو الراوي) وصحبه بيت خمار ظهرا من دون تحديد اليوم[3]:

---

(1) ديوان أبي نواس ٧٨٢. وينظر: ديوان البحتري ١١٤٢/٢.

(2) ينظر: ديوان أبي فراس ٢٠-٢١. والواقعة هي أن سيف الدولة خرج في طلب بني كلاب ومن انضاف إليها فلحـق حلـة مـن بني نمير رئيسها مماغث فاحتوى عليها. فخرجت إليه ابنة مماغث مسفرة حافيـة كالشـمس الطالعـة وأبـو فـراس يسـايره، فصفح لها عن الحلة وأمر برد ما أخذ.

(3) ديوان أبي نواس ١٤٧.

وفتيان صدق قد صرفت مطيهم 		إلى بيت خمار نزلنا به ظهرا

ثم ليخبر بعد أن زيارتهم هذه التي كان مقررا لها أن تدوم أياما ثلاثة، امتدت إلى شهر؛ لما أصابوه فيها من متعة ولهو أغراهم بالمكوث مدة أطول.

كما أن زيارات الشعراء لحبيباتهم أو لقاءاتهم بهن، غالبا ما تتم ليلا طلبا للأمان الذي يوفره سواد الليل والذي بتحققه يتحقق هذا النوع من الحدث، وقد تمتد حتى الصباح[1].

ومثلها مجالس الشرب والعبث[2]، وإن كانت بدرجة أقل؛ فقد يكون الشرب والعبث نهارا أيضا[3]. ولعل في القيام بالشرب واللهو نهارا لا ليلا فحسب ما يشير إلى مدى إدمان الراوي وصحبه أو ندامائه على الخمر، فضلا عن تحللهم من المبادئ والقيم الإسلامية الأصيلة.

ومن الجدير بالإشارة، أن عنصر الزمان ـ الذي يحتوي الحدث أو مجرياته ـ قد يتلمس بطريقة استدلالية، بوساطة قرائن أخرى[4]. من ذلك ما أشار إليه أبو نواس من أن ذهابه هو (أو راويه) إلى أحد الخمارين كان ليلا، ولكنه لم يقل ذلك صراحة وإنما دل عليه بقوله[5]:

دعوت وقد تخونه نعاس 		فوسده براحته الشمال

---

(1) ينظر: ديوان بشار بن برد ٢٢٤/٣، وديوان علي بن الجهم، ٥٠، وأخبار الشعراء المحدثين ٧٠-٧١، وديوان أبي فراس ٩٦، وديوان الشريف الرضي ٧٢٢/٢، وديوان الأبيوردي ١٥٥/١.

(2) ينظر: ديوان أبي نواس ٦٩٤-٦٩٦، وشرح ديوان صريع الغواني ١٢٣ و١٤٤. وشعر ابن المعتز ق ٢/١ ١٠٦-١٠٧، وديوان الصنوبري ٣٢٤، وديوان الخالديين ٧٥-٧٦.

(3) ينظر: ديوان أبي نواس ٧٩-٨١ و١٤٧، وديوان كشاجم ١٢٤-١٢٥.

(4) ينظر: ملامح السرد القصصي في الشعر العربي قبل الإسلام ٣١٦، وملامح السرد القصصي في الشعر الأندلسي ٢٥٦.

(5) ديوان أبي نواس ١٨٤-١٨٥.

فقام لدعوتي فزعا مروعا وأسرع نحو إشعال الذبال

فلما بينتني النار حيا تحية وامق لطف السؤال

فتخوين النعاس لهذا الخمار حتى إنه توسد راحته، ثم قيامه بإشعال الذبال حين سمع صوت الشاعر (أو الراوي) يناديه، فضلا عن عدم تبينه إياه إلا بمساعدة ضوء النار، لدليل على أن تلك الزيارة وقعت ليلا. وإذا كان تخوين النعاس فضلا عن إشعال الذبال قد يتمان نهارا، فإن الاستعانة بضوء النار لتبين ملامح الأشخاص والتعرف إليهم لا يكون إلا عند انعدام الضياء وهو ما يحدث ليلا. ثم ليدل ذلك من بعد على شدة شغف هذا الشاعر (أو الراوي) بالخمر وإدمانه إياها، حتى قصد الخمار في مثل هذا الوقت المتأخر، ودليل تأخره، بعد إثباتنا كونه ليلا، أن الخمار كان قد تخونه النعاس وهو المعتاد على السهر بحكم طبيعة عمله هذا، ثم ما شعر به من فزع وارتياع حين دعاه الشاعر إليه.

ومثل ذلك قصة خبر زيارة ابن الرومي لفتاته، إذ أعلم بوقت قيامه بها في قوله[1]:

فتجشمت نحوها الهول، والحر اس قد هوموا على الأبواب

وهي في نسوة حواسر لم يكـ حلن جفنا برقدة لارتقابي

فقد اختار لزيارتها وقتا كان الحراس فيه قد أصابهم النعاس فهوموا على الأبواب، ورفيقاتها لم تذق جفونهن طعم الكرى ارتقابا له. وهل يكون مثل هذا الوقت إلا آخر الليل؟

ويتضح لنا أن مثل هذا الإنباء عن وقت الحدث أو مجرياته والإيحاء إليه، لم يكن في مثل هذين المثالين لتعيين اليوم وموقعه بين الأيام، وإنما لتعيين الجزء أو الحيز من اليوم الواحد، وإن كان ذلك اليوم غير معلوم تحديدا.

(1) ديوان ابن الرومي ١/٣٣٠.

ومن أشكال تحديد الوقت في هذا النوع ذي الروح القصصية من الشعر العباسي، ما يشير إليه الشاعر من مدة زمنية قد تمر في أثناء الحدث، أو تتخلل مجرياته. فمسلم بن الوليد إذ يشير إلى رحلته إلى ممدوحه بوساطة السفينة، فإنه يذكر أن رحلته على متنها استغرقت عشرة أيام، وذلك في قوله معينا أمد هذه الرحلة[1]:

يممنا بها ليل التمام لأربع   **فجاءت لست قد بقين من الشهر**

أي قصدناها ليل التمام لأربع عشرة ليلة مضت من الشهر فجاءت، أي بلغت الممدوح لست ليال بقين من الشهر.

أما ابن الرومي فيقول إنه (أو راويه) انتظر ساعة حتى نادى على محبوبته، التي تجشم إليها مخاطر الزيارة[2]:

فتوقفت ساعة ثم نادي   **ت: سلام مني على الأحباب**

ولا شك أن هذا التوقف أو الانتظار هذه المدة من الزمن كان للتأكد من ملاءمة الظروف ومناسبتها للالتقاء.

وأما المتنبي فيشير إلى أن مدة افتراقه عن من يود كانت حولا. قال[3]:

بأبي من وددته فافترقنا   **وقضى الله بعد ذاك اجتماعا**

فافترقنا حولا فلما التقينا   **كان تسليمه علي وداعا**

وليس من ريب في أن الفراق كل هذه المدة من الوقت كان قمينا بزيادة الشوق في نفس الشاعر (أو الراوي) وإذكاء لهيبه للقاء من ود، بقطع النظر عما كان بعد ذلك من برود هذا المودود وغدره.

فإذا ما أراد أبو نواس الإعلان عن حدة نظره، فإنه يشبهه بنظر عقاب، من

---

(1) شرح ديوان صريع الغواني ١١٠. وينظر: ديوان بشار بن برد ١٩٦/١.

(2) ديوان ابن الرومي ٣٣٠/١.

(3) التبيان في شرح الديوان ٢٧٩/٢.

خبرها أنها طوت القوت عن ولدها ليلتين. قال[1]:

طوت ليلتين القوت عن ذي ضرورة   أزيغب لم ينبت عليه شكير

وإذ كان أغلب الشعراء العباسيين ـ إن لم يكن كلهم ـ عشاق رحلة وتنقل، فقد أعلنوا عـن أوقـات قيامهم بوقائع ترحلهم من حيث بدؤها وانتهاؤها ومدة دوامها، كل بحسب ما يرمـي إليـه مـن وراء ذلـك، فهذا المتنبي يقول[2]:

وقطعت في الدنيا الفلا وركائبي   فيها ووقتي الضحى والموهنا

فهو قد يرحل في النهار، وقد يرحل ليلا، وإذا ما حتمت عليه الظروف وقويت عنده البواعث، فإنه يندفع إلى السير واصلا الليل بالنهار. قال[3]:

ويوم وصلناه بليل كأنما   على أفقه من برقه حلل حمر

وليل وصلناه بيوم كأنما   على متنه من دجنه حلل خضر

وهذا السري الرفاء، يقول[4]:

وإلى الأمير سريت مرتديا   بعزيمة تدع الدجا فجرا

فهو قد اتخذ من الليل وقتا يرحل في أثنائه إلى أميره هذا، تحف به عزيمة قوية تجعل هـذا الليـل في عينيه وقلبه كأنه الفجر ضياء وأمنا.

ومثلما حدد الشعراء الحيز الزماني ـ أو حيزا زمانيا بعامة ـ لما قاموا به أو فعلوه مـما أعلنـوا عـن حدوثه، كما اتضح شيء منه فيما سبق من الأمثلة، فإنهم في أمثلة أو

___

(1) ديوان أبي نواس ٤١٨.

(2) التبيان في شرح الديوان ١٩٧/٤.

(3) المصدر نفسه ١٥٢/٢-١٥٣. وينظر: الرحلة في شعر المتنبي ١٦١-١٨٨، وشرح ديوان صريع الغواني ٧٤ و١٢٦-١٢٩.

(4) ديوان السري الرفاء ٢٥١/٢.

نماذج أخرى لم يحددوا زمانا بعينه، أو وقتا بذاته. فهذا مسلم بن الوليد يقول[1]:

الأرب يوم صادق العيش نلته بها ونداماي العفافة والبذل

عشية آواها الحجاب كأنها خذول من الغزلان خالية عطل

فهو إذ يصف هذا اللقاء/الحدث، ومن التقى، فإنه لم يحدد الزمان تحديدا بعينه. وإن تخصيص العشية من هذا اليوم المجهول لم يجد نفعا؛ فقد بقي الغموض كما هو.

وهذا أبو يعقوب الخريمي (ت ٢١٤ هـ) يقول[2]:

قالت: أتهزأ بي - غداة لقيتها - يا للرجال لصبوة العميان

فأجبتها: نفسي فداؤك إنما أذني وعيني في الهوى سيان

فهو ينقل ما دار بينه (هو أو راويه) وبين هذه المرأة غداة لقيها، من غير أن يعلمنا متى كان ذاك تخصيصا.

وقد يخص الشاعر ليلة ما بالوصف، ومع ذلك لا ينبئ عن موقعها من لياليه. من ذلك قول أبي عثمان الخالدي (ت ٣٩٠ هـ)[3]:

وليلة ليلاء في اللون كلون المفرق

كأنما نجومها في مغرب ومشرق

دراهم منثورة على بساط أزرق

ولعلنا لا نستطيع من خلال هذه الأبيات استشفاف أكثر من أن هذه الليلة كانت ليلة محاق، وذلك بما ذكره من شدة سوادها حتى كأنه لون المفرق، فضلا عن

(1) شرح ديوان صريع الغواني ٩١. وينظر: المصدر نفسه ١٢٣، وديوان بشار بن برد ١٨٢/١، وديوان أبي نواس ٦٩٤، وديوان أبي تمام ١٦٠/٣-١٦١.

(2) ديوان الخريمي ٧٣.

(3) ديوان الخالديين ١٤٤.

انتشار نجومها، من غير أن يشير في خضم ذلك إلى القمر ووجوده.

ولا بد للحالة النفسية للشاعر من أن تؤثر في إحساسه بالزمن وتعامله معه. فهذا الصنوبري يرى الليل صبحا لأنه يلقى الأمير فيه، يقول[١]:

أرى الليل صبحا لدى ناظري   لاني في الليل ألقى الأميرا

فيا ليت ذا الصبح ليلا يدوم   فكنت أستديم لديه السرورا

أما أبو نواس فهو يخاطب الليل والصبح مغضبا، بسبب من ابتعاد حبيبه عنه، وهجره إياه. يقول[٢]:

أيا ليل، لا انقضيت   ويا صبح، لا أتيت

ويا ليل إن أردت   طريقا فلا اهتديت

حبيبي بأي ذنب   بهجرانك ابتليت

وسواء أترك الشاعر لانفعالاته أو أحاسيسه تجاه الزمان أن تنثال من دون شرح أو توضيح، أم وصفها مسوغا أو معللا، أم خاطب الزمان واصطنع التحاور معه مبينا عما في نفسه، كل ذلك بقطع النظر عن ذلك الجزء أو الحيز من الزمان الذي أثار فيه ما أثار، وبعث ما بعث، فإن هذا البعد الزماني النفسي "مرتبط في الحقيقة بالشخصية لا بالزمن حيث أن الذات محل الصدارة، فقد الزمن معناه الموضوعي وأصبح منسوجا في خيوط الحياة النفسية"[٣].

وإن من الشعراء من إذا عرض لذكر حادثة أو رواية خبر ـ وغالبا ما يكون هو

---

(١) ديوان الصنوبري ٧٣.

(٢) ديوان أبي نواس ٧٣٤. وللاطلاع على ما انعكست فيه الحالة النفسية على الإحساس بالزمان مما نعده ذا نفس قصصي، ينظر مثلا لا حصرا: ديوان بشار بن برد ٢٨٠/١ و١٧٠/٢، وشعر ابن المعتز ق١ ٣٣١/٢-٣٣٢، وديوان الصنوبري ٣٩، والتبيان في شرح الديوان ١٣٩/١-١٤٠ و٢٧٠، وديوان أبي فراس ٣٤ و٥٧ و١٥٧، وديوان مهيار الديلمي ٣٨١/١.

(٣) بناء الرواية (سيزا) ٧٣.

بطله أو إحدى شخصياته ـ عمد إلى تحديد المكان من دون الزمان. فهذا أبو بكر الخالدي (ت ٣٨٠ هـ) يشير إلى مجلس لهو حضره في "دير متى" من غير أن يشير إلى زمان حدوث ذلك تحديدا، فلا يذكر إلا الليلة وطيبها. يقول[1]:

فلأشكرن لـ"دير متى" ليلة	مزقت ظلمتها ببدر مشرق
بتنا نوفي اللهو فيها حقه	بالراح والوتر الفصيح المنطق
والجو يسحب من عليل هوائه	ثوبا يرش بطله المترقرق
حتى رأينا الليل قوس ظهره	هرم وأثر فيه شيب المفرق
وكأن ضوء الفجر في باقي الدجى	سيف حلاه من اللجين المحرق
يا طيبها من ليلة لو لم تكن	قصرت فريع تجمع بتفرق

فعلى الرغم من تمتعه بما كان في مجلس تلك الليلة من لهو، فضلا عن طيب جوها، ثم حزنه لإحساسه ومن معه بانقضائها على عجل، فإنه لم يخصصها بتعيين، إلا ما كان من إشارته إلى تمزيق البدر المشرق ظلمتها ليدل ذلك على أنها كانت في منتصف شهر قمري تقريبا لا أكثر.

ومثل ذلك ما قاله سبط ابن التعاويذي[2]:

ولم أنسها كالظبي ليلة أقبلت	تهادي ومن أترابها حولها سرب
وشقت عن الورد المضرج بالحيا	لنا بينهم تلك المعاجر والنقب
ولما تلاقت بالصراة ركابنا	ورق لنا من حر أنفاسنا الركب
على الجانب الغربي والجو موهنا	رقيق الحواشي والنسيم بها رطب

ويمضي من غير أن يحدد تلك الليلة التي أقبلت إليه فيها فتاته هذه، والتي وصف جوها برقة الحواشي ورطوبة النسيم، في الوقت نفسه الذي عين فيه مكان هذا اللقاء

(1) ديوان الخالديين ٧٥-٧٦.

(2) ديوان سبط ابن التعاويذي ٣١.

وهو الجانب الغربي من الصراة.

أما إسحاق الموصلي فإنه يحدد الزمان بالمكان، بمعنى أنه يعمد إلى ذكر مكان الحدث، والإشارة إلى وقائعه، محددا زمانه بيومه أي بكلمة يوم. من ذلك قوله[1]:

سقى الله يوم الماوشان ومجلسا ... به كان أحلى عندنا من جنى النحل

غداة اجتنينا اللهو غضا ولم نبل ... حجاب أبي نصر ولا غضبة الفضل

غدونا صحاحا ثم رحنا كأننا ... أطاف بنا شر شديد من الخبل

فأراد الدلالة على الزمان بالمكان، الذي هو (الماوشان) وهي ناحية وقرى في واد في سفح جبل أروند من همدان وهو موضع نزه، وعلى ما حصل في مجلسهم فيه من لهو. وكأن القارئ أو المستمع يعلم أي يوم من الأيام كان يوم مجلسهم العابث اللاهي في الماوشان هذا. ومثل ذلك ما قاله هو نفسه في يوم (ناصفة اللوى) حيث ودع ظعائن أحبته[2].

وإذا ما نظم دعبل الخزاعي (ت ٢٤٦ هـ) في مقتل الحسين (عليه السلام)، فإنه يحدد هذا اليوم بالمكان الذي وقعت فيه وهو (الطف)، وإذ كان الحسين ـ وهو من هو قدرا ومنزلة ـ الشخصية المحكي عنها، فإن تاريخ هذا اليوم معروف لدى المسلمين والعرب جميعا. قال[3]:

قتلوه يوم (الطف) طعنا بالقنا ... سلبا وهبرا بالحسام المقصد

أما أبو نواس فإنه يشير إلى المكان الذي يتحدث عما جرى فيه من حدث وهو

---

(1) ديوان إسحاق الموصلي ١٧٥.

(2) ينظر: المصدر نفسه ١٥٥-١٥٦.

(3) شعر دعبل بن علي الخزاعي ٢٥٤.

رواق الأمير بالنهروان من غير أن يعنى بتحديد زمانه. يقول[1]:

جالست يوما أبانا ... لا در در أبان

ونحن حضر رواق الـ ... أمير بالنهروان

ويمضي في رواية ما جرى في ذلك المجلس بينه وبين أبان هذا من حوار أخبر بوساطته عن كفر أبان هذا وزندقته، حتى إنه بسبب ما سمعه منه ترك المجلس مغادرا.

وإذا أشرنا إلى المكان في ما مر من أمثلة جمعت بين الزمان والمكان، ننتقل في ما يأتي من هذا الفصل إلى تلمس أبعاد المكان وملامحه في هذا الشعر العباسي ذي النزعة القصصية، بحسب مفهومنا له.

حفل الشعر العباسي ذو الروح القصصي بذكر الأمكنة، بوصفها مواقع جرت فيها الأحداث المحكي عنها أو المروي خبرها. من ذلك ما أوردناه من نصوص، أخيرا، لأبي بكر الخالدي، وسبط ابن التعاويذي، وإسحاق الموصلي، ودعبل الخزاعي، وأبي نواس، على التوالي. ومنه كذلك قول مسلم بن الوليد، يذكر لقاء له بفتاته بالمربد، من غير أن يعين زمانا[2]:

لما ظهرت لها "بالمربد" احتجبت ... مني وما كاد نور الشمس يحتجب

ثم يقص ما دار بينهما من حوار في هذا اللقاء.

وقد يعرض الشاعر لذكر أماكن مر بها في طريق رحلته عندما يقص علينا خبرها، أو يذكر أماكن وبلدانا رآها أو زارها. من ذلك قول البحتري[3]:

([1]) ديوان أبي نواس ٦٩٤.

([2]) شرح ديوان صريع الغواني ٢٢٦. وينظر: ديوان بشار بن برد ٣٣٢/١، وديوان الصنوبري ٤٣١، والتبيان في شرح الديوان ٢٣٧/٣.

([3]) ديوان البحتري ١٣١٧/٢-١٣١٨، وينظر: ديوان أبي تمام ٥٣٣/٣-٥٣٤، وديوان كشاجم ٢٠٩-٢١٠، والتبيان في شرح الديوان ٣٦/١-٤٤، وديوان مهيار الديلمي ٢٣٨/٣-٢٣٩.

تبيت له من شوقه ونزاعه — أحاديث نفس أوشكت من زماعه

وما حبست "بغداد" منا عزيمة — بمكتوم ما نهوى بها ومذاعه

جعلنا "الفرات" نحو حلة أهلنا — دليلا نضل القصد ما لم نراعه

إذا ما المطايا غلن "فرضة نعمه" — تواهقن لاستهلاك "وادي سباعه"

فكم جبل وعر خبطن قنانه — ومنخفض سهل مثلن بقاعه

ولما اطلعنا من "زينبة" مشرفا — يكاد يوازي "منبجا" باطلاعه

رأينا "الشآم" من قريب وأعرضت — رقائق منه جنح عن بقاعه

وما زال إيشاك الرحيل وأخذنا — من العيس في نزع الدجى وادراعه

إلى أن أطاع القرب بعد إيابه — ولوئم شعب الحي بعد انصداعه

فأخبر بمروره بالأماكن الآتية: بغداد، والفرات، وفرضة نعم، ووادي سباع، وزينبة، ومنبج، والشآم، فضلا عن عموم ما أشار إليه من جبال وسهول.

وكما أن الزمان قد يتلمس بطريقة استدلالية، فإن المكان قد يحدد بالطريقة عينها. فحين يقول المتنبي مخاطبا سيف الدولة الحمداني بحلب[1]:

لئن تركن ضميرا عن ميامننا — ليحدثن لمن ودعتهم ندم

فإنه ينبئ عن أن المكان الذي سيقصده فيما إذا غادر (حلب) هو (مصر) حيث كافور الإخشيدي خصم سيف الدولة، ويستدل على ذلك ـ وهو ما تحقق فعلا فيما بعد ـ من أن (ضميرا) الذي ذكره المتنبي في هذا البيت هو جبل يصير على يمين الراحل إلى مصر من الشام[2].

---

(1) التبيان في شرح الديوان ٣٧٢/٣.

(2) لعل في هذا البيت ما يعرف في النقد القصصي بـ (الاستباق)، الذي هو عملية سردية تتمثل في إيراد حدث آت أو الإشارة إليه سلفا، وهي العملية التي تسمى في النقد التقليدي (سبق الأحداث). إنه استشراف للمستقبل، وتكمن في استيحاء أحداث تسبق النقطة التي وصل إليها السرد الذي سيتنامى صعدا من الماضي إلى المستقبل، يقفز إلى الأمام متخطيا النقطة التي وصل إليها. الاستباق =

كما قد يعرض الشاعر لذكر أماكن مر بها في رحلة حرب عاش وقائعها، أو جرت فيها معارك خاض مجرياتها. كما جاء مثلا في قصيدة المتنبي، التي أولها[1]:

ليالي بعد الظاعنين شكول | **طوال وليل العاشقين طويل**

والتي منها قوله:

تسايرها النيران في كل منزل | **به القوم صرعى والديار طلول**

وكرت فمرت في دماء ملطية | **ملطية أم للبنين ثكول**

وأضعفن ما كلفنه من قباقب | **فأضحى كأن الماء فيه عليل**

ورعن بنا قلب الفرات كأنما | **تخر عليه بالرجال سيول**

ففضلا عما ذكره في هذه الأبيات من أماكن، وهي: ملطية، وقباقب، والفرات، ذكر كذلك: درب القلة‌ن وحران، ودلوك، وصنجة، وعرقة، وموزار، وهنريط، وسمنين، والران، وسميساط، ومرعش.

وتتجلى في الشعر العباسي ظاهرة مدح المدن أو هجائها أو رثائها أو تفضيل بعض منها على بعض، مما نعده إحساسا بالمكان ذا نزوع قصصي يتضح لنا فيما قد يرد في أثناء ذلك من وصف للمدينة ـ أو المكان بعامة ـ ومن قص لما وقع فيها من أحداث، فضلا عما يمكن أن نلمسه من أفكار وتداعيات تصور لنا ما يعتمل في نفس الشاعر بإزاء ما يتكلم عليه. قال الحسين بن الضحاك (ت ٢٥٠ هـ) يفضل مدينة (سر من رأى) على

= إذن حكي الشيء قبل وقوعه...والشكل الروائي الذي يستطيع الراوي فيه أن يشير إلى أحداث لاحقة هو شكل الترجمة الذاتية أو النص المكتوب بضمير المتكلم. (ينظر: بناء الرواية (سيزا) ٦١، ومدخل إلى نظرية القصة تحليلا وتطبيقا ٧٦، والفضاء الروائي عند جبرا إبراهيم جبرا ١٠٦، والسردية العربية بحث في البنية السردية للموروث الحكائي العربي ١٣٢-١٣٤).

([1]) التبيان في شرح الديوان ٣/٩٥-١١١. وينظر: شرح ديوان صريع الغواني ١٦١-١٦٩، وديوان البحتري ١/١٦-١٩ و٢/٨٠٨-٨٠٩، وديوان أبي فراس ١٤-١٨ و١٠٤-١١٩، وديوان السري الرفاء ٢/١١٠-١١٣ و٥٣٥-٥٣٧.

غيرها[1]:

سر من رآ أسر من بغداد ... فاله عن بعض ذكرها المعتاد

حبذا مسرح لها ليس يخلو ... أبدا من طريدة وطراد

ورياض كأنما نشر الزهـ ... ـر عليها محبر الأبراد

واذكر المشرف المطل من التلـ ... ـل على الصادرين والوراد

وإذا روح الرعاء فلا تنـ ... ـس رواعي فراقد الأولاد

فهو يفضلها لجمال طبيعتها وما تتيحه من استمتاع وتريض.

وقال البحتري في وصف (المتوكلية)، المدينة التي بناها المتوكل قرب سامرا، وبنى فيها قصرا سماه الجعفري، مستعينا ـ أي الشاعر ـ في ذلك بأسلوب الخطاب[2]:

يا أيها الملك الذي سقت الورى ... من راحتيه غمامة ما تقلع

يهنيك في "المتوكلية" أنها ... حسن المصيف بها، وطاب المربع

فيحاء مشرقة يرق نسيمها ... ميث تدرجه الرياح وأجرع

وفسيحة الأكناف ضاعف حسنها ... بر لها مفضى وبحر مترع

قد سر فيها الأولياء إذ التقوا ... بفناء منبرها الجديد فجمعوا

فارفع بدار الضرب باقي ذكرها ... إن الرفيع محلة من ترفع

وإذا ما كان المكان دون سواه يثير إحساسا بالمواطنة وإحساسا آخر بالزمن وبالمحلية[3]، فإن ما يصيبه من ضرر أو دمار ليدفع أبناءه إلى بكائه، واستلهام العبرة

---

(1) أشعار الخليع الحسين بن الضحاك ٤٢.

(2) ديوان البحتري ١٣١١/٢-١٣١٢. وينظر، أمثلة على ما قيل في مدح أو وصف أو تفضيل أو هجاء: المصدر نفسه ٧٠٨/٢ و٩٤٣-٩٤٤ و١٥١٤/٣-١٥١٥، وديوان إسحاق الموصلي ١٥١-١٥٣، وديوان الصنوبري ٢٨٩-٢٩١، وديوان كشاجم ١٩٨-١٩٩، وشرح ديوان سقط الزند ١٥٨-١٦٢.

(3) ينظر: الرواية والمكان ٥.

مما جرى. وهذا ما صنعه أبو يعقوب الخريمي في قصيدته التي وصف فيها ما آلت إليه مدينة بغداد بعد فتنة الأمين والمأمون سنة ١٩٧ للهجرة، والتي أولها[1]:

قالوا: ولم يلعب الزمان بـ (بغـ ... داد) وتعثر بها عواثرها

إذ هي مثل العروس، باطنها ... مشوق للفتى وظاهرها

جنة خلد ودار مغبطة ... قل من النائبات واترها

وبعد أن يصف ما كانت عليه من عز ورخاء، يعرض لحدث الفتنة الذي أدى بها إلى الخراب:

فلم يزل، والزمان ذو غير، ... يقدح في ملكها أصاغرها

حتى تساقت كأسا مثملة ... من فتنة لا يقال عاثرها

ثم يشير إلى أسباب ذلك، ومنه:

رق بها الدين واستخف بذي الـ ... فضل وعز النساك فاجرها

وخطم العبد أنف سيده ... بالرغم، واستعبدت حرائرها

ثم يرسم صورا للدمار الذي حل بها، نتيجة لما كان منها:

فتلك بغداد ما تبنى من الذ ... لة في دورها عصافرها

محفوفة بالردى منطقة ... بالصغر محصورة جبابرها

ما بين شط "الفرات" منه إلى ... "دجلة" حيث انتهت معابرها

نار كهادي الشقراء نافرة ... تركض من حولها أشاقرها

يحرقها ذا، وذاك يهدمها ... ويشتفي بالنهاب شاطرها

---

(1) ديوان الخريمي ٢٧-٣٧. وينظر: ديوان إسحاق الموصلي ١١٦ (في خراب بغداد)، وأشعار الخليع الحسين بن الضحاك ٥١ (في خراب بغداد ووحشتها أيام حصارها في الحروب بين جيوش طاهر بن الحسين وجيوش الأمين)، وديوان ابن الرومي ٢٣٧٧/٥-٢٣٨١ (في رثاء البصرة وذكر ما نال أهلها من صاحب الزنج)، وشعر ابن المعتز ق١ ٥١٦/٢ و٣٥٨/٣-٣٥٩ (في خراب سر من رأى).

و"الكرخ" أسواقها معطلة | يستن عيارها وعائرها

أخرجت الحرب من سواقطها | آساد غيل غلبا تساورها

حتى ينتهي إلى مدح المأمون، محرضا إياه على إصلاح ما حل من فساد، وإعمار ما انتشر من خراب. إن هذه القصيدة تحكي قصة مدينة بغداد في حقبة معينة من تاريخها، واصفة محللة.

وإذا ما كان نصيب مهم من الإحساس بالمكان يتعلق بطبيعة العلاقة بأهل المكان والقاطنين فيه، فقد يهجو شاعر مدينة أو بلدة إذا ما لم تتوافق طبائعه وأهلها. يقول أبو عثمان الخالدي[1]:

"بغداد" قد صار خيرها شرا | صيرها اللـه مثل "سامرا"

اطلب وفتش واحرص فلست ترى | في أهلها حرة ولا حرا

إن هذين البيتين ينبئان بخبر بغداد في تلك الحقبة التي قال فيها الشاعر بيتيه هذين، إن أهلها غارقون في الفساد حتى صار الخير شرا. ولكي يؤكد الشاعر زعمه، ويبرهن على صحته يتخذ من أسلوب الحوار وسيلة لذلك، فيأمر بالطلب والتفتيش الحريصين الدقيقين في البحث عن حرة واحدة أو حر في بغداد كلها، ليوحي إلى المتلقين بثقته من فشل من يسعى في طلب ذلك، فيصدق زعمه. ثم إنه يخبر ضمنا بما آلت إليه سامرا من خراب؛ إذ يدعو على بغداد أن تصير إلى ما صارت إليه سامرا.

إن الحديث عن وصف المدن، ليقودنا بالضرورة إلى الحديث عن وصف المكان بعامة؛ إذ غالبا ما يلجأ الشعراء ـ كما القصاص ـ إلى وصف المكان ورسم أبعاده، وقد يبينون عن انفعالاتهم بإزائه؛ فهو المسرح الذي يحتوي حركاتهم وأفعالهم، الدالة أو المعبرة عن أفكارهم ومشاعرهم، سواء أعبروا عن ذلك بوساطة قصة متكاملة يسردون

([1]) ديوان الخالديين ١٢٧. وينظر: ديوان الصنوبري ١١٢-١١٣ (يهجو ضيعة).

مجرياتها أم حدث بعينه يرسمون وقائعه أم تداعيات اختلجت بها صدورهم فأخرجوها إلى النور، وتأسيسا على هذا الفهم نؤيد من ذهب إلى أن الوصف "من أهم الأساليب في تجسيد المكان"[1]. ولاسيما إذا ما تكامل شقا هذا الوصف كما نذهب إلى تقسيمه، ماديا بوصف المكان بقعة جغرافية، ومعنويا بما يبعثه في النفس من مشاعر وأفكار.

وإذا ما كان "على الإنسان أن يحب المكان حتى يصفه بدقة وكأنه عالم مصنوع من ذرات يصبح بالإمكان احتواء مشهد كامل داخل ذرة من الرسم"[2]، فإن الشعر العباسي ذا النزعة القصصية قد حفل بهذا الحب بمعناه العميق. إنه حب الأرض والارتباط بها. على أن الشاعر العباسي قد عبر عن هذا كله على وفق ما تتيحه له طبيعة الشعر الفنية، محاولا استغلال أقصى ما يمكنه من ذلك، خاضعا فيه لمقدرته الفنية أولا، ولطبيعة تعامله مع الموضوع ووجهة نظره إليه ثانيا. ومن ذلك الشعر ما مر بنا آنفا من وصف المدن. ومنه وصف الطبيعة كذلك؛ إذ نعد وصف الشاعر إياها دلالة على ما لديه من إمكانات فنية قد تجعل من هذا الوصف رسما للمكان في عمل قصصي. فضلا عما يمكن أن يحمله هذا الوصف من إيحاءات ودلالات نفسية تعتمل في نفس الشاعر، أسقطها على الطبيعة في معرض وصفه إياها، بوعي منه أو بغير وعي، فإن "المنظر الطبيعي حالة من حالات العقل"[3].

ومن الشعراء الذين أجادوا في وصف مجالي الطبيعة ورسمها السري الرفاء. من

---

(1) الفضاء الروائي عند جبرا إبراهيم جبرا ١٥٧. كما ذهب الباحث نفسه إلى أن وصف الأمكنة والأشخاص والأشياء لا يقل أهمية عن سرد الأحداث أو الأفعال وذلك لأهميته في سرد الوقائع (ينظر: المصدر نفسه ١٦٦). وينظر تعريف سيزا قاسم للوصف (بناء الرواية ١٠٤-١١٣).

(2) جماليات المكان ١٨٧.

(3) نظرية الأدب ٢٨٨.

ذلك قوله في وصف بستان ممدوحه، الذي مدحه في هذه القصيدة عينها[1]:

وروض إذا ما راضه الغيث أنشأت	حدائقه وشيا كوشي السبائب
كأن سواقيه سلاسل فضة	إذا اطردت بين الصبا والجنائب
وحالية الأجياد من ثمراتها	مملكة الأجسام خضر الذوائب
خرقن الثرى عن مائه الغمر فارتوت	أسافلها من زاخر غير ناضب
إذا ما سقتهن السحائب شربة	خلطن بماء البحر ماء السحائب
تقل شماريخ الثمار كأنها	إذا طلعت حمرا أكف الكواعب
وجاعلة در السحاب مدامة	إذا شربت در السحاب الصوائب

ويمضي في رسم هذا البستان، على الطريقة نفسها.

وممن وصفوا جانبا من مظاهر الطبيعة كذلك، الطغرائي، في مثل قوله في إحدى البقاع[2]:

وجنة بالطيب موصوفة	موشية الأرجاء منسوجه
كأنما أزهار أشجارها	وشي على حسناء مغنوجه
يشقها في وسطها جدول	مياهه العذبة مثلوجه
له سواق طفحت والتوت	تلوي الحية مشجوجة
فهي رماح أشرعت نحوها	تطعنها سلكي ومخلوجه

أما المتنبي فإذ يصف مشهدا طبيعيا فإننا نرى انعكاس حالته النفسية في هذا

(1) ديوان السري الرفاء ٣٢٥/١. وينظر: المصدر نفسه ٣٢٥/١-٣٢٨ و٣٦١-٣٦٣ و١٢٨/٢-١٣٠.

(2) ديوان الطغرائي ١٠٧. وينظر: شعر مروان بن أبي حفصة ٢٥، وديوان البحتري ٩٤٣/٢-٩٤٤، وشعر ابن المعتز ق١ ٤٩٢/٢ و٥٣٢/٣، وديوان الصنوبري ١٨٠-١٨١، وديوان كشاجم ١٧٥-١٧٧.

الوصف. من ذلك وصفه لبحرية طبرية، الذي جاء فيه[1]:

لولاك لم أترك البحيرة والـ	غور دفئ وماؤها شبم
والموج مثل الفحول مزبدة	تهدر فيها وما بها قطم
والطير فوق الحباب تحسبها	فرسان بلق تخونها اللجم
كأنها والرياح تضربها	جيشا وغى هازم ومنهزم
كأنها في نهارها قمر	حف به من جنانها ظلم
ناعمة الجسم لا عظام لها	لها بنات وما لها رحم
يبقر عنهن بطنتها أبدا	وما تشكى ولا يسيل دم
تغنت الطير في جوانبها	وجادت الروض حولها الديم
فهي كماوية مطوقة	جرد عنها غشاؤها الأدم

تطغى على نظرة المتنبي هذه إلى بحيرة طبرية روح الحرب والقتال؛ فهو لم ير فيها غير الفحول والجيوش والفرسان، وليس من شك في أن هذا يرجع إلى طبيعة حالته النفسية آنذاك، فضلا عما كانت تضطرم به نفسه من آمال ومطامح ما كان يرى إمكان تحققها إلا بالقوة والشدة. يشعل ذبالة ذلك كله شباب يتفجر نشاطا وحيوية وإصرارا. كما أن لمناسبة القصيدة وظروف إنشادها أثرا في ذلك وهو ما يتضح من سياق القصيدة كلها[2].

(1) التبيان في شرح الديوان ٤/٦٦-٦٨. وينظر: المصدر نفسه ٤/٢٥١-٢٥٦ حيث وصفه لشعب بوان، ذلك الوصف الذي انعكست فيه كذلك حالته النفسية آنذاك، ولكن بما يتناسب وما آلت إليه بعد ذلك الكم الكبير من التجارب والمحن التي عاشها أو مر بها. وقد حظيت هذه القصيدة (شعب بوان) بعناية عدد كبير من الدارسين والباحثين، متعرضين لها بالشرح والتحليل. (ينظر في ذلك: الرحلة في شعر المتنبي ١٩٦-١٩٧). ومن الأمثلة الأخرى في مثل هذا الأمر، ينظر: ديوان أبي نواس ٦٨٢-٦٨٣.

(2) ينظر: الرحلة في شعر المتنبي ١٩٥-١٩٦.

وإذا ما كان المتنبي هو نفسه بطل قصيدته هـذه، بـل ومعظم قصائده، بمعنى أنه الشخصية الرئيسة في جميعها؛ إذ أن شعره كله مركز على ذاته هو بكل ما يعتمل فيها من أفكار ومشاعر، ربما أكثر من غيره من الشعراء، فلعله في هذه الأبيات ـ كما في غيرها ـ ينطبق عليه قول الدكتور عمـر الطالب "إن بطل القصة يسبغ على الطبيعة مشاعره الخاصة لينقل لنا أحاسيسه عبر الأشياء التي تحيط به لا عبر ذاته فقط. وهذه الحبكة تعبر عن أرفع درجات الفن القصصي الحديث. أن نصف الأشياء كما نحس بها، إنها وجهـة النظر..تدخل في صلب الحدث لتطوره وتنميه"[1].

ومن الأماكن التي عرض لها الشعراء العباسيون بالوصف، بصفتها موقعا لحدث عاشوه، أو خبر رووه، الديارات، وغالبا ما تكون مجالس الخمر واللهو هي الحدث الذي يوصف أو الخبر الـذي يـروى، بمـا ينبئ بمدى حب كل من هؤلاء الشعراء أو الرواة الواصفين ـ ومن كان معهم ـ للهـو وانغماسـهم في العبـث. فضلا عما قد يشير إليه الوصف من إعجاب بما قد يكون عليه الـدير مـن دقـة في البنـاء وإتقـان، وجمـال في الموقع وبهاء. من ذلك ما قاله أبو بكر الخالدي في (دير الأعلى) وهو بالموصل[2]:

واستشرفت نفسي إلى مستشرف	للدير تاه بحسنه وبطيبه
متفرق آذي "دجلة" تحته	بغديره وخليجه وقليبه
فنعمت بين رياضه وغياضه	وسكرت بين شروقه وغروبه
غنى الجمال به فزاد الثغر من	تفضيضه والخد من تذهيبه
واهتز غصن البان زناره	وأضاء جيد الريم صليبه

---

[1] القصة في شعر امرئ القيس (مجلة) ٧٣.

[2] ديوان الخالديين ٢٨-٢٩. وينظر: المصدر نفسه ٤٨-٤٩ و٧٥-٧٦ و٨٤-٨٥ و١١٥-١١٦، وشعراء عباسيون (مطيع بـن إيـاس) ٣٦-٣٧، وأشعار الخليع الحسين بن الضحاك ٣٧-٣٨، وديوان كشاجم ٢٣٣-٢٣٤، والديارات مواضع متفرقة.

والدور كذلك مما تعرض له الشعراء العباسيون بالوصف. فإذا ما وصف ابن المعتز داره التي اشتراها من ابنة أبي نوح، فإنه يبدأ وصفه بمقدمة طللية أولها[1]:

قف خليلي نسائل الأطلالا	عن حبيب قد كان فيها فزالا...

حتى يقول في هذه الدار:

وغبار الطحين يدخل في الأنـ	ـف ولا يترك اللحى والسبالا
وإذا ما ارتقى إلى الجو لم نـد	ـر أبدرا في ليلنا أم هلالا...

ثم يقول، مستمرا في وصفها:

وإذا ما ذكرت جرذان داري	فبها يضرب الورى الأمثالا
قد تمردن منذ مات أبو نو	ح فصيرن أرضها غربالا..

ثم يقول كذلك:

ثم يأتي المساء فيها ببق	يشعل الحك وسمه إشعالا
واردات إلى الدماء خفافا	صادرات من الدماء ثقالا
وبراغيث إن ظفرن بجسم	ذ خلت في كل موضع منه خالا

ومثل معاناة ابن المعتز، يعاني السري الرفاء، ولكنها بسبب ضيق منزل نزله ببغداد حتى إنه يدعو عليه بالخراب والإحراق، ليضيف إلى وصفه إياه لمحة نفسية تشير إلى انزعاجه منه وعدم تحمله السكنى فيه، يقول[2]:

لي منزل كوجار الضب أنزله	ضنك تقارب قطراه فقد ضاقا
أراه قالب جسمي حين أدخله	فما أمد به رجلا ولا ساقا
فلست أعتده رزقا أسر به	وهل تعد سجون الناس أرزاقا
أناشد الغيث أن يجتازه أبدا	ولامع البرق أن يغشاه إحراقا

---

(1) شعر ابن المعتز ق١ ٦٢٨/٢-٦٣١.

(2) ديوان السري الرفاء ٥١١/٢.

أما أبو فراس الحمداني فإنه حين يصف منازله في منبج، يذكرها مشوقا إليها لجمالها وبهائها، فضلا عما تعبق به من ذكريات عزيزة على نفسه. من ذلك قوله[1]:

تلك المنازل، والملا	عب، لا أراها الـلـه محلا!
أوطنتها، زمن الصبا،	وجعلت منبج لي محلا
حيث التفت رأيت ما	ء سابحا، وسكنت ظلا
تر دار وادي عين قا	صر منزلا رحبا، مطلا
وتحل بالجسر الجنا	ن، وتسكن الحصن المعلى
تجلو عرائسه لنا	هزج الذباب إذا تجلى
وإذا نزلنا بالسوا	جير اجتنينا العيش سهلا
والماء يفصل بين زهـ	ـر الروض، في الشطين فصلا
كبساط وشي، جردت	أيدي القيون عليه نصلا

فإذا ما عرفنا أن أبا فراس قال أبياته هذه في معرض قصيدة يصف فيها منازله هذه ويعرض بالذين شمتوا به حينما أسر، فضلا عن جمالها وما تكتنز به من ذكريات ـ كما قال ـ أدركنا مغزى هذا الحنين الذي يتلبسه إليها؛ فبيت الإنسان امتداد لنفسه[2].

وقد يصف الشعراء العباسيون قصورا أو بيوتا ليست لهم، إنها بيوت سواهم من ممدوحين أو أصدقاء جالسوهم فيها أو عاشوا أحداثا وقعت فيها. من ذلك وصف ابن المعتز قصور الخليفة المعتضد بالله، المعروفة بالثريا[3]. يقول:

---

(1) ديوان أبي فراس ٢٣٩.

(2) ينظر: نظرية الأدب ٢٨٨، وجماليات المكان ٩٢ و١٣١.

(3) شعر ابن المعتز ق١ ١/٥٩٧-٥٩٨. وينظر: المصدر نفسه ق١ ١/٤٣٣-٤٣٦، وديوان الخالديين ٩٨-٩٩، وديوان مهيار الديلمي ١/٣٤٨-٣٥٤.

ما للثريا شبية | فيما بنى قط باني
حيطانه من نور | والسقف من نيران
وأغصن مائسات | للعين بين جنان
والماء يغدو عليها | في جدول ريان
فعش سليما به يا | خليفة الرحمن

وقد يصف الشاعر بناء أو صرحا شامخا، كما فعل البحتري مع إيوان كسرى. وهنا نلحظ أبعادا ثلاثة لمثل هذا الوصف: أولها أنه يصف هذا البناء بوصفه معمارا فنيا، ثانيها أنه يحكي قصة هذا البناء بما مر عليه من أحداث وأناس، وثالثها أنه يتعزى به ويلتمس العبرة منه. يقول من ذلك[1]:

حضرت رحلي الهموم فوجهـ | ـت إلى "أبيض المدائن "عنسي
أتسلى عن الحظوظ، وآسى | لمحل من "آل ساسان" درس
أذكرتنيهم الخطوب التوالي؛ | ولقد تذكر الخطوب وتنسي

ويقول:

فهو يبدي تجلدا وعليه | كلكل من كلاكل الدهر مرسي
لم يعبه أن بز من بسط الديـ | ـباج، واستل من ستور الدمقس
مشمخر، تعلو له شرفات | رفعت في رءوس "رضوى" و"قدس"
لابسات من البياض فما تبـ | ـصر منها إلا غلائل برس

إنه يصف محلا جرت فيه حوادث، ومرت عليه خطوب، فاحتوى الأولى واحتوته الثانية.
ومن الأماكن التي استوعبت حركة الشاعر العباسي، مادية ومعنوية، فعرض

---

(1) ديوان البحتري ١١٥٢/٢-١١٦٢. وينظر: المصدر نفسه ٢٤١٦/٤-٢٤٢٠ (في وصف البركة)، وديوان الخالديين ١٥٥-١٥٦ و١٦٥-١٦٦ (في صفة "القلعة" التي بناها سيف الدولة الحمداني).

لها بالوصف والتأمل الأطلال والديار المقفرة والمنازل المهجورة، من بعدما كانت تنبض بالحياة وتعج بها، سواء أصدر ذلك من تجربة حقيقية عاشها الشاعر وعانى منها أم كان من قبيل التقليد الفني. وما يعنينا أنه قد أفاد منها، موظفا إياها في التعبير عما أراد البوح به والإعلان عنه. وغالبا ما نعثر في مثل هذه الأوصاف، وما تزخر به من مناجاة وتداعيات، على ما نبحث عنه من نزوع قصصي، يتجلى في رسم أبعاد مثل هذه الأماكن ماديا، فضلا عما تثيره من انفعالات في نفس الشاعر تومئ إلى إحساسه الخاص بهذا المكان، وما للزمن من دور أو بعد في ذلك ولاسيما إذا ما كان الشاعر (أو الراوي) قد عاش حدثا حقيقيا أثر فيه بين جنباتها. يقول مسلم بن الوليد[1]:

آثار أطلال "برومة" درس ... هجن الصبابة واستثرن معرسي

أوحت إلى درر الدموع فأسبلت ... واستفهمتها غير أن لم تنبس

زج الهوى أو دع دموعك تبكه ... واجنح إلى خطط المتالف واحبس

وكل الزمان إلى البلى أطلالها ... فخلت معالمها كأن لم تؤنس

وهذا أبو العلاء المعري، يقول مخاطبا مغاني اللوى[2]:

مغاني اللوى من شخصك اليوم أطلال ... وفي النوم مغنى من خيالك محلال

معانيك شتى، والعبارة واحد، ... فطرفك مغتال، وزندك مغتال

وأبغضت فيك النخل، والنخل يانع، ... وأعجبني من حبك الطلح، والضال

وأهوى لجراك السماوة والقطا ... ولو أن صنفيه وشاة وعذال

حملت من الشامين أطيب جرعة ... وأنزرها، والقوم بالقفر ضلال،

يلوذ بأقطار الزجاجة بعدما ... أريقت لما أهديت في الكثر أمثال،

---

(1) شرح ديوان صريع الغواني ١٣٠-١٣١. وينظر: القصة في مقدمة القصيدة العربية (في العصرين الجاهلي والإسلامي) ١٢٤-١٤٤.

(2) شرح ديوان سقط الزند ١٤٦.

فسقيا لكأس من فم مثل خاتم   من الدر لم يهمم بتقبيله خال..

أما الشريف الرضي فإنه ما أن اجتاز بالحيرة حتى خاطبها يرثي آل المنذر ابن ماء السماء، الذين كانوا أهلها، وذاكرا بعضا مما كان من أفعالهم حين كانوا سادتها، فقال[١]:

أين بانوك أيها الحيرة البيـ   ـضاء والموطئون منك الديارا

والأولى شققوا ثراك من العشـ   ـب وأجروا خلالك الأنهارا

المهيبون بالضيوف، إذا هبـ   ـبت شمالا والموقدون النارا

كلما باخ ضوؤها أقضموها   بالقبيبات مندليا وغارا

ربطوا حولك الجياد وخطوا   لك من مركز العوالي عذارا...

إن الوقوف على الأطلال ووصفها وتأملها ومخاطبتها، هو خروج من اللحظة الزمانية الآنية، من الزمان الحقيقي الخارجي الذي تضبطه عقارب الساعة إلى الزمان النفسي الذي يضبطه المكان فقط. ليسبح الشعراء في زمن ماض، لا تضبطه عقارب الساعة لأنه يعيش في داخلهم ولا يفرض من الخارج[٢]، فيرتد كل منهم إلى اللحظة أو اللحظات التي تستثيرها فيه هذه الأطلال، كل بما تعنيه له ـ هذه الأطلال ـ في تلك اللحظة التي يتعامل في أثنائها معها، وما تمثله له من أفكار وأحاسيس.

إن ما عرضنا له من تعامل الشعر العربي العباسي ذي الروح القصصية مع المكان، يتفق ـ مع احتفاظه بخصائصه الفنية المتميزة ـ وما يذهب إليه النقد القصصي الحديث من أن المكان "لم يعد ممثلا للإطار الذي تجري فيه الأحداث، وتتصارع فيه

([١]) ديوان الشريف الرضي ٣٩٣/١. وينظر - فضلا عن ذلك -: ديوان أبي تمام ٢٠١/١، وشعر ابن المعتز ق١ ٧٠/١-٧٤ و١٤٩-١٥٠، وديوان الصنوبري ٥٠-٥١، والتبيان في شرح الديوان ٢٤٩/٣-٢٥٠.

([٢]) ينظر: القصة في شعر امرئ القيس ٦٤.

الشخصيات بل إنه قد يكتسب سمات الشخصية الحية ويتم تحديد أدوار الشخصيات الروائية بمدى عمق ارتباطها بالمكان، كما أنهم يخفقون في تحقيق ذواتهم خارجه. وفي هذه الحالة يضفي الكاتب على المكان صفات خيالية على خصائصه الفعلية. وقد يصبح المكان جزءا من التجربة الذاتية بعد أن يفقد صفاته الواقعية ارتباطا باللحظة النفسية التي تمر بها الشخصية فيضيق أو يتسع أو ينهار"[1].

ولقد يعمد بعض من الشعراء إلى محاولة توقيت الزمان وتحديد المكان لما يروون وقائعه من حدث ـ أوأحداث ـ وما يقصون تفاصيله من خبرـ أوأخبار ـ من ذلك قول الأبيوردي[2]:

وآها لأيامي بأكناف اللوى   **والدهر طلق المجتلى رطب الثرى**

إذ الشباب الغض يندى ظله   **وصبوتي يعذرني فيها الصبا...**

فهو يحن لمكان وزمان سابقين، حدد المكان بأكناف اللوى، وعين الزمان بأيام صباه وشبابه.

أما ابن المعتز فإنه أدق تخصيصا، حين قال[3]:

سقيا لدار بنهر الكرخ من دار   **تركت فيها لباناتي وأوطاري**

مذ عهد حولين لم ألمم بساحتها   **دارت عليهم رحى الدنيا بأطوار...**

فهو يدعو بالسقيا لمكان بعينه هو دار بنهر الكرخ، تلك الدار التي لم يزرها منذ حولين تحديدا.

ولعل أبا القاسم الواساني أكثر دقة في تعيين الزمان والمكان، تمشيا مع دقائق

([1]) الفضاء الروائي عند جبرا إبراهيم جبرا ١٥٥.

([2]) ديوان الأبيوردي ٦٢٠/١.

([3]) شعر ابن المعتز ق١ ٣١٦/٢.

الحدث الذي يقصه[1]؛ فالنداء إلى حضور دعوته التي أقامها في قرية حمرايا من أعمال دمشق، بدأ من دمشق:

ضرب البوق في دمشق ونادوا   لشقائي في سائر البلدان

ثم لتجتمع الجموع من بلدان عدة وأقوام مختلفة للوفود عليه:

جمعوا لي الجموع من خيل جيلا   ن وفرغانة إلى ديلمان

ومن الروم والصقالب والتر   ك وخلقا من بلغر واللان

ومن الهند والطماطم والبر   بر والكيلجوح والبيلقان...

والبوادي من الحجاز إلى نجـ   ـد معديها مع القحطاني...

وقد أعد هؤلاء الناس أنفسهم لهذه الوليمة حتى أنهم لم يأكلوا منذ ثلاثين يوما:

معد جوعت ثلاثين يوما   بسلاح شاك من الأسنان

وقد رحلوا من بيوتهم ليلة المرفع، يركضون البريد تسعة أميال، ليصلوا إليه ليلة الخميس:

رحلوا من بيوتهم ليلة المر   فع من أجل أكلة مجان

يركضون البريد تسعة أميا   ل بنص الوجيف والذملان...

وردوا ليلة الخميس علينا   في خميس ملء الربا والمحاني

وبعدما أكلوا بدأوا بالعبث... ومن ذلك أنهم ألقوا بدجاجه وسط القرية بعدما كسروا سيقانها:

ورأيت الدجاج في وسط القر   ية ملقى مكسر السيقان

واستمروا في عبثهم حتى الفجر...وكان من ذلك العبث أنهم هدموا جوزته:

([1]) ينظر: يتيمة الدهر ٣٣٩/١-٣٤٨، وص٤٩-٥٤ من هذا البحث.

فأقاموا سواسهم والمكاريـ ـن إلى أن سمعت صوت الأذان

ينقلون الأحطاب من حيث وافو ها فبالطبرسر لي غيضتان

جوزة كان حملها أحسن الحمـ ـل وكانت ظليلة الأفنان

كان لي في فنائها منزل رحـ ـب أنيق يحفه نهران

ورياض مثل البرود علاها الطـ ـطل بين البهار والأقحوان

وطيور ما بينها تتغنى بجميع اللغات والألحان

هي كهفي ومستظلي من الحـ ـر وذخري لنائبات الزمان

أحرقوها يا قوم في ساعة القفـ ـز وضرب الأحطاب بالنيران

بعد ذلك، وصل بهم المجون إلى حد هتك عرض نسائه وغلمانه، وكان ذلك في غسق الليل:

لو سمعتم يا قوم في غسق الليـ ـل بكاء النساء والولدان

ثم عاثوا بداره وأثاثه إتلافا وتخريبا:

ثم راحوا بعد الهدوء إلى دا ري فلم يتركوا سوى الحيطان

ثم يعدد أشياءه وأثاثه التي أتلفوها وعبثوا بها. وإذ أصبحت داره على هذه الحال فقد شبهها بالمسجد الجامع في ليل منتصف شهر رمضان:

خلت داري يا إخوتي المسجد الجا مع ليلا للنصف من رمضان

وبعد كل ما كان منهم من عبث ومجون وسوء:

هوموا ساعة كتهويمة الخا ئف في غير أرضه الفزعان

ثم قاموا ليلا وقد جنح النسـ ـر ومال السماك والفرقدان

يصرخون الصبوح يا صاحب البيـ ـت فأبكوا عيني وراعوا جناني

ثم أخيرا عبثوا به هو.. وسرقوا ما بقي عنده من أشياء وأثاث... وذهبوا.

وعلى الرغم من كل هذا الذي أوردناه من أمثلة لما في هذه القصيدة من

تحديدات وتخصيصات للزمان والمكان والأشياء، فإنها ـ أي القصيدة ـ لا تعدم أمثلة أخرى غير هذه من تعيين للزمان والمكان فضلا عن الأثاث والممتلكات. وذلك كله في أثناء تقصي الشاعر أو الراوي لتفصيلات ما جرى في أثناء تلك الدعوة/الحدث.

ومن التحديدات الدقيقة، زمانا ومكانا ما خصه الشعراء العباسيون بالنظم من أحداث تاريخية مهمة، مثل نظم الشاعر دعبل الخزاعي في مقتل الحسين (عليه السلام)، وذلك بأن أطلق على حادثة مقتله (يوم الطف)، فحدد الزمان والمكان[1].

وقد يبين الشعراء عن إحساسهم النفسي بالزمان والمكان معا. فهذا مروان بن أبي حفصة يقول[2]:

أفي كل يوم أنت صب وليلة	**إلى أم بكر لا تفيق فتقصر؟**
أحب على الهجران أكناف بيتها	**فيالك من بيت يحب ويهجر**

فما يؤرقه من أمر هو حبه أم بكر، تلك التي تشغل صبابته إليها كل وقته، وتملأ كل زمانه؛ فهو يصبو إليها في كل يوم وليلة ولاسيما أنها قد هجرته. ثم إنه ـ على الرغم من هجرانها إياه ـ يحب أكناف بيتها؛ ذلك أنه المكان الذي يذكره بها، فهو الامتداد لها أو ما بقي له منها.

أما ابن الرومي فيعلن عن شكواه من الزمان متمثلا بالدهر، صيفه وشتائه، وكراهيته للمكان متمثلا ببره وبحره[3].

من ذلك قوله:

إلى الله أشكو سخف دهري فإنه	**يعابثني مذ كنت غير مطائب**
أبى أن يغيث الأرض حتى إذا ارتمت	**برحلي أتاها بالغيوث السواكب**

(1) ينظر: شعر دعبل بن علي الخزاعي ٢٥٤. وينظر ـ كذلك ـ: ديوان أبي فراس ٢٠-٢١.

(2) شعر مروان بن أبي حفصة ٥١.

(3) ديوان ابن الرومي ٢١٤/١-٢١٧.

سقى الأرض من أجلي فأضحت مزلة **تمايل صاحيها تمايل شارب**

لتعويق سيري أو دحوض مطيتي **وإخصاب مزور عن المجد ناكب**

ثم يقول:

فذاك بلاء البر عندي شاتيا **وكم لي من صيف به ذي مثالب...**

فدع عنك ذكر البر إني رأيته **لمن خاف هول البحر شر المهاوب**

كلا نزليه صيفه وشتاؤه **خلاف لما أهواه غير مصاقب...**

حتى يقول:

وأما بلاء البحر عندي فإنه **طواني على روع مع الروح واقب**

ولو ثاب عقلي لم أدع ذكر بعضه **ولكنه من هوله غير ثائب**

ولم لا ولو ألقيت فيه وصخرة **لوافيت منه القعر أول راسب**

ولم أتعلم قط من ذي سباحة **سوى الغوص والمضعوف غير مغالب**

إنها نظرة خاصة إلى الزمان والمكان كليهما، نظرة يغلفها التشاؤم والسوداوية، نابعة من ظروف الشاعر الخاصة، ومدى استعداده النفسي والفكري للتكيف معها، إن قبولا أو رفضا، إيجابا أو سلبا.

إن مثل هذا النمط من التعبير شعرا عن الإحساس الذاتي بالزمان والمكان، ليقترب من التعبير عن الإحساس بهما في العمل القصصي النثري، ولكن كلا بما يبيحه له نوعه الفني ـ الشعر في الأول، والنثر في الثاني ـ من طرائق، ويتيحه له من إمكانات. وقد يقترب في نماذج منه، في ما تصوره من مناجاة، من حدود ما عرف حديثا في الفن الروائي بتيار الوعي.

الفصل الرابع

السرد

لقد خضع مصطلح السرد لكثير من الشرح والتوضيح، وذلك على اختلاف توجهات الباحثين أو المدارس، فكريا وفنيا وجماليا، فذهب كل إلى تأصيله وتحديده على وفق رؤاه الخاصة. ومن هنا آثرنا أن ننوه بأن تناولنا للسرد في هذا الفصل سيكون بما يتناغم وطبيعة تعاملنا الخاص مع موضوع البحث.

تكشف الدلالة المعجمية والاصطلاحية للسرد عن كونه "الأداة الأساسية الفاعلة في عملية بناء النص، فهو أداة لنسج العلاقات بين العناصر الفنية التي يقوم عليها النص القصصي- سواء كان ملحمة أو رواية أو قصة قصيرة، وتتميز تلك الأجناس عن بعضها بوساطة أساليب السرد التي تعتمد عليها، إضافة إلى سماتها الخاصة"[١]. واستنادا إلى هذا التحديد لوظيفة السرد، يدخل الوصف والحوار بوصفهما وسيلتين سرديتين يستعين بهما السرد في عملية البناء الشاملة للنص القصصي[٢].

يقسم السرد تبعا لعامل الزمن في العمل الأدبي على[٣]:

([1]) البناء الفني لرواية الحرب في العراق ١٦١. وينظر: المصدر نفسه في المكان نفسه، فيما أتى به صاحب هذا الكتاب من دلالات معجمية واصطلاحية لمفهوم السرد. وينظر كذلك: صورة البطل في الرواية العراقية ٣٢٩. وقد ذهب عدد من الدارسين إلى تعريف السرد على أنه نقل الحادثة من صورتها الذهنية أو الواقعية إلى صورة لغوية. (ينظر: الأدب وفنونه ١٤٨، والقصة العربية في العصر الجاهلي ٣٤٠، وملامح السرد القصصي في الشعر العربي قبل الإسلام ٣١١).

([2]) ينظر: البناء الفني لرواية الحرب في العراق ١٦٢.

([3]) ينظر: مدخل إلى نظرية القصة تحليلا وتطبيقا ٩٦-٩٩.

وجاء في ص ٧٣-٧٤ من هذا المصدر نفسه، نقلا عن جينات Genette، أن لكل واقع قصصي ثلاثة أبعاد:

أ. الحكاية: أي جملة الأحداث التي تدور في إطار زماني ومكاني ما وتتعلق بشخصيات من نسيج خيال السارد.

ب. السرد: وهي العملية التي يقوم بها السارد أو الحاكي (الراوي) وينتج عنها النص القصصي المشتمل على اللفظ (أي الخطاب) القصصي والحكاية (أي الملفوظ) القصصي. =

١. السرد التابع: وهو الذي تروى من خلاله أحداث حصلت قبل زمن السرد، بأن يروي أحداثا ماضية بعد وقوعها، فيتم السرد عندئذ بصيغة الماضي. وهذا هو النمط التقليدي الأكثر انتشارا.

٢. السرد المتقدم: وهو سرد استطلاعي يأتي بصيغة المستقبل، وهو نادر في تاريخ الأدب.

٣. السرد الآني: وهو السرد الذي يأتي معاصرا لزمن الحكاية، أي أن أحداث الحكاية وعملية السرد تجري في آن واحد، فيأتي دائما بصيغة الحاضر.

ويرتبط السرد بالراوي أو السارد "Narrater" والرؤية "Vision" أو وجهة النظر " Point of view". "فالراوي يقدم الأحداث والشخصيات والزمان والمكان مستعينا برؤية ما تعبر عن موقفه تجاه تلك العناصر الفنية"[1]. بمعنى أن الراوي هو "أسلوب صياغة.. وهو أسلوب تقديم المادة القصصية"[2]. فالروائي هو خالق العالم التخييلي، وهو الذي اختار الأحداث والشخصيات والبدايات والنهايات كما اختار الراوي، لكنه لا يظهر ظهورا مباشرا في النص القصصي.. وبذلك كانت هناك مسافة تفصل بين الروائي والراوي، فهذا لا يساوي ذاك؛ إذ أن الراوي قناع من الأقنعة العديدة التي يتستر وراءها الروائي لتقديم عمله[3].

ج. = الخطاب القصصي أو النص: وهو العناصر اللغوية التي يستعملها السارد موردا حكايته في صلبها.
وينظر ص١٣٢ من هذا البحث تعليقنا على بيت المتنبي:

لئن تركن ضميرا عن ميامننا ... ليحدثن لمن ودعتهم ندم

إذ لعله يدخل فيما اصطلح عليه بالسرد المتقدم.

(1) البناء الفني لرواية الحرب في العراق ١٦٢.

(2) بناء الرواية (سيزا) ١٨٠.

(3) ينظر: المصدر نفسه المكان نفسه.

وقد أثارت علاقة الراوي بالأحداث والشخصيات أسئلة عديدة تتعلق بماهية العلاقة بينهما، تصدى النقاد والدارسون المعنيون بفن السرد للإجابة عنها..وكانت الرؤية أو وجهة النظر تشغل المكانة الأساس في تحديد العلاقة بين الراوي وبقية العناصر الفنية في العمل القصصي[1]. إلا أننا سنكتفي ههنا بأن نعرض لها منضوية تحت أسلوبين رئيسين هما: السرد الموضوعي والسرد الذاتي.

ولقد حددت للسارد أو الراوي وظائف مختلفة، يخدم من خلالها النص ويساعد على تأدية المهمة التي وجد من أجلها[2].

وهذه الوظائف هي[3]:

1. وظيفة السرد نفسه: وهي بديهية إذ أن أول أسباب تواجد الراوي سرده للحكاية.
2. وظيفة تنسيق: فالسارد يأخذ على عاتقه كذلك التنظيم الداخلي للخطاب القصصي (تذكير بالأحداث أو سبق لها، ربط لها أو تأليف بينها..).
3. وظيفة إبلاغ: وتتجلى في إبلاغ رسالة للقارئ سواء أكانت تلك الرسالة الحكاية

---

(1) للاطلاع على كثير مما قيل في هذا الموضوع، ينظر: الأدب وفنونه ١٤٩، وبحوث في الرواية الجديدة ٦٣-٧٦، ونظرية الأدب ٢٨٩-٢٩٣، والقصة العربية في العصر الجاهلي ٣٤٠، وصنعة الرواية ٧٥-٧٧، وصورة البطل في الرواية العراقية ٣٢٩-٣٣١، وبناء الرواية (سيزا) ١٧٥-٢٢٦، ومدخل إلى نظرية القصة تحليلا وتطبيقا ١٠٢-١٠٤، والنقد التطبيقي التحليلي ٨٥-٩٦، والفن القصصي طبيعته - عناصره - مصادره الأولى ١٠٠-١٠٢، وفن كتابة الرواية ٢٠-٢٤، والبناء الفني لرواية الحرب في العراق ١٦٢-١٦٧، ومجلة آفاق (المغربية) ع ٨-١٩٨٨/٩ عدد خاص بالسرد، ومجلة الثقافة الأجنبية (العراقية) س٩ع١٩٨٩/١ عدد خاص بالرواية، والفضاء الروائي عند جبرا إبراهيم جبرا ١٢٧-١٣٤.

(2) وإذا ما كان السارد أسلوب صياغة، تغدو وظيفة السارد وظيفة للسرد. واستنادا إلى هذا أورد بعض الباحثين وظائف السارد هذه على أنها وظائف للسرد. (ينظر: ملامح السرد القصصي في الشعر الأندلسي ٢٧٠).

(3) ينظر: مدخل إلى نظرية القصة تحليلا وتطبيقا ١٠٣-١٠٦.

نفسها أم مغزى أخلاقيا أو إنسانيا.

٤. وظيفة انتباهية: وتتمثل في اختبار وجود الاتصال بينه وبين المرسل إليه (المتلقي) وتبرز في المقاطع التي يتواجد فيها القارئ على نطاق النص حين يخاطبه السارد مثلا بصفة مباشرة.

٥. وظيفة استشهادية: وتظهر هذه الوظيفة مثلا حين يثبت السارد في خطابه المصدر الذي استمد منه معلوماته أو درجة دقة ذكرياته.

٦. وظيفة أيديولوجية أو تعليقية: ويقصد هنا النشاط التفسيري، وهذا الخطاب التفسيري أو التأويلي يبلغ في الروايات المعتمدة على التحليل النفسي.

٧. وظيفة إفهامية أو تأثيرية: وتتمثل في إدماج القارئ في عالم الحكاية ومحاولة إقناعه أو تحسيسه، وتبرز هذه الوظيفة خاصة في الأدب الملتزم أو الروايات العاطفية.

٨. وظيفة انطباعية أو تعبيرية: ويقصد هنا تبوؤ السارد المكانة المركزية في النص وتعبيره عـن أفكاره ومشاعره الخاصة، وتتجلى هذه الوظيفة مثلا في أدب السيرة الذاتية أو الشعر الغزلي.

أسلوبا السرد:

أشرنا آنفا إلى أننا سنكتفي في هـذا البحـث بـالتعرض لعلاقـة الـراوي أو السـارد بالأحـداث والشخصيات أو بقية العناصر الفنية في العمل القصصي منضوية تحت أسلوبين رئيسين هما السرد الموضوعي والسرد الذاتي، بعيدا عن خوض غمار ما قيل من تفصيلات دقيقة، تشعبت بتشعب رؤى الباحثين والدارسين الخاصة، فضلا عن اختلافاتهم العامة باختلاف المدارس الفكرية والفنية التي تنتمي إليها كل مجموعة منهم، مما لا يعنينا في هذا البحث. وإن كان ما سنعرض له يجمع هذه التفصيلات ولكن في خطوط عريضة بمـا يتناسب وطبيعة رؤيتنا لموضوعنا هذا. على أننا سنحاول

عدم إغفال التنبيه إلى أي من تلك التفصيلات إذا ما اقتضى منهجنا ذلك في غضون الدراسة.

أولا: السرد الموضوعي:

ويسمى بسرد (الراوي العليم)، ذلك أن الراوي أو السارد فيه هو الذي ينتخب الأحداث ويفسرها ويعللها، وهو الذي يقدم الشخصيات ويجسد لنا صراعها الفكري والنفسي وعلاقاتها فيما بينها، ويقوم بوصف شامل لمكان الحدث ومكوناته، ويختزن معلومات كثيرة عن تاريخه، ويتحكم في زمان الأحداث، موقفا أو واصلا. إنه ينتقل بين عناصر العمل القصصي بحرية، من غير أن يسوغ أفعاله.

وإذا ما عرف هذا الأسلوب تجددا أو تنوعا على مر الزمن الذي ترسخ فيه بوصفه الأسلوب الأكثر انتشارا في الكتابة القصصية، فإن هذا التجدد والتنوع لم يتجاوز حدود هيمنة الراوي العليم، وإنما اقتصر على مقدار قرب هذا الراوي أو بعده عن الأحداث، أو مقدار معرفته النسبية بالشخصيات[1].

ويتجلى السرد الموضوعي ـ أكثر ما يتجلى ـ في موضوع هذا البحث، في المطولات التاريخية مثل مطولة علي بن الجهم، التي يقص فيها الحوادث التاريخية المهمة منذ نشأة الخليقة حتى أيامه هو[2]. ومزدوجة ابن المعتز التي دون فيها سيرة الخليقة العباسي المعتضد[3]. بل إن ابن الجهم يبدأ مطولته هذه بمخاطبة المتلقين، مخبرا إياهم أن مصادره، فيما سيقص من أخبار، وثيقة أمينة، وذلك بأبيات ستة أولها[4]:

(1) ينظر: البناء الفني لرواية الحرب في العراق ١٦٨-١٦٩.

(2) ينظر: ديوان علي بن الجهم ٢٢٨-٢٥٠، وعلي بن الجهم حياته وشعره ١٩٣-٢٠٦.

(3) ينظر: شعر ابن المعتز ق١ ٥١٩/١-٥٩١، وابن المعتز وتراثه في الأدب والنقد والبيان ١٧٠-١٧٤.

(4) ديوان علي بن الجهم ٢٢٨.

الحمد لله المعيد المبدي   حمدا كثيرا وهو أهل الحمد

ثم الصلاة أولا وآخرا   على النبي باطنا وظاهرا

ثم يقول:

يا سائلي عن ابتداء الخلق   مسألة القاصد قصد الحق

اخبرني قوم من الثقات   أولو علوم وأولو هيئات

تقدموا في طلب الآثار   وعرفوا حقائق الأخبار

وفهموا التوراة والإنجيلا   وأحكموا التنزيل والتأويلا

فبعد أن يخاطب القارئ أو المتلقي مسميا إياه بالسائل، يخبر أن المصادر التي استقى منها مادته هي أخبار الثقات من ذوي الاختصاص، الذين أخذوا علومهم من التوراة والإنجيل والقرآن، تلك الكتب المقدسة الثلاثة التي غدت بالضرورة مصادره هو كذلك، ثم إنه سيحيل إلى كل منها على حدة في أثناء القصيدة، ناسبا إليه ما أخذه منه من علم أو خبر[1].

ثم إنه يختمها بقوله[2]:

فنحن في خلافة مباركة   خلت من الإضرار والمشاركة

فالحمد لله على إنعامه   جميع هذا الأمر من إحكامه

ثم السلام أولا وآخرا   على النبي باطنا وظاهرا

وفيما بين تلك المقدمة وهذه الخاتمة يقص علينا الأحداث التاريخية، متتابعة متسلسلة بأسلوب (الراوي العليم) الذي خبر كل شيء مما يقول. من ذلك قوله[3]:

وقام بالخلافة المنصور   فاستوسقت بعزمه الأمور

---

(1) ينظر: ديوان علي بن الجهم ٢٢٨-٢٥٠، وعلي بن الجهم حياته وشعره ٢٠١-٢٠٢.

(2) المصدر نفسه ٢٥٠.

(3) المصدر نفسه ٢٤٧-٢٤٨.

فعاش ثنتين وعشرين سنة | يحمي حمى الملك ويفني الخونه
ثم توفي محرما بمكة | فورث المهدي عنه ملكه
فعاش عشر حجج وشهرا | ونصف شهر ثم زار القبرا
واستخلف الهادي موسى بعده | وكان قد ولاه قبل عهده
وعاش موسى سنة وشهرين | تنقص يوما واحدا أو اثنين
وقام بالخلافة الرشيد | الملك الممنع السعيد

ويتجلى هذا الأسلوب من السرد كذلك، في ما بين أيدينا مما نظمه بعض من الشعراء العباسيين من قصص الأمثال. من ذلك قصيدة الطغرائي، التي منها[1]:

إذا كنت للسلطان خدنا فلا تشر | عليه بما يؤذي به الدهر مسلما
فقد جاء في أمثالهم أن ثعلبا | وذئبا أصابا عند ليث تقدما
أضر به جوع طويل فشفه | وأبقى له جلدا رقيقا وأعظما
ففاز لديه الذئب يوما بخلوة | فقال: كفاك الثعلب اليوم مطعما
فكله وأطعمه فما هو شكلنا | ولست أرى في أكله لك مأثما
فلما أحس الثعلبان بكيده | تطبب عند الليث واحتال مقدما

فالطغرائي وإن بدأ قصيدته بحكمة أطلقها متوسلا في تقديمها بصيغة الخطاب ـ خطاب المتلقي ـ لم تشغل أكثر من بيت واحد، فإنه عرض موضوع القصيدة، الذي نظمه على شكل قصة بأسلوب (الراوي العليم) المحايد، من غير ما تدخل منه أو تعليق على مجرياتها، مع إشارته المسبقة في البيت الثاني إلى أن مصدر ما يروي من قصة في هذه القصيدة وأصله هو مثل مما يروى من الأمثال.

أما قصائد المديح فتتجلى في الجزء الذي يروي الشاعر فيه مآثر الممدوح وأفعاله منها، لمحات من هذا النمط (الموضوعي) من السرد. من ذلك قول أبي تمام، يذكر ما

---

(1) ديوان الطغرائي ٣٥٥-٣٥٦. وينظر ص٤٧ ـ ٤٨ من هذا البحث.

جرى بين الأفشين قائد جيش الخليفة المعتصم، وبابك الخرمي المتمرد[1]:

لقد لبس الأفشين قسطلة الوغى	محشا بنصل السيف غير مواكل
وسارت به بين القنابل والقنا	عزائم كانت كالقنا والقنابل
وجرد من آرائه حين أضرمت	به الحرب حدا مثل حد المناصل
رأى بابك منه التي لا شوى لها	فترجى سوى نزع الشوى والمفاصل
تراه إلى الهيجاء أول راكب	وتحت صبير الموت أول نازل
تسربل سربالا من الصبر وارتدى	عليه بعضب في الكريهة قاصل
وقد ظللت عقبان أعلامه ضحى	بعقبان طير في الدماء نواهل
أقامت مع الرايات حتى كأنها	من الجيش إلا أنها لم تقاتل
فلما رآه الخرميون والقنا	بوبل أعاليه مغيث الأسافل
رأوا منه ليثا فأبذعرت حماتهم	وقد حكمت فيه حماة العوامل
عشية صد البابكي عن القنا	صدود المقالي لا صدود المجامل
تحدر من لهبيه يرجو غنيمة	بساحة لا الواني ولا المتخاذل
فكان كشاة الرمل قيضه الردى	لقانصه من قبل نصب الحبائل
وفي سنة قد أنفد الدهر عظمها	فلم يرج منها مفرج دون قابل
فكانت كناب شارف السن طرقت	بسقب وكانت في مخيلة حائل
وعاد بأطراف المعاقل معصما	وأنسي أن الـلـه فوق المعاقل
فولى وما أبقى الردى من حماته	له غير أسآر الرماح الذوابل

على الرغم من لجوء أبي تمام في البيت الخامس من هذا النص إلى صيغة المخاطبة باستخدامه الفعل (تراه)، فإنه روى ما كان بين الأفشين وبابك موضوعيا وعن علم، ولم تكن تشبيهاته إلا تأكيدا على أنه رأى وسمع فروى مشبها وممثلا، فضلا

---

(1) ديوان أبي تمام ٨٠/٣ ـ ٨٦. وينظر: المصدر نفسه ١٣٢/٣ ـ ١٤٥.

عن كون هذه التشبيهات وسيلة فنية يصعب التخلي عنها أو تجاوزها في هذا الشعر العربي.

يتضح في الأمثلة المارة الذكر هنا، فضلا عـن غيرهـا مـما يشبهها، هـذا النـمط (الموضوعي) مـن أساليب السرد، فالشاعر يروي ما حصل بأسلوب (الراوي العليم) العارف بتفصيلات ما يـروي ودقائقـه، عـلى أنه يختار منه ما يشاء هو روايته منه، محددا زمانه ومكانه.

ويغلب في هذا النمط من السرد فيما بين أيدينا من شعر نبحث فيه عن النزعة القصصية، أسلوب السرد التابع الذي يقص علينا أحداثا جرت في الماضي. فضلا عن اتضاح ما حدد للسارد أو السرد من وظائف فيها، ولاسيما وظائف السرد والتنسيق والإبلاغ فضلا عن الانتباهية والاستشهادية. فوظيفتا السرد والتنسيق تتضحان في سرد الشاعر للحكاية أو الحدث أو الخبر، وتنظيمه لما اختار روايته من وقائعها أو مجرياتها. أمـا وظيفة الإبلاغ فتتضح في إخبارنا بالحكاية نفسها أو أحداثها، كما في المطولات التاريخية، وذكر أخبار الممدوح وقص أعماله، فضلا عن المغزى الأخلاقي أو الإنساني الذي يمكن استشفافه منها، ناهيك عما يمكن أن يصرح به الشاعر (أو الراوي) من مغزى أراد إيصاله كما في نص الطغرائي السابق.

وأما الوظيفة الانتباهيـة فتتبيـن فيما يلجـأ إليه الشعراء، الـذين نعنـى بنصوصـهم ذات النزعـة القصصية بالدراسة، من أسلوب التخاطب والتحاور مع القارئ أو المتلقي، في بدء نصوصـهم أو نهايتها أو في أثنائها، كما رأينا في الأمثلة التي قدمنا. أما الوظيفة الاستشهادية فتتجلى في إخبار الشعراء المتلقين بمصادر معلوماتهم، كما في محبرة ابن الجهم الآنفة الذكر، وكما في تحديد الطغرائي أن وقائع القصـة التـي روى هـو مما جاء في الأمثال.

ثانيا: السرد الذاتي:

وهو السرد الذي تتنوع فيه الأبنية، وتتعدد الـرؤى وظلالهـا، لا أن تحكمـه وتيرة واحـدة في بنـاء الشخصية والحدث كما في السرد الموضوعي، وهو يتيح للشخصية أن تواجه القارئ مباشرة، فتتحـدث إليه وتتحاور من دون وصاية أو توجيه من الشخصيات الأخر، وتكشف عن نفسها بحرية مطلقة ليس هنـاك من يحجب عن القارئ بعضا من أفكارها ومواقفها[1]. فالراوي هنا يغدو أحد شخوص العمل القصصيـ يقدم إلينا تفسيره للأحداث وتأويله إياها من خلال وجهة نظره الشخصية[2]. كما يصير حضوره في هذا العمل على أحد وضعين ممكنين: الأول، يكون فيه الراوي بطل سرده. والثاني، أن يكون له دور ثانوي بوصفه ملاحظا أو مشاهدا[3].

يتضح هذا النمط من السرد في النصوص التي تـروى بصيغة ضمير المتكلم بخاصة، سـواء أكان الراوي المتكلم بطلها أو شاهدا عليها، ولعل أبرز ما يتجلى فيه ذلك، النصوص التي تروي لقاء الراوي بفتاته، أذهب هو إليها أم قدمت هي إليه. وفي مثل هذه النصوص يكون الراوي هو البطل، وإن شاركته البطولـة حبيبته. من ذلك مثلا قصيدة ابن الرومي[4]:

---

(1) ينظر: البناء الفني لرواية الحرب في العراق ١٧٤-١٧٦. ومما جاء فيه، أن التغيرات الكبيرة التي أحدثتها روايـة تيـار الـوعي كانت أبرز ما أسهم في تعزيز هذا الأسلوب من السرد، بما سمحته لشخصياتها من أن تتحرر من قيد الرقابة الخارجيـة، وأن تستغرق في الكشف عن نفسها من دون ضوابط محددة.

(2) ينظر: النقد التطبيقي التحليلي ٨٥.

(3) ينظر: مدخل إلى نظرية القصة تحليلا وتطبيقا ١٠٢-١٠٣.

(4) ديوان ابن الرومي ١٣٠/١ وص٨١-٨٣ و٢٠٧-٢٠٩ من هذا البحث. وينظر: أخبار الشعراء المحدثين ٧٠- ٧١، وديوان كشاجم ١٥٠و٢٠٧، والتبيان في شرح الديوان ٢٧٩/٢، وديوان أبي فراس ١٠٢-١٠٣، وديوان الشريف الرضي ٧٢٢/٢-٧٢٣، وديـوان الأبيوردي ٥٥٦/١-٥٥٧، وديوان الطغرائي ١٤١-١٤٢، وديوان سبط ابن التعاويذي ٣٠-٣٥.

كتبت ربة الثنايا العذاب تتشكى إلي طول اجتنابي

وأتاني الرسول عنها بقول لم تبينه في سطور الكتاب

أيها الظالم الذي قدر اللـ ـه به في الأنام طول عذابي

لو علمت الذي بجسمي من السقـ ـم وضر الهوى لكنت جوابي

فتجشمت نحوها الهول، والحر راس قد هوموا على الأبواب...

فنحن هنا نتابع القصة كما عاشها بطلها الذي يرويها: وقائعها، شخوصها وانفعالاتهم، إطارها الزماني والمكاني. وقد اعتمد فيها أسلوب السرد التابع. كما تتجلى فيها فضلا عن وظائف السرد والتنسيق والإبلاغ، الوظيفتان الانطباعية والتأثيرية؛ إذ البطل هو محور الأحداث، كما أن محاولة إدماج القارئ في عالم الحكاية وتحسيسه بها لا تخفى.

أما قصيدة ابن المعتز التالية، فيقص علينا راويها وقائع ليلة شرب ومجون، كان هو شخصيتها الرئيسة ومحور مجرياتها، بالاشتراك مع آخرين قرب تأثير أدوارهم من حدود الشخصية الرئيسة. وهي التي أولها قوله[1]:

أردت الشرب في القمر وقطع الليل بالسهر

وقد جمعت ما يلهي فلم أترك ولم أذر

فدب الغيم معتمدا فأخفاه عن النظر

فبت أفور من غضب على الأحداث والغير

وجاء إلي شيطاني يحرشني على القدر

وحاول كفرة مني وجرأني على سقر

فقام العقل يطفئ عن فؤادي جمرة الضجر...

---

(1) شعر ابن المعتز ق١ ٢/١٠٦-١٠٧ وص١١٢-١١٤ من هذا البحث. وينظر: ديوان أبي نواس ١٨٤-١٨٥.

فقد كان لكل من إبليس وتلامذته، والعقل، فضلا عن الغيم ومليح الوجه، دوره الخاص في التعامل مع بطل هذه الحادثة، بما رسم لها - أي للحادثة - مجرياتها وحدد لها أبعادها. كما نلمح فيها ظهور وظائف السرد والتنسيق والإبلاغ، فضلا عن الوظيفة الانطباعية والتأثيرية، مع ملاحظة اعتماد الشاعر في هذه القصيدة أسلوب السرد التابع أيضا.

أما قصيدة الواساني التي مطلعها[1]:

من لعين تجود بالهملان　　　ولقلب مدله حيران؟

فيحكي راويها الذي هو بطلها تفصيلات ما جرى من وقائع في الوليمة التي أقامها في داره بقرية حمرايا، مما كان من مدعويه وما أحلوه فيه وفي أهله وداره وماله من عبث وخراب. عارضا لذلك كله بأسلوب السرد التابع. وتتجلى في هذه القصيدة وظائف السرد والتنسيق والإبلاغ فضلا عن الانطباعية والتأثيرية والانتباهية.

فإذا ما عرضنا لهذا النمط من السرد (الذاتي) الذي يكون راويه مجرد شاهد على الحدث (أو الأحداث)، أو ذا دور ثانوي فيه، فإن نص الصنوبري الآتي يوضح لنا كون الراوي مشاهدا. قال[2]:

يا عجبا: أبصرت في السوق　　　ما أبصرته عين مخلوق

ما راعني إلا فتى عاشق　　　وعينه في عين معشوق

ضمتهما الطرق إلى موضع　　　كحلقة الخاتم في الضيق

فافترقا خوف رقيبيهما　　　عن موعد باللحظ مسروق

فالراوي لم يفعل أكثر من أن حكى لنا ما شاهده وأحس به. وذلك بأسلوب

---

(1) يتيمة الدهر ٣٣٩/١-٣٤٨. وص٤٩-٥٤ و١٤٦-١٤٨ من هذا البحث. وينظر: ديوان بشار بن برد ٤/٢-٨، والأغاني ١٦٤/٢٣.

(2) ديوان الصنوبري ٤٣١.

السرد التابع أيضا. فإذا ما فتشنا عما في النص هذا من وظائف فسنلمس وجود وظائف السرد والتنسيق والإبلاغ.

أما قصيدة أبي نواس التالية(1)، فالراوي فيها يحكي حدثا اشترك هو فيه، من غير أن يكون بطله، بل إن بطله هو نديم له، وهو يقص علينا ما كان من هذا النديم في مجلس شرب ضمهما معا فضلا عن الساقي، وما أسهم هو فيه منه:

وندمان صدق باكر الراح سحرة ... فأضحى وما منه اللسان ولا القلب

تأنيته كيما يفيق فلم يفق ... إلى أن رأيت الشمس قد حازها الغرب

فقام يخال الشمس لما ترجلت ... قنادي الصبوح وهي قد كربت تخبو

وحاول نحو الكأس يخطو فلم يطق ... من الضعف حتى جاء مختبطا يحبو

فقلت لساقينا: "اسقه" فانبرى له ... رفيق بما سمناه من عمل، ندب

فناوله كأسا جلت عن خماره ... وأتبعها أخرى فثاب له لب

إذا ارتعدت يمناه بالكأس، رقصت ... به ساعة حتى يسكنها الشرب

فغنى وما دارت له الكأس ثالثا ... "تعزى بصبر بعد فاطمة القلب"

فنلمح، في هذا الحدث المروي بأسلوب السرد التابع، بروز وظائف السرد والتنسيق والإبلاغ.

أما الراوي في قصيدة أبي فراس الحمداني التي يقول فيها(2):

ولما ثار سيف الدين ثرنا، ... كما هيجت آسادا غضابا

أسنته، إذا لاقى طعانا، ... صوارمه، إذا لاقى ضرابا

دعانا، والأسنة مشرعات، ... فكنا، عند دعوته، الجوابا

صنائع فاق صانعها ففاقت، ... وغرس طاب غارسه، فطابا

---

(1) ديوان أبي نواس ٧٩-٨١.

(2) ديوان أبي فراس ١٥. وينظر: التبيان في شرح الديوان ٣/١٠٢-١٠٣.

وكنا كالسهام، إذا أصابت   مراميها فراميها أصابا...

والتي قالها يفتخر، ويذكر إيقاع سيف الدولة الحمداني ببني كلاب، فإنه يشير إلى كونه أحد المشتركين في هذه القصة (المعركة)، ولكنه اشتراك كاشتراك أية شخصية ثانوية أخرى (مقاتل)، مهمتها إسناد البطل (الأمير القائد). وليس من شك في أن وقوع هذا الحدث حقيقة تاريخية، وإسهام أبي فراس فيه، ليشير إلى أن الراوي ههنا هو نفسه الشاعر (المؤلف) ـ وإن روى ذلك بتعبير فني خاص ـ ولا يخفى أسلوب السرد التابع الذي نظم عليه الشاعر نصه هذا، فضلا عن توافر وظائف السرد والتنسيق والإبلاغ فيه.

وقد يترك الراوي، بوصفه إحدى شخصيات العمل القصصي – سواء أكان متخذا دور البطولة فيه أم دورا ثانويا – العنان لنفسه لتخاطب المتلقي، كاشفة عما يختلج في دواخلها من أفكار أو مشاعر بإزاء ما يمر من مواقف أو أحداث أو حالات. ولعلنا لا نغالي إذا ما ذهبنا إلى أن ما يفصح عنه الشاعر العباسي من مكنونات نفسه، أو أية مشاعر وأحاسيس، في أثناء قصائده ولاسيما ذات الروح القصصي ـ منها، تقترب في بعض من جوانبها من ملامح ما يصطلح عليه حديثا بأسلوب (تيار الوعي)، ولكن بما يتواءم وطبيعة الشعر العربي العباسي الشكلية والمضمونية الخاصة. من ذلك قول المتنبي[1]:

ليالي بعد الظاعنين شكول   طوال وليل العاشقين طويل

([1]) التبيان في شرح الديوان ٣/٩٥-٩٧، وينظر: ديوان بشار بن برد ١/٢٨٠، وديوان أبي نواس ٧٣٤، وشرح ديوان صريع الغواني ١٣٠-١٣١، وديوان أبي تمام ١/٢٠١، وديوان ابن الرومي ١/٢١٤-٢١٧، وشعر ابن المعتز ق١ ١/٧٠-٧٤ و٢/٣٣١-٣٣٢، وديوان الصنوبري ٣٩ و٥٠-٥١، وديوان الشريف الرضي ١/٣٩٣، وديوان مهيار الديلمي ١/٣٨١، وشرح ديوان سقط الزند ١٤٦.

يبن لي البدر الذي لا أريده ويخفين بدرا ما إليه سبيل

وما عشت من بعد الأحبة سلوة ولكنني للنائبات حمول

وإن رحيلا واحدا حال بيننا وفي الموت من بعد الرحيل رحيل

إذا كان شم الروح أدنى إليكم فلا برحتني روضة وقبول

وما شرقي بالماء إلا تذكرا لماء به أهل الحبيب نزول

يحرمه لمع الأسنة فوقه فليس لظمآن إليه سبيل

أما في النجوم السائرات وغيرها لعيني على ضوء الصباح دليل؟

ألم ير هذا الليل عينيك رؤيتي فتظهر فيه رقة ونحول؟

إنها نفثات مصدور، أثارها فيه موقف معين فخرجت لتعبر عن نفسها، حاملة معها ذكريات قديمة استلتها من خزانة الذاكرة. وبعد هذه التأملات والمناجاة التي كشفت بوساطتها شخصية الراوي عن نفسها، تنتقل لتحكي لنا أحداثا أو وقائع عاشتها أو أسهمت فيها وبما أن هذه الأحداث والوقائع حقيقية، وأبطالها حقيقيون، فإن شخصية الراوي هنا هي نفسها شخصية الشاعر/ المتنبي، الذي يروي إحدى بطولات ممدوحه سيف الدولة الحمداني. مع الأخذ بعين الاعتبار خصوصية التعبير الفني.

وهكذا، ومثلما رأينا في السرد الموضوعي، فإن السرد الذاتي لا يتعدى أسلوب السرد التابع في روايته للأحداث، فهي أحداث مضت، ما عدا ما يقترب منه من أسلوب (تيار الوعي)؛ إذ تتداخل الأزمنة وتتحاور، مترابطة متداعية. وشبه ذلك ما حدد للسرد من وظائف، إذ لمسنا وجودها في ما تمثلنا به من نصوص أو أحلنا إليه منها، فضلا عن غيرها - مما لم تنمثل به أو نحل إليه - ذات النزوع القصصي نفسه، فالنص الواحد منها لا يقل ما يحتوي عليه من هذه الوظائف عن ثلاث أو أربع. كل بحسب موضوعه أو فكرته أو ما أراد التعبير عنه والبوح به.

وشبيه بما قد يحصل في العمل القصصي، الروائي منه بخاصة، من استخدام

الروائي لأكثر من أسلوب سردي في الرواية الواحدة؛ "إذ ينتقل الروائي بين أسلوب السرد بضمير الغائب وأسلوب السرد بضمير المتكلم، كما ينتقل من هذين الأسلوبين إلى أسلوب الرسائل واليوميات، ويجرب معظم الروائيين تقنية تيار الوعي بوصفها أسلوبا جديدا في السرد الروائي"[1]، ما يحدث فيما نعالجه من شعر عباسي ذي نفس قصصي، فقد ينتقل الشاعر فيه من أسلوب سردي إلى آخر في النص الواحد، وذلك كله في حدود ما تسمح به طبيعة هذا الشعر. وقد أشار حازم القرطاجني، من قبل إلى ما يمكن أن يكون من مثل هذا الانتقال بقوله الذي نورده كاملا هنا لأهميته، مع الأخذ بعين الاعتبار طبيعة وجهة نظره هو لمثل هذا الموضوع ودافعه إلى الكلام عليه، فضلا عما يشير إليه من انتشار هذا الأسلوب في الشعر العربي ومنه الشعر العباسي. قال القرطاجني: "فأما المأخذ الذي من جهة الحيلة الراجعة إلى القائل فمن شأنه أن تقع معه الكلم المستندة إلى ضميري المتكلم كثيرا. فأما ما يرجع إلى السامع من ذلك فكثيرا ما تقع فيها الصيغ الأمرية وما بإزائها. وبالجملة تكثر فيها المسموعات التي هي أعلام على المخاطبة. فأما ما يرجع إلى المقول به فكثيرا ما تقع فيها الأوصاف والتشبيهات، وأكثر ما يستعمل ذلك مع ضمائر الغيبة. وهم يسأمون الاستمرار على ضمير متكلم أو ضمير مخاطب فينتقلون من الخطاب إلى الغيبة، وكذلك أيضا يتلاعب المتكلم بضميره فتارة يجعله ياء على جهة الإخبار عن نفسه وتارة يجعله كافا أو تاء فيجعل نفسه مخاطبا وتارة يجعله هاء فيقيم نفسه مقام الغائب. فلذلك كان الكلام المتوالي فيه ضمير متكلم أو مخاطب لا يستطاب، وإنما يحسن الانتقال من بعضها إلى بعض"[2]. من ذلك أن بشارا بن برد في قصيدته التي مطلعها[3]:

([1]) صورة البطل في الرواية العراقية ٣٨٣.

([2]) منهاج البلغاء وسراج الأدباء ٣٤٧-٣٤٨.

([3]) ديوان بشار بن برد ٤/٢-٨.

أعاذل، قد نهيت فما انتهيت وقد طال العتاب فما انثنيت

يبدأ باستخدام صيغة الخطاب للعاذلة التي تلومه في هواه في عدة أبيات، ثم ينتقل إلى صيغة المتكلم ليروي ما كان من قصته مع فتاته التي رغب في لقائها مستفيدا في أثناء روايته هذه من أسلوب الرسائل أو الوثائق وذلك بإشارته إلى ما دسته إليه وبعثت به من كتاب وقالته له فيه، في قوله:

ودست في الكتاب إلي إني - وقيتك - لو أرى خللا مضيت

على ما قد علمت جنون أمي وأعين إخوتي منذ ارتديت

يقولون: انعمي، ويرون عارا خروجي إن ركبت وإن مشيت

ومن طربي إليك خشعت فيهم كما يتخشع الفرس السكيت

فيتوسل بأسلوب الرسائل أو الوثائق هذا متمثلا في الكتاب الذي بعثت به إليه حبيبته ليعمق مجرى الحدث ويزيد من تعقيده بما أضافه بوساطة ذلك الكتاب من شخصيات لها إسهام مؤثر في وقائع هذا الحدث وهي (الأم) و(الإخوة) من خلال مراقبة الفتاة ومنعها من الخروج للقاء حبيبها، ومن ثمة كان تأثيرها في شخصيتي الحدث الرئيستين (الشاعر أو الراوي) و(الفتاة الحبيبة)؛ إذ تزيد من معاناتها وألمهما جراء عدم تحقق اللقاء، وهذا ما نجحت فيه هاتيك الشخصيات، كما أخبرتنا بذلك القصيدة نفسها.

وبعد أن يعرض الشاعر لما جاء في الكتاب مبينا عن دوره المهم في ما يتحدث عنه، يكمل سرد ما يحكي ليروي أخيرا ما غنته جارية هذه الفتاة على لسانها ـ أي لسان الفتاة ـ معلنة عن ألمها لعدم تمكنها من لقاء حبيبها، ومخاطبة أمها مستعطفة إياها وطالبة رثاءها، ولكن من دون طائل، وتنتهي القصيدة عند هذا الحد[1].

([1]) ولعل من التوسل بأسلوب الرسائل ما جاء في قصيدة ابن الرومي التي أولها:

أما المتنبي فإنه يبدأ قصيدته[1]:

ليالي بعد الظاعنين شكول	طوال وليل العاشقين طويل

بالبوح بما أثارته في نفسه هذه الليالي من أفكار ومشاعر، وما دعته من ذكريات، وذلك بصيغة المتكلم. ثم ينتقل لمدح سيف الدولة الحمداني، واصفا معركة له مع الروم، مضمنا فيها وصف سيف الدولة، وحركة جيشه في الزمان والمكان. من ذلك قوله:

رمى الدرب بالجرد الجياد إلى العدى	وما علموا أن السهام خيول
شوائل تشوال العقارب بالقنا	لها مرح من تحته وصهيل
وما هي إلا خطرة عرضت له	بحران لبتها قنا ونصول

وفي أثناء هذا الوصف الذي استعمل فيه الشاعر ضمير الغائب المفرد، وبين الفينة والفينة، يأتي الشاعر بضمير المتكلم للجمع، كأنه يريد من ورائه أن ينبه إلى وجوده في خضم هذه المعركة/الحدث بوصفه مقاتلا في جيش الممدوح. إذ قال في معرض

=

كتبت ربة الثنايا العذاب	تتشكى إلي طول اجتنابي
وأتاني الرسول عنها بقول	لم تبينه في سطور الكتاب
أيها الظالم الذي قدر اللـ	ـه به في الأنام طوال عذابي
لو علمت الذي بجسمي من السقـ	ـم وضر الهوى لكنت جوابي

(ينظر: ديوان ابن الرومي ٣٣٠/١ وص٨١-٨٢ و٢٠٧-٢٠٩ من هذا البحث). فقد عمد إلى هذا الأسلوب في بدء قصيدته التي يروي فيها قصة زيارته لحبيبته، لخبر بما جاء في هذا الكتاب من شكوى حبيبته له بما تعانيه من سقم وضر أحدثه فيها حبها إياه ولاسيما أنه قد ابتعد عنها، ليدفعه هذا الكتاب إلى تجشم هول زيارتها بما يكتنفه فيه من أخطار فهي محاطة بالحراس والبواب...وقد أشار الشاعر أو الراوي هنا إلى أنه استشف ما تعانيه فتاته من سقم وضر ضمنا؛ إذ لم تصرح هي به ولم تعلم عنه بوضوح وتحديد في كتابها هذا إليه. وربما كان عدم التصريح هذا خوفا من أن يقع كتابها في يد من لا تريده أن يعرف بما بينهما من ود أو أن يخون الرسول ما اؤتمن عليه.

([1]) التبيان في شرح الديوان ٩٥/٣-١١١.

كلامه على الخيل:

ورعن بنا قلب الفرات كأنما تخر عليه بالرجال سيول

ومنه كذلك قوله:

تمل الحصون الشم طول نزالنا فتلقي إلينا أهلها وتزول

ثم ينتقل بعد الوصف إلى مخاطبة دمستق الروم في عدة أبيات. منها:

لعلك يوما يا دمستق عائد فكم هارب مما إليه يؤول

ثم ينتقل مباشرة بعد هذا الخطاب لقائد الروم، إلى مخاطبة ممدوحه سيف الدولة، قائلا:

فدتك ملوك لم تسم مواضيا فإنك ماضي الشفرتين صقيل

إذا كان بعض الناس سيفا لدولة ففي الناس بوقات لها وطبول

وينتقل بعد هذين البيتين للكلام على نفسه، وأوله قوله:

أنا السابق الهادي إلى ما أقوله إذ القول قبل القائلين مقول

لينتقل بعد إيراد مجموعة من الحكم. منها:

سوى وجع الحساد داو فإنه إذا حل في قلب فليس يحول

ومنها بصيغة الخطاب للمفرد:

ولا تطمعن من حاسد في مودة وإن كنت تبديها له وتنيل

ومنها بصيغة المتكلم للجمع:

وإنا لنلقى الحادثات بأنفس كثير الرزايا عندهن قليل

يهون علينا أن تصاب جسومنا وتسلم أعراض لنا وعقول

ثم يشخص من قبيلة الممدوح مخاطبا يتوجه إليه بالكلام في بيت واحد داعيا إياه للفخر بالممدوح. ثم ينهي القصيدة بأبيات يصف فيها ممدوحه بصيغة تقرب بوساطتها هذه الأبيات من أن تكون حكما.

أما الأبيوردي في قصيدته[1]:

سل الركب يا ذواد عن آل جساس	هل ارتبعوا بعد النقيب بأوطاس
فإني أرى النيران تهفو فروعها	على عذب الوادي بميثاء ميعاس

فإنه يبدؤها بمخاطبة الذواد هذا، ثم ينتقل مباشرة لوصف فتاته ولقائه بها في إحدى الليالي، وما كان بينهما في أثناء هذا اللقاء، وذلك بصيغة المتكلم المفرد. وإن جاء في أثناء ذلك بيت ضمنه مخاطبة المتلقين أو السامعين، وهو قوله:

وذقت، عفا عنا الإله وعنكم	جنى ريقة تلهي أخاكم عن الكاس

ثم يحسن الانتقال مباشرة من قص ما كان من لقائه بفتاته إلى المدح، وذلك بقوله:

ولاحت تباشير الصباح كأنها	سنان المقتدي بالله في آل عباس

وبعد بيتين في مدحه حاكيا عنه بعضا من صفاته، يستمر في مديحه ولكن بصيغة المخاطبة - أي مخاطبة الممدوح - هذه المرة، وهو ما يبدؤه بقوله:

إليك أمير المؤمنين رمت بنا	علا تنتهي أعراقهن إلى الياس...

وهكذا نرى أن هذه التنويعات والانتقالات، التي مثلنا لها في هذه النصوص، هي لمحات مما عرفه الفن القصصي الحديث من انتقال بين أساليب السرد. ليدل ذلك - فضلا عن غيره - عما كان يحفل به الشعر العباسي من نفس قصصي حمل - فيما حمل - كثيرا مما أخضعه النقد الحديث للبحث والدراسة من عناصر الفن القصصي، ولكن بما يتواءم وخصوصيته.

وسيلتا السرد:

وإذ حددنا في مستهل هذا الفصل ماهية السرد، وخلصنا من ذلك إلى كون

---

(1) ديوان الأبيوردي ١/٥٥٥-٥٥٧.

الوصف والحوار وسيلتي السرد اللتين يستعين بهما في عملية البناء الشاملة للنص القصصي، نعرض فيما نستقبل من هذا الفصل لدور هاتين الوسيلتين فيما نعالجه بالدرس من نزوع قصصي لدى الشعراء العباسيين، وبما يتناسب وطبيعة نظرتنا للموضوع.

أولا: الوصف:

إن للوصف دورا مهما في إتمام عملية البناء القصصي، فوظيفته لم تعد قاصرة على قدرته في تزيين النص، أو في كونه خلفية تؤطر الأحداث والشخصيات، إنما تطورت تبعا لتطور فن السرد، وأصبح ذا مستوى تعبيري يرتبط بالأحاسيس والمشاعر الإنسانية، واقترن مباشرة بأسلوب السرد الذي يعتمده، فهو في أسلوب السرد الموضوعي أداة بنائية بيد الراوي العليم يحدد بوساطتها الإطار الزماني والمكاني للأحداث، وطبائع الشخصيات. وهو في أسلوب السرد الذاتي يمتزج برؤى الشخصية، ويتناغم مع حالاتها النفسية[1].

([1]) ينظر: البناء الفني لرواية الحرب في العراق ١٨٠-١٨١.

ومن الباحثين من ذهب إلى أن الوصف الذي يطلق عليه بالتزييني أو التحميلي هو ذو طبيعة تفسيرية رمزية؛ فالصورة التي ترسم شكل الشخصيات، وتصف كل ما يتعلق بهم وببيئتهم، تعمل في الوقت نفسه على كشف تركيبهم النفسي- وتبرره أيضا. فضلا عما يمكن أن يتوسل إليه بوساطة الوصف من إيهام القارئ بأن العالم الذي يقرؤه هو عالم حقيقي وواقعي (ينظر: حدود السرد (مجلة) ٥٩-٦١، والفضاء الروائي عند جبرا إبراهيم جبرا ١٦٢-١٦٥، وملامح السرد القصصي- في الشعر الأندلسي ٢٧٦).

وعن علاقة الوصف بالسرد، تذهب سيزا قاسم إلى: "أن النص الروائي في جملته ينقسم إلى مقاطع وصفية ومقاطع سردية "وأيضا إلى حوار إنما الثنائية الأساسية هي بين السرد والوصف". وتتناول المقاطع السردية الأحداث وسريان الزمن أما المقاطع الوصفية فتتناول تمثيل الأشياء الساكنة...ولكن بالرغم من الاستقلال النسبي للوصف في بنائه من العنصر- الزماني فقد ظل دائما في مرتبة ثانوية في الرواية أو بمعنى أصح ظل كذلك زمنا طويلا حيث إن الوصف أصبح العنصر- الأساسي في الرواية الجديدة ولكنه اتخذ وظيفة سردية خاصة "خادما للسرد" ولذلك أغفله النقاد زمنا طويلا واعتبروه عنصرا مقحما على السرد أو هو عنصر تابع عرضي...هناك ولا شك نوع =

ولعل في ما مر من فصول هذا البحث ما يغنينا عن التكرار والإعادة في سرد الشواهد وإيراد الأمثلة في هذا الموضوع[1].

=من التوتر بين الوصف الذي يتميز بالسكون والسرد الذي يجسد الحركة. فإن النص الروائي يتذبذب بين هذين القطبين. وهناك نوع من التداخل بين الوصف والسرد فيما يمكن أن نسميه بالصورة السردية وهي الصورة التي تعرض الأشياء متحركة أما الصورة الوصفية فهي التي تعرض الأشياء في سكونها". بناء الرواية ١١٢-١١٣. وينظر: حدود السرد (مجلة) ٥٩-٦١.

(1) عرضنا في الفصل الأول لطبيعة تصوير الحدث ووصفه وأسلوب سرد وقائعه في تتابعها وتسلسلها. فضلا عما قد يكون من مجموعة من الأحداث - في هذا الشعر العباسي ذي النزعة القصصية. كما عرضنا في الفصل الثاني لطبيعة تصوير الشخصية ورسمها، شكلا وموضوعا، وسواء أكانت شخصيات بشرية أم غير بشرية. أما في الفصل الثالث فقد عرضنا لوصف الزمان والمكان بوصفهما إطارا تجري في أثنائه مجريات القصة، فضلا عما يمكن أن يكون من تعبير عدد من الشعراء عن إحساسهم بهما، على اختلاف وسائلهم في التعبير عن هذا الإحساس. وأما وصف الحالات النفسية وما تكنه الشخصيات من أفكار ومشاعر فقد توزعت أمثلته على الفصول كلها، كل بما يتناسب وخصوصية العنصر المعالج فيه ومنه هذا الفصل.

وإذا ما أردنا التعرض لما قد يكون في هذا الشعر الذي ندرس من وصف للأشياء، يسهم في توضيح النزعة القصصية أو تأكيدها، ينبغي علينا بدءا أن نشير إلى ما قيل في هذا الأمر من تنظير. تقول سيزا قاسم:"..يؤدي الشيء دورا مزدوجا في الرواية فهو يشير إلى حقيقة واقعة في العالم الخارجي...وهو من جانب آخر يحمل دلالة خاصة في النص: إذ يجب أن يكون حاملا لمعنى. فإن الأشياء فتكون إشارية(كذا) والفارق بين الرمز والإشارة أن الرمز أكثر كثافة ويرتبط بمجموعة من الدلالات المعقدة. يمتلئ المكان إذن بمئات بل آلاف الأشياء ويزخر بها العالم الخارجي وتمثل قوة هائلة من العناصر يتفاعل معها الإنسان. فبخلاف ما يوجد في المنازل من أثاث وأدوات ومائدة وملابس ومأكولات ومشروبات وأدوات زينة وأوان ، وأدوات كتابة وقراءة وآلات مهنية يستخدمها كل عامل في مزاولة حرفته..فهناك المكاتب والمطاعم والحوانيت والدكاكين المختلفة التي يدخلها الإنسان ويخرج منها يقضي فيها حاجيات حياته اليومية، يبتاع لوازمه، ويقضي مصالحه، ومن هنا تدخل الأشياء المرتبطة بكل هذه العوالم المختلفة عالم الرواية. وتدخل الأشياء العالم الخارجي في عالم الرواية وتساهم في خلق "المناخ" العام هذا بالإضافة إلى دور هام وخطير إذ تتحول من مجرد عناصر من العالم الخارجي إلى رموز. فإذا كانت في بعض الأحيان مفسرة وموحية فإنها سواء كانت أشياء من الطبيعة (نباتات أو أشجار أو صخور أو زهور الخ...) أو من صنع الإنسان فإنها تنتقل من معناها المباشر إلى مستوى أعلى، وتصبح لها كثافة تتجاوز المعنى المعجمي للكلمة..." بناء الرواية ١٣٦-١٣٧. وينظر: الفضاء الروائي عند جبرا إبراهيم جبرا ١٩٠.

وقد حفل الشعر العباسي ذو النزعة القصصية بمثل هذه الأوصاف. منها السفن والحراقات (ينظر: شرح ديوان صريع الغواني ١٠٥-١١١، وشعر علي بن جبلة المعروف بالعكوك ١٦٢٠١٦٣).=

ثانيا: الحوار:

يعرف الحوار الفني بأنه "حديث بين شخصين أو أكثر تضمه وحدة في العرض والأسلوب"[1]، وإذا كانت المسرحية تتألف كلها من حوار، وأفعال ترى، فليس من الضروري أن يوجد الحوار في كل قصة، على الرغم من كونه أسلوبا تفسيريا مهما، فيما لو أجيد استخدامه وحسنت الإفادة منه، فقد تخلو منه القصة وتمضي على أنها

= ومنها الأثاث والملابس (ينظر: الأغاني ١٦٤/٢٣، وأخبار الشعراء المحدثين ٢٤، وديوان السري الرفاء ٣٦٥/١ و١٧٨/٢-١٧٩ و٥٧٨-٥٧٩، ويتيمة الدهر "قصيدة الواساني" ٣٣٩/١-٣٤٨).. ومنها الأطعمة والأشربة والولائم (ينظر: ديوان السري الرفاء ٨٢٥/٢-٨٢٦، ويتيمة الدهر"قصيدة الواساني" ٣٣٩/١-٣٤٨، وديوان الطغرائي ١٧٨ـ ١٨٠، واتجاهات الشعر العربي في القرن الرابع الهجري ٢٨٦-٢٩٨). ومنها ذكر الحوانيت والخمارات ـ إذا ما اعتددناها أشياء استنادا إلى النص السابق ـ وإن لم يتعرض الشعراء لها بالوصف، لكنها كثيرا ما كانت احتوى الحدث (ينظر: ديوان أبي نواس ١٤٧-١٤٩ و١٨٤-١٨٥، وشرح ديوان صريع الغواني ١٢٣ و١٤٤).

[1] المصطلح في الأدب الغربي ٥٣. وينظر: القصة والحكاية في الشعر العربي في صدر الإسلام والعصر الأموي ٤٠-٤٣، والبناء الفني لرواية الحرب في العراق ١٨٦، والحوار عند شعراء الغزل في العصر الأموي ١-٥.

ولقد وضع بعض من الباحثين فروقا بين الحوار الذي هو كلام الشخصيات في الأعمال القصصية والمسرحيات، والمحادثة التي هي كلام الرجال والنساء في الحياة العادية، وهي "أن غرض الحوار ليس هو أن يحكي المحادثة حكاية طبيعية بل أن يقدم في ثوب المحادثة ما لا يوجد في المحادثة، فيكون مسليا حيث المحادثة مملة، مقتصدا حيث المحادثة مضيعة، بينا واضحا حيث المحادثة متمتمة أو غامضة. والطريقة هي بالطبع طريقة كل فن: طريقة التعميق بالنظام والترتيب اللذين يقومان على الاختبار". الكاتب وعالمه ٢٧٣. وينظر: الحوار في القصة والمسرحية والإذاعة والتلفزيون ١٠-١١. وقد اشترط عدد من الدراسات أن يكون الحوار في العمل الفني، ومنه القصصي طبعا، موجزا مركزا مكثفا (ينظر: فن القصة ١٢٠، وفن الأدب ١٤٨، والنقد الأدبي ١٤١، والحوار في القصة والمسرحية والإذاعة والتلفزيون ١٠-١١، والنقد التطبيقي التحليلي ١٧٣).

كما أن الحوار قد يكون بين أكثر من شخصين ـ أي بين ثلاثة فأكثر، أو بين شخص من جهة ومجموعة من الأشخاص من جهة أخرى ـ (ينظر: الفن القصصي في القرآن الكريم ٣٠٣).

صورة لشخص أو رسم لحادثة، وهذا هو الغالب في القصص القصيرة[1].

أما في الأقصوصة فإن الحوار "لا يستلزم مناقشات لأفكار عامة تطول بقدر ما يستلزم الأسلوب الفني الذي يعتمد على التركيز في الحوار بعكس الرواية التي تقبل عددا من المعاني أو التفسيرات حول موضوع معين أو صراع بين شخصين يطول أمده"[2].

وإذا ما ذهب بعض الباحثين إلى "أن وجود الحوار في القصيدة لا يمكن أن يعطينا عملا قصصيا إذا لم يقترن بحادثة معينة، ولذلك فقد نجد من القصائد ما يعتمد اعتمادا كليا على الحوار، ولكن لا نستطيع أن نجد فيه روحا قصصية لخلوه من الحادثة على الرغم من وجود الشخصيات والحوار.."[3]، فإن منهجنا يقوم على أن الحوار، حتى إذا لم يقترن بحادثة معينة، فهو ملمح قصصي، يشير إلى وجود النزعة القصصية لدى الشاعر الذي نظم مثل هذا الشعر[4]؛ فما دام الحوار معدودا بوصفه أسلوبا تعبيريا مهما في العمل القصصي، وما دام الشاعر قد أفاد منه في نص معين في التعبير عن فكرة بذاتها أو إحساس بعينه ـ وإن لم يقرنه بحدث ما ـ، فإن له/ أي الشاعرالقدرة والقابلية على ربطه في نص آخر غيره بحدث ما ـ وهو ما لحظناه لدى أغلب الشعراء الذين عرضنا لشعرهم بالدراسة ـ ولاسيما إذا ما أجاد استعماله ونجح في الإفادة منه. فضلا عن أننا في دراستنا لشعر حقبة زمنية ما، قد نجد عند شاعر ما لا نجده عند

(1) ينظر: الكاتب وعالمه ٢٧٩، والفن القصصي في القرآن الكريم ٣٠١، وملامح السرد القصصي في الشعر العربي قبل الإسلام ٣١٣. ولم يضع الدكتور عز الدين إسماعيل الحوار عنصرا من عناصر العمل القصصي (ينظر: الأدب وفنونه ١٤٢-١٦٧).
وقد عرض عدد من الباحثين لطبيعة الفرق بين الحوار في العمل القصصي عنه في العمل المسرحي (ينظر: فن الأدب ١٤٨-١٥٢، والحوار في القصة والمسرحية والإذاعة والتلفزيون ٣٢-٣٤ و١١٧-١١٨، والنقد التطبيقي التحليلي ١٢٩-١٣١).

(2) الحوار في القصة والمسرحية والإذاعة والتلفزيون ١٩٥.

(3) ملامح السرد القصصي في الشعر العربي قبل الإسلام ٣١٤.

(4) ينظر: لمحات من الشعر القصصي في الأدب العربي ٣٣.

غيره، أو ما قد نجد بعضا منه عند سواه. فيؤكد ذلك هاتيك النزعة القصصية.

ومما اشترط في الحوار هو أن يكون مطابقا للغة التي تفكر الشخصية وتتكلم بها، بمعنى أن يمثل الحوار كل شخصية في العمل القصصي كما هي، منهج تفكير، وأسلوب أداء، ومفردات كلام، وإيقاع صوت؛ إذ تتباين شخصيات العمل القصصي الواحد في كل ذلك كتباين الناس في الحياة اليومية المعتادة[1].

وقد خص الحوار في العمل القصصي ـ كما في العمل الفني بعامة ـ بجملة من الوظائف تؤكد أهميته فيه بوصفه وسيلة تعبيرية تغني العمل القصصي إذا ما أحسنت الاستفادة منها، وتصب هذه الوظائف في أمرين اثنين: الأول، الإخبار عن الحوادث وخدمة سيرها وتطورها. والثاني، التعريف بالشخصيات ـ ومن ضمنها الراوي، سواء أكان هو المؤلف (الشاعر) نفسه أم لم يكن ـ من حيث تصويرها شكلا والبيان عن طبائعها وكشف دخائلها النفسية[2].

وعرف الحوار تطورا واضحا في الأعمال القصصية شأن أساليب السرد ووسائله، فإذا ما كانت الدراسات التقليدية ترى أن من خصائص الحوار أن يكون منطوقا، وأنه يجب أن يكون بين شخصين أو أكثر، فإنه في الدراسات الحديثة لم يقتصر على ذلك، فقد يتحول إلى حديث فردي صامت"Monologue" ويعرف الحديث الفردي بأنه العملية التي ينثال فيها الكلام عفويا، لكي يعبر عن تجربة البطل الباطنية

---

(1) ينظر: فن القصة ١١٩، والنقد الأدبي ١٤١، وفن القصة القصيرة ١٠٠، والحوار في القصة والمسرحية والإذاعة والتلفزيون ٩-١١، وصورة البطل في الرواية العراقية ٣٢٨-٣٢٩، والنقد التطبيقي التحليلي ١٣٠-١٣١، والحوار عند شعراء الغزل في العصر الأموي ١٦٩-١٧٨.

(2) ينظر: فن القصة ١١٧-١٢٠، وفن الأدب ١٤٨-١٥٢، والكاتب وعالمه ٢٦٨، والنقد الأدبي ١٤١، وفن القصة القصيرة ٩٧، والحوار في القصة والمسرحية والإذاعة والتلفزيون ١٣-٣٧، وصورة البطل في الرواية العراقية ٣٢٨، والنقد التطبيقي التحليلي ١٢٩-١٣١، والبناء الفني لرواية الحرب في العراق ١٨٦، والحوار عند شعراء الغزل في العصر الأموي ١٥٨-١٦٧.

تعبيرا هينا، لينا، يتلاءم وسيولة المادة الشعورية. وقد تأثر الحوار الفردي مباشرة بأساليب السرد فظهر الحديث الفردي غير المباشر بتأثير من أسلوب السرد الموضوعي، وهو حديث يقدم فيه المؤلف واسع المعرفة (الراوي العليم) مادة غير متكلم بها، ويقدمها كما لو كانت تأتي من وعي شخصية ما. وظهر كذلك الحديث الفردي المباشر بتأثير من أسلوب السرد الذاتي، وهو حديث تناجي به الشخصية نفسها من دون الاهتمام بتدخل المؤلف، وعدم افتراض أن هناك سامعا. ولعل رواية (تيار الوعي) كانت الرائدة في إشاعة هذه الأساليب المبتكرة في الحوار. فما تتميز به تلك الرواية ذوبان الحديث المنطوق، وظهور الحديث الفردي الخفي في النفس بصورة مناجاة خامة متحررة من القيود الخارجية، وكان قد عرف هذا الأسلوب على نطاق ضيق جدا قبل ظهور رواية تيار الوعي[1].

شغل الحوار في هذا الشعر العباسي الذي نعالج حيزا مهما، مسهما في بيان النزعة القصصية في هذا الشعر ومؤكدا دوره المؤثر فيه، وذلك طبعا بحسن توسل الشعراء به، وجودة استخدامهم إياه أسلوبا تعبيريا مهما ومؤثرا. وقد حفل هذا الشعر بالأساليب والصيغ كلها التي عرفها الشعر العربي بعامة من فنون الحوار، منذ أقدم ما وصل إلينا منه حتى وقته[2]. وسنعرض له في ما يأتي من تطبيق بحسب تسلسل ما عرضنا

([1]) ينظر: تيار الوعي في الرواية الحديثة ٤٢-٦٢، والبناء الفني لرواية الحرب في العراق ١٨٦-١٨٧ وقد عرف دوجاردان المونولوج الداخلي بقوله: "المونولوج الداخلي: نعت مفيد لبعض الآثار القصصية ذات الطبيعية الوجدانية المكتوبة من وجهة نظر صاحبها. ويضعنا إلى حد كبير عند محور خواطر الشخصية القصصية ويلجأ فيها الخاطر إلى استخدام الكلمات أكثر مما يلجأ إلى استخدام الصورة". القصة السايكولوجية ١٢٥. ويرى أ.ف. تشيتشرين أن "المونولوج الداخلي هو موطن المفاهيم التي يعيشها الأبطال والتي تعتبر بدورها لولب عدته الفكرية". الأفكار والأسلوب دراسة في الفن الروائي ولغته ٢٠٥.

([2]) ينظر في بيان أساليب الحوار وأنماطه وصيغه تفصيلا: الحوار عند شعراء الغزل في العصر الأموي ١٨-١٢٤.

له من عناصر قصصية – منفردة أو مجتمعة كلها أو بعضها ـ هذا إذا ما وظف الحوار في غير عنصري الحدث والشخصية اللذين أشرنا في ما سبق إلى أن توظيف الحوار يأتي بخاصة لخدمة بنائيهما الفني ـ منفردين أو مجتمعين ـ . وذاك فيما اخترناه من نماذج لما اصطلح عليه بالحوار الخارجي أولا وفي الحوار الداخلي ثانيا، محاولين بيان ما في كل منهما من خصوصية تتوافق وما تتضمنه من نمط حواري أو طريقة حوارية، وعارضين للأدوات الفنية المستخدمة في ذلك.

قال مروان بن أبي حفصة يخاطب ممدوحه هارون الرشيد[1]:

أطفت بقسطنطينية الروم مسندا إليها القنا حتى اكتسى الذل سورها

وما رمتها حتى أتتك ملوكها بجزيتها والحرب تغلي قدورها

فبوساطة حواره مع ممدوحه الذي تمثل في توجيهه الكلام إليه بصيغة المخاطب المتمثلة بتاء الخطاب في (أطفت) و(رمتها) وكاف الخطاب في (أتتك)، أخبرنا بالحدث الذي هو حصار جيش الممدوح للقسطنطينية، حتى رضخ الروم لدفع الجزية عن يد وهم صاغرون. إن هذا الأسلوب من الحوار، أي مخاطبة الممدوح مدحا له ووسيلة للإخبار بالحدث الذي كان ـ أي إخبار المتلقي ـ والكثيرة نماذجه في هذا الشعر العباسي الذي ندرس[2]، لهو من أبرز أساليب التحاور التي نلقاها فيه، مما يعزز ما نذهب إليه من طغيان الروح القصصية لدى شعراء هذا العصر؛ إذ فضلا عما فيه من إخبار بالحدث ـ بتفاصيله أحيانا ـ يأتي ما فيه مديح لشخص الممدوح ليمثل نمطا متميزا من رسم الشخصية بذكره صفات الممدوح وأفعاله. هذا كله ناهيك عن توسله بأسلوب الحوار.

ومما يشبهه مخاطبة قائد الأعداء، قصدا إلى الفخر وإلى هجاء العدو فضلا عن

([1]) شعر مروان بن أبي حفصة ٦٠.

([2]) ينظر: ديوان بشار بن برد ٢٨٤/٣-٢٨٩، وديوان أبي نواس ٥١٩، وديوان البحتري ٢٢٦٨/٤، والتبيان في شرح الديوان ٣٧٨/٣-٣٩٢.

الإخبار بالحدث. يقول أبو فراس الحمداني من قصيدة له[1]:

أتزعم يا ضخم اللغاديد، أننا	ونحن أسود الحرب لا نعرف الحربا؟
فويلك من للحرب إن لم نكن لها؟	ومن ذا الذي يمسي ويضحي لها تربا؟
ومن ذا يلف الجيش من جنباته؟	ومن ذا يقود الشم أو يصدم القلبا؟
وويلك من أردى أخاك بمرعش	وجلل ضربا وجه والدك العضبا؟
وويلك من خلى ابن اختك موثقا	وخلاك باللقان تبتدر الشعبا؟

إنه يذكر دمستق الروم بوقائع مرت تشير إلى هزيمة جيش الروم أمام جيش سيف الدولة الحمداني، من مثل ما كان من صولات جيش سيف الدولة وجولاته على جيش الروم، ومقتل أخي الدمستق نفسه بـ (مرعش)، وضرب والده، وأسر ابن أخته، فضلا عن هزيمته هو نفسه بـ (اللقان). فأخبر بالحدث بوساطة رده على هذا القائد الرومي في ما ادعاه، وذلك بقوله لأبي فراس بالقصيدة التي منها هذه الأبيات، بعد أن أجابه بقوله: نحن نطأ أرضك منذ ستين سنة بالسيوف أم بالأقلام؟

ويتجلى أسلوب الحوار في هذا النص بما فيه من صيغ الخطاب مثل تاء الخطاب في (أتزعم) وكاف الخطاب في كلمة (ويلك) المكررة لمرات ثلاث، فضلا عن كلمات (أخاك) و(والدك) و(أختك) و(خلاك)، معززا ذلك كله بأسلوب النداء في قوله (يا ضخم اللغاديد)، وبما فيه من استفهامات وتساؤلات امتدت على مدى النص، بل لعل النص كله كان سؤالا من عدة أجزاء.

إننا إذ نورد مثل هذين المثالين - فضلا عما سنستقبله مما يشبههما في هذا المبحث، أو مما ورد ويرد في تضاعيف هذا البحث كله - من حيث مخاطبتها للمتلقي من ممدوح أو مهجو أو حبيبة أو من سامعين وقراء بعامة، من طرف واحد؛ فلأننا نعد

---

(1) ديوان أبي فراس ٤٢-٤٣. وينظر: التبيان في شرح الديوان ٢/٢٢١-٢٣٤ و٤/١٥-٢٦. ومثل ذلك مخاطبة المهجو. (ينظر: التبيان في شرح الديوان ٤/١٥٠).

مثل هذا الخطاب شكلا من أشكال التحاور، له خصوصية فرضتها طبيعة الفن الشعري فضلا عن أسلوب الشاعر؛ إذ أن الطرف الثاني الذي يتحاور الشاعر (أو الراوي) معه معلوم لدينا ضمنا، سواء أكانت شخصيته حقيقية أم متخيلة مفترضة، وذلك بوساطة معرفتنا بالشاعر وظروف إنشاده النص أو إدراكنا لطبيعة العمل الفني وما يقتضيه كل نمط منه من طرائق وأساليب تميزه عن سواه.

قال البحتري يعاتب الفتح بن خاقان، متوسلا بالحوار في مخاطبته وإن من طرف واحد. فضلا عما ينبئ هذا الخطاب نفسه به من حدث الخصام والمقاطعة بين الشاعر ومن يعاتب[1]:

أمخلفي يا فتح أنت وظاعن	**في الظاعنين، وشاهد ومغيبي؟**
ماذا أقول إذا سئلت فحطني	**صدقي، ولم يستر علي تكذبي؟**
ماذا أقول لشامتين يسرهم	**ما ساءني، ولمنكر متعجب؟**
أأقول مغضوب علي! فعلمهم	**أن لست معتذرا، ولست بمذنب!**
أم هل أقول تخلفت بي عنده	**حال؟ فمن ذا بعده مستصحبي؟**
سأقيم بعدك - إن أقمت - بغصة	**في الصدر لم تصعد ولم تتصوب**
وسأرفض الأشعار إن مذاقها	**بمدح غيرك في فمي لم يعذب**
لا أخلط التأميل منك بغيره	**أبدا، ولا ألقي دني المكسب**

إن هذه التساؤلات الكثيرة التي اعتمدها الشاعر ههنا ـ فضلا عن لجوئه إلى استخدام صيغة النداء مع اسم الشخص المعاتب نفسه في قوله (يا فتح) واستخدام ضمير الفصل (أنت) في تأكيد هذا النداء، ناهيك عن استخدام كاف الخطاب في التكلم معه ـ هي تعميق للحدث من حيث بيانها عن تأثيره في نفس الشخصية الرئيسة، التي هي شخصية البطل/الراوي/الشاعر، فضلا عن بيانها عن طبيعة دخيلة هذا البطل/الراوي،

([1]) ديوان البحتري ١٤١/١.

وذلك من حيث أسلوبه في التعبير عن أثر هذا الموقف في نفسه. إن مثل هذه "النبرات الاستفهامية الآمرة والنبرة الحية والتفسيرات المثيرة لا تحول دون خلق أطر رومانتيكية مشروطة حسب، بل على العكس أيضا، تقوي الطابع الواقعي السردي التراجيدي للعمل الفني برمته"[1].

وإذا ما رغب الشعراء في حكاية حدث تاريخي توسلوا بالحوار، في محاولة منهم لزيادة التأثير في نفوس متلقيهم. يقول دعبل الخزاعي في مقتل الحسين بن علي (عليه السلام)[2]:

يا أمة قتلت (حسينا) عنوة	لم ترع حق الله فيه فتهتدي
قتلوه يوم (الطف) طعنا بالقنا	سلبا وهبرا بالحسام المقصد
ولطالما ناداهم بكلامه:	جدي النبي خصيمكم في الموعد
جدي النبي، وأبي (علي) فاعلموا،	والفخر (فاطمة) الزكية محتدي
يا قوم إن الماء يلمع بينكم	وأموت ظمآن الحشا بتوقد
قد شفني عطشي وأقلقني الذي	أنا فيه، من ثقل الحديد المجهد
قالوا له: هذا عليك محرم	حتى تبايع للغبي الأسود
فأتاه سهم من يد مشؤومة	من قوس ملعون خبيث المولد
يا عين جودي بالدموع وأهملي	وابكي (الحسين) السيد بن السيد

إن الشاعر أفاد في هذا النص من الحوار على عدة أوجه، فقد ابتدأ نصه بمخاطبة قاتلي الحسين (عليه السلام) مؤنبا، وذلك بتوسله بصيغة النداء (يا)، ثم عرج على حكاية ما كان من حادثة القتل هذه، فوضع كلاما على لسان الحسين (عليه

(1) الأفكار والأسلوب دراسة في الفن الروائي ولغته ١١٤.

(2) شعر دعبل بن علي الخزاعي ٢٥٤-٢٥٥. وينظر: ديوان ديك الجن ٥٧، فقد وضع حديثا على لسان رسول الله (صلى الله عليه وسلم) وذلك في معرض مدحه آل البيت عليهم السلام.

السلام) يشير فيه إلى شرف أصله وكرم محتده فضلا عن واقعة قتله وهو ظمآن وذاك بقوله (ناداهم بكلامه) أي الحسين ثم يذكر ما قال في ذلك. ثم يعرض لما كان من جواب قتلته الذي عينه بقوله (قالوا له)، ولكن من غير أن يحدد شخص المجيب وإنما جعل الجواب للجماعة (القاتلة) كلها، وكأنه بذلك يريد أن يحمل كل من شهد جريمة القتل هذه وزر وقوعها، وبذلك أعطى هذه الجماعة دورا واحدا بحكم اشتراك أفرادها فيه. ثم يختم نصه بمخاطبة العين لتبكي هذا القتيل الشريف وذاك بتوسله مرة أخرى بصيغة النداء (يا).

ولعل شعر الغزل والحب من أبرز موضوعات الشعر العباسي في ما تتضمنه من الحوار الذي يسهم في بيان ما نبحث عنه وفيه من نفس قصصي، ويجلوه. من ذلك قول دعبل الخزاعي[1]:

يا (سلم) ذات الوضح العذاب

وربة المعصم ذي الخضاب

والكفل الرجراج في الحقاب

والفاحم الأسود كالغراب

بحق تلك القبل الطياب

بعد التجني منك والعتاب

إلا كشفت اليوم عني ما بي

فهو يتوسل بأسلوب الحوار الذي استخدم منه ههنا صيغة النداء مع اسم فتاته في (يا سلم) وكاف الخطاب في (منك) وتاء الخطاب في (كشفت)، في وصف شكل فتاته هذه الخارجي، فضلا عن مطالبته إياها أن تكشف عنه ما أحدثته هي فيه بتجنيها وعتبها، فيشير إلى أمر معنوي قامت به نحوه، اضطره إلى اللجوء إليها سائلا إياها أن

---

(1) شعر دعبل بن علي الخزاعي ٥٨.

ترفعه عنه.

أما هذه الأبيات للعباس بن الأحنف، التي يخاطب فيها معشوقته فوزا[1]:

يا فوز، قد حدثت أشياء بعدكم	**إني وإياكم منها على خطر**
لو أن خادمكم جاءت لقلت لها:	**قولي لفوز ألا كوني على حذر**
فعجلي برسول منك مؤتمن	**حتى يخبركم - يا فوز - بالخبر**
يا رب لائمة يا فوز قلت لها	**واللوم فيك لعمري غير محتقر:**
ما في النساء سوى فوز لنا أرب	**فارضي بذلك أو عضي على حجر**

محذرا إياها من أمر ما أو أمور قد حدثت بعدها، فضلا عن إعلانه عما قاله للائمة إياه في حبها من أن ليس له في النساء من أرب سوى فوز، فإنه يستخدم طريقة في البيت الثاني منها ربما تقترب مما يصطلح عليه في النقد القصصي الحديث بالاستباق أو السرد المتقدم[2]؛ إذ يخبر عما سيكون منه، وإن كان قولا ـ ولعله قول ينبئ عن واقع حال ـ فيما لو جاءته خادم محبوبته، وهو يؤكد ذلك بطلبه منها أن تعجل برسول مؤتمن ليخبره بما استجد من أمور. على أنه في أسلوبه الحواري هذا قد أفاد من صيغة النداء (يا) المخصصة بها حبيبته (فوز) ثلاث مرات، فضلا عن كاف الخطاب في قوله (بعدكم) و(إياكم) و(يخبركم) بصيغة الجمع، و(فيك) بصيغة المفرد، ناهيك عن استخدامه ياء المخاطبة مع فعل الأمر أو الطلب ـ سواء أكان ذلك مع الرسول أم مع فوز أم مع اللائمة ـ في قوله (قولي) و(كوني) و(عجلي) و(فارضي) و(عضي). ذاك زائدا تصريحه بالقول في قوله (لقلت لها).

ويقول علي بن الجهم بدوره[3]:

---

(1) ديوان العباس بن الأحنف ١٦٥.

(2) ينظر: ص١٣٢ و١٥٤ـ١٥٥ من هذا البحث.

(3) ديوان علي بن الجهم ١٤٥-١٤٦.

وما أنس م الأشياء لا أنس قولها لجارتها: ما أولع الحب بالحر

فقالت لها الأخرى: فما لصديقنا معنى وهل في قتله لك من عذر؟

صليه لعل الوصل يحييه واعلمي بأن أسير الحب في أعظم الأسر

فقالت: أذود الناس عنه وقلما يطيب الهوى إلا لمنهتك الستر

وأيقنتا أن قد سمعت فقالتا: من الطارق المصغي إلينا وما ندري؟

فقلت: فتى إن شئتما كتم الهوى وإلا فخلاع الأعنة والعذر

على أنه يشكو ظلوما وبخلها عليه بتسليم البشاشة والبشر

فقالت: هجينا، قلت: قد كان بعض ما ذكرت لعل الشر بالشر يدفع

فهو في هذا الحوار الذي يجريه بين ثلاث شخصيات، هو (أو راويه) أحدها، فضلا عن فتاته وجارتها، يشير إلى حاله في حب هذه الفتاة وما كان منها نحوه من بخل وانقطاع وصل، مستفيدا من طريقة التصريح بالقول في ذلك بمعنى أنه ينقل لنا ما دار من حوار بينهم ثلاثتهم بعد أن يخصص القائل منهم ويحدده ثم يذكر نص قوله مباشرة بكل ما فيه من أدوات التخاطب الفنية، من مثل (فقالت) و(فقالتا) و(فقلت). ولعله أتى بنص واحد مع (فقالتا) من غير أن يعين من منهما التي قالته تحديدا، تعبيرا عن تماثلهما في حالة اليقين من سماعه كلامهما فضلا عن الاستفهام عمن سمع.

إن ما في مثل هذا النص من تعدد شخوص المتحاورين، فضلا عن رواية كل ما قيل نصا مع تعيين شخص المتكلم منهم، ثم ما يبين عنه الحوار من حالة أو حدث عامين أو خاصين بما يرسم شيئا من ملامح شخصيات المتحاورين، لمما يعزز ما نذهب إليه من وجود النزعة القصصية في هذا الشعر.

أما بشار بن برد، فإنه في قصيدته التي أولها[1]:

([1]) ديوان بشار بن برد ١٦٩/٣-١٧٢. وللاطلاع على بعض مما جاء من حوار في شعر الغزل ـ العفيف والماجن ـ والنصوص التي تعكس لقاء الشاعر أو الراوي بحبيبته، فضلا عن قصائد العبث =

قد لامني في خليلتي عمر | والوم في غير كنهه قدر

وبعد أن يرد، هو أو الراوي، على من يلومه في حبه، يحكي وقائع حدث بوساطة الحوار، بعد أن يمهد له أو يستهله بقوله:

حسبي وحسب التي كلفت بها | مني ومنها الحديث والنظر
أو قبلة في خلال ذاك ولا | بأس إذا لم تحلل الأزر
أو لمس ما تحت مرطها بيدي | والباب قد حال دونه الستر
والساق براقة خلاخلها | والصوت عال فقد علا البهر

فبعد هذا النص الوصفي لما كان من ظروف خلوته بفتاته هذه، يكمل رواية ما كان منه معها على لسانها هي تخاطبه، كما تحكي ما حصل:

واسترخت الكف للغزال وقا | لت: اله عني والدمع منحدر
اذهب فما أنت كالذي ذكروا | أنت وربي معارك أشر
وغابت اليوم عنك حاضنتي | فالله لي اليوم منك منتصر
يا رب خذ لي فقد ترى ضعفي | من فاسق الكف ما له شكر
أهوى إلى معضدي فرضضه | ذو قوة ما يطاق مقتدر
يلصق بي لحية له خشنت | ذات سواد كأنها الإبر
حتى افتهرني وإخوتي غيب | ويلي عليهم لو أنهم حضروا
أقسم بالله ما نجوت بها | إذهب فأنت المسور الظفر
كيف بأمي إذا رأت شفتي؟ | وكيف إن شاع منك ذا الخبر

= والمجون ومجالس الخمر، ينظر: ديوان أبي نواس ١٤١-١٤٢ و٧٣٠، وشرح ديوان صريع الغواني ٣٣-٣٤، وديوان الخريمي ٧٣، وديوان إسحاق الموصلي ٨٣، وديوان ديك الجن ١٨٨-١٨٩، وديوان علي بن الجهم ٥٠، وديوان ابن الرومي ٣٣٠/١، وديوان البحتري ٤٣٠/١، وشعر ابن المعتز ق١ ٢١٧/١، وديوان أبي فراس ١٥٨، وديوان الشريف الرضي ٣٩٨/١، وشرح ديوان سقط الزند ٢٦٣.

أم كيف لا كيف لي بحاضنتي	يا حب لو كان ينفع الحذر؟
قلت لها عند ذاك: يا سكني	لا بأس إني مجرب حذر
قولي لهم بقة لها ظفر	إن كان في البق ما له ظفر

فبخطابها إياه ومحاورتها له مستخدمة أداتي الخطاب (الكاف والتاء) والضمير (أنت) وصيغة النداء (يا) فضلا عن تكرر صيغة الاستفهام وأفعال الأمر بما يعزز بناء القصيدة المعتمدة على الحوار ويؤكده، فضلا عن لجوئها إلى اللـه بصيغة الدعاء (يا رب..)، وسردها لما حدث بينها وبينه صرح هو به نصا، تمت رواية القصة وفقهنا ما كان. لقد استغل خلوته بها ونال منها ما أراد، حتى إذا حست بهول ما وقع لها وخشيت الفضيحة، سخر منها وتخلى عنها. فأخبر بالحدث ورسم ملامح لشخصيته وشخصية فتاته مستعينا بهذا الحوار الذي حكى.

أما أبو العتاهية (ت ٢١١ هـ)، فديوانه مليء بالتوجه إلى اللـه عز وجل سؤالا وطلبا للصفح والغفران، ومخاطبة الدنيا هروبا منها وزهدا فيها، ومخاطبة الناس دعوة لهم لنبذ متاع الدنيا والتمسك بأهداب الآخرة[١].

وهذا أبو فراس الحمداني يكلم ابنته في معرض رثائه نفسه يوم مقتله، مستخدما صيغتي النداء والطلب[٢]:

أبنيتي، لا تحزني!	كل الأنام إلى ذهاب
أبنيتي، صبرا جميـ	لا للجليل من المصاب
نوحي علي بحسرة!	من خلف سترك والحجاب
قولي إذا ناديتني،	وعييت عن رد الجواب:
زين الشباب، أبو فرا	س، لم يمتع بالشباب!

---

(١) ديوان أبي العتاهية مواضع متفرقة.
(٢) ديوان أبي فراس ٥٥.

بل إنه يعلمها ما يريد منها قوله حين يموت[1]. وكان من قبل قد توجه بالخطاب إلى أمه في أثناء رثائه إياها في القصيدة التي منها قوله[2]:

أيا أم الأسير سقاك غيث	بكره منك ما لقي الأسير
أيا أم الأسير سقاك غيث	تحير لا يقيم ولا يسير
أيا أم الأسير سقاك غيث	إلى من بالفدا يأتي البشير

وقوله...

أيا أماه كم سر مصون	بقلبك مات ليس له ظهور
أيا أماه كم بشرى بقربي	أتتك ودونها الأجل القصير..

إننا نلمح في هذين النصين الحواريين المقتطعين من قصيدة بعينها يخاطب الشاعر فيها أمه المتوفاة، وهو بعيد عن الوطن أسير، مناجاة تقترب بها من أن تكون تنفيسا عما يمور به صدر الشاعر (الراوي) من أحاسيس ومشاعر وأفكار عبر عنها بهذه الصيغة الخطابية، فاقترب بذلك قدرا من أسلوب تيار الوعي؛ إذ تنثال الأفكار والمشاعر من غير حسيب ولا رقيب.

أما الأبيوردي فإنه يتوسل بالحوار ليخبر عن أصله ويفخر بأرومته. يقول[3]:

وقالت سليمى إذ رأتني لتربها	وراقهما وجه أغر مهيب:
أظن الفتى من عبد شمس، فإن يكن	أبوه أبا سفيان فهو نجيب
أرى وجهه طلقا يضيء جبينه	وأحسب أن الصدر منه رحيب
سليه يكلمنا، فإن اختياله	- على ما به من خلة - لعجيب
فقلت: غلام من أمية شاحب	بأرضكما نائي المزار غريب

(1) لعل في ما أشار به أبو فراس لابنته أن تقوله بعد موته ملمح من الاستباق أو السرد المتقدم.

(2) ديوان أبي فراس ١٦٢-١٦٣.

(3) ديوان الأبيوردي ٢١/١-٢٢. وينظر: المصدر نفسه ٢٢٦/١.

وليس ببدع أن يخفض جأشه على عدمه حيث المراد جديب

فمن شيم الأيام أن يسلب الغنى حسيب، وأن يكسى الهوان أديب

فقالت ولم تملك سوابق عبرة: أقم عندنا، إن المحل خصيب

وحولك من حييك قيس وخندف كهول مكاريم الضيوف وشيب

وما علمت أني لأمر أرومه أطوف، وراجي اللـه ليس يخيب

أدار الشاعر الحوار هنا بين شخصيتين هما: شخصيته هو (أو الراوي)، وشخصية (سليمى)، ناسبا لكل ما قالته تحديدا، عامدا من وراء ما نقل من كلام إلى وصف نفسه ورسم ملامح من شخصيته، فضلا عن التصريح ببعض ما يرى من حكمة ورأي بما يعزز ما أراد أن يصوره من حال يعيشها ويمر بها، مع إلماحة خاطفة إلى وصف حييه من قيس وخندف. على أنه قد أشار في بدء كلامه إلى وجود شخصية ثالثة هي: ترب سليمى، لكنه لم يضع على لسانها أي كلام؛ إذ لم يتعد دورها في نصه هذا أكثر من أن تسمع لسليمى ما قالت، ليجيبها هو توا غير تارك لها ـ أي لهذه الشخصية الثالثة ـ أيما فرصة للقول أو الفعل، ليتضح من ذلك كون هذه الشخصية أداة فنية مضافة عزز بها الشاعر ما يمتلكه من نفس قصصي.

فإن أبان الشاعر هنا (أو الراوي) عما سببه له الزمان من انتكاسة وخذلان، على الرغم من شرف أصله وكرم محتده، فقرر الطواف والترحال لأمر ما لم يخبرنا به، فإن سبطا ابن التعاويذي، على خلاف ذلك، يريد الإشارة إلى قناعته بما هو عليه معبرا عن ذلك بوساطة الحوار كذلك، مديرا إياه بينه وبين جارة له. يقول[1]:

أمست تلوم على القناعة جارة سمعي بوقع ملامها لا يحفل

عابت علي خصاصتي فأجبتها: منن الرجال من الخصاصة أثقل

---

(1) ديوان سبط ابن التعاويذي ٣٢٧.

قالت: تنقل في البلاد فقلما فات الغنى والحظ من يتنقل

فالمرء تحقره العيون إذا بدا إعساره ويهاب وهو ممول

يا هذه إن السؤال مذلة وولوج أبواب الملوك تبذل

كفي الملام فكل حظ معرض عني بإقبال الخليفة مقبل

فهو يرفض سؤال الملوك لأنه يراه تبذلا وهدرا للكرامة. لكننا نراه بعد ينتقل إلى المديح..فأين هذا من ذاك؟

أما طريقته في رواية هذا الحوار بينه وبين جارته فقد نوع فيها بين أكثر من اسلوب في نقله فأخبر بدءا بلومها إياه وعيبها عليه خصاصته من غير أن يعرض لما قالته تنصيصا، غير أنه نص على إجابته هو إياها بقوله (فأجبتها..)، لينقل إلينا من بعد ردها على جوابه محددا ما قالت في قوله (قالت:...)، فإذا ما انتهى من نقل كلامها هذا عمد إلى إجابتها مرة أخرى، ومباشرة من غير أن يشير تعيينا إلى أن هذا هو جوابه أو كلامه كأن يقول مثلا: فقلت لها أو فأجبتها..أو ما إلى ذلك، لكننا نعي أن هذا رده من سياق القصيدة؛ إذ يخاطبها في البيتين الأخيرين من النص بصيغة النداء (يا هذه)، فضلا عن ياء الخطاب في قوله (كفي الملام...)، لتتكامل في أثناء ذلك كله رؤيته لما يروي.

ويوظف دعبل الخزاعي الحوار في رسم موقف يبين بوساطته عن كرمه (هو أو الراوي) وبذله[1]:

بانت (سليمى) وأمسى حبلها انقضبا وزودوك - ولم يرثو لك - الوصبا

قالت (سلامة): أين المال؟ قلت لها: المال -ويحك- لاقى الحمد فاصطحبا

الحمد فرق مالي في الحقوق، فما أبقين ذما، ولا أبقين لي نشبا

قالت (سلامة): دع هذي اللبون لنا، لصبية مثل أفراخ القطا زغبا

([1]) شعر دعبل بن علي الخزاعي ٥٦. وينظر: ديوان إسحاق الموصلي ١٦٣.

قلت: احبسيها ففيها متعة لهم إن لم يتح طارق يبغي القرى سغبا

لما احتبى الضيف واعتلت حلوبتها بكى العيال وغنت قدرنا طربا

هذي سبيلي، وهذا -فاعلمي- خلقي فارضي به أو فكوني بعض من غضبا

فلقد ضحى بقوت عياله من أجل كسب الحمد في إطعام ضيف طارق، مستفيدا في بيان ذلك من أسلوب تحديد القائل والنص على قوله، وذلك بوساطة (قالت وقلت). وإن لجأ في البيت الأخير إلى مخاطبة زوجه (سلامة) هذه من دونما تعيين، لكن سياق النص يدلنا على ذلك بما استعمله من ياء الخطاب مع فعل الأمر في قوله (فاعلمي) و(فارضي) و(فكوني).

إننا نرى أن النصوص الحوارية التي يبتغي الشاعر (أو الراوي) من ورائها بيان شيء من صفاته أو لمحات من طبائعه ـ كما مر في الأمثلة آنفة الذكر ـ لتدخل في إطار عنصر رسم الشخصية ـ وإن كانت شخصية الشاعر (أو الراوي) نفسه ومن خلال وجهة نظره هو ـ وذلك من حيث إشارته إلى جانب من تلك الشخصية، هو الجانب المعنوي/الداخلي منها أو شيئا منه أو ملامح؛ فالشخصية في العمل القصصي مظهر أو مخبر أو كلاهما معا.

وهذا الصنوبري يشخص من الورد والنرجس متحاورين ينقل إلينا ما دار بينهما؛ إذ ينسب كل منهما الجمال والحسن والبهاء لنفسه، فيحاول كل منهما رسم صورة لنفسه بتحزب لها بين، فيصير الغرض من التحاور وصف بعض مظاهر الطبيعة من خلال وجهة نظر الشاعر (أو الراوي) نفسه وطبيعة إحساسه بما يصف، فتتضح لنا بعض معالم شخصيته ـ وإن ظهر هنا جليا انحياز الشاعر إلى الورد ـ يقول[1]:

زعم الورد أنه هو أبهى من جميع الأنوار والريحان

([1]) ديوان الصنوبري ٤٩٨.

فأجابته أعين النرجس الغضـ ـض بذل من قولها وهوان:

أيما أحسن التورد أم مقـ ـلة ريم مريضة الأجفان؟

أم فماذا يرجو بحمرته الخد ـد إذا لم يكن له عينان؟

فزهي الورد ثم قال مجيبا بقياس مستحسن وبيان:

إن ورد الخدود أحسن من عيـ ـن بها صفرة من اليرقان

فبعد أن ينبئ بزعم الورد معنى لا نصا ، يذكر إجابة النرجس نصا بقوله (فأجابته..) ثم يذكر رد الورد على كلام النرجس ولكن نصا هذه المرة.

إن هذا النص يدفعنا إلى الإشارة إلى أن مما أفاد منه الشعراء من أسلوب الحوار وطبيعته أنهم شخصوا ـ أو جسدوا أو جسموا ـ كثيرا من الحيوانات والنباتات والجمادات، ومنها بالطبع المحسوسات من تفصيلات الزمان والمكان، فضلا عن المعنويات، بوصفها مخاطبات أو محاورات أو متحاورات ـ فضلا عما أضفوه عليها من صفات معنوية إنسانية ـ وسيلة للكشف عن أمر أو حدث ما، أو البيان عن حالة نفسية معينة. ونزعم أنهم نجحوا في ذلك[1]. فالحوار "جزء مهم من الفن القصصي إذ هو الجزء الذي يقترب فيه القاص أشد اقتراب من الناس ويزيد من حيوية القصة وله قيمة في عرض الانفعالات والدوافع والعواطف، والحوار في يد القاص يحل محل التحليل والتمثيل"[2].

ومن أشكال الحوار التي حفل بها الشعر العباسي، مما يتناسب وطبيعة هذا البحث، الحوار الفردي (الداخلي) الذي تجريه الشخصية في داخلها، بينها وبين نفسها، تعبيرا عن تجربتها الباطنية التي تشغلها، والتي غالبا ما تكون انعكاسا لحالة (أو

---

(1) ينظر: ديوان العباس بن الأحنف ٦٣، وديوان أبي نواس ٥٠٣ و٧٣٤، وشعر علي بن جبلة المعروف بالعكوك ١٦٨، وديوان البحتري ٤٦١/١ و٢٠٥٧/٤، وشعر ابن المعتز ق١ ٣٣١/٢-٣٣٢، وديوان كشاجم ٤٨٩، والتبيان في شرح الديوان ٣٩/١ و٢٥٥/٤-٢٥٦، وديوان الشريف الرضي ٣٩٣/١، وشرح ديوان سقط الزند ١٤٦، وديوان الطغرائي ٨٤، وص١٠٢-١١٤ من هذا البحث.

(2) القصة في شعر امرئ القيس (مجلة) ٨٩.

موقف) مرت بها الشخصية، فإذا ما امتلأت جوانحها بها فاضت، لينثال كلامها عليها منسابا، سهلا، معبرا.

قال مروان بن أبي حفصة[1]:

أفي كل يوم أنت صب وليلة	**إلى أم بكر لا تفيق فتقصر؟**
أحب على الهجران أكناف بيتها	**فيالك من بيت يحب ويهجر**

إنه يسأل نفسه ويجيب عنها في دائرة مغلقة تبدأ من داخله وتنتهي إليه، يسأل مستنكرا: أستبقى معانيا هذه الصبابة إلى أم بكر في كل يوم وليلة؟ أفلا تفيق فتقصر؟. إنه يستنكر على نفسه هذا الهيام الذي يبدو من دون جدوى. وانعدام الجدوى يؤكد جوابه: أحب على الهجران أكناف بيتها. إذن فإن هذا الهيام مع قيام حالة الهجران أمر غير مستساغ. إنه لا يقبل على نفسه هذا التعلق الذي يبدو من غير طائل، لكنه في الوقت نفسه لا يستطيع منه فكاكا؛ فقد تلبسه حتى إنه متعلق ببيتها على الرغم من هجرانها إياه، ومن هنا كانت إجابته. ثم إنه يؤكد وضعه المعقد هذا بقوله، مخاطبا البيت نفسه: فيا لك من بيت يحب ويهجر. إنه الصراع الذي يعانيه بين حبه لأم بكر، وتعلقه ببيتها، بما يرمز إليه هذا البيت ويعنيه من جهة، وحالة الهجران القائمة بينهما من جهة أخرى.

أما الأدوات الفنية التي استخدمها في التعبير عن ذلك فهي أسلوب الخطاب الذي لجأ إليه في سؤاله والمتمثل في الضمير (أنت) وفي تاء الخطاب في الفعلين (تفيق) و(تقصر). فضلا عن صيغة الاستفهام نفسها ـ بالطبع ـ التي تجلى هذا الخطاب في أثنائها. أما في جوابه عن التساؤل فقدر قرر أمر حبه في الشطر الأول من البيت، وخاطب بيت (أم بكر) في الشطر الثاني منه مستخدما كاف الخطاب في ذلك، في قوله (فيالك).

---

(1) شعر مروان بن أبي حفصة ٥١.

أما إسحاق الموصلي فيقول[1]:

أتبكي على بغداد وهي قريبة؟ فكيف إذا ما ازددت منها غدا بعدا؟

لعمرك ما فارقت بغداد عن قلى لو أنا وجدنا عن فراق لها بدا

إذا ذكرت بغداد نفسي تقطعت من الشوق أو كادت تموت بها وجدا

كفى حزنا أن رحت لم أستطع لها وداعا ولم أحدث بساكنها عهدا

إنه يسأل نفسه، مشخصا منها محاورا وجه الكلام إليه بأسلوب الخطاب؛ إذ أفاد من تاء الخطاب في (أتبكي) و(ازددت). إنك تبكي على بغداد وهي قريبة منك، فكيف إذا ما بعدت عنها أكثر؟ فإذا ما واجه نفسه بهذا السؤال لائما إياها ومستفسرا منها: كيف ستستطيع البعد عن بغداد أكثر فيما لو حكمت الظروف بذلك، يعود ليسوغ بكاءه عليها مجيبا بأنه سيرحل حينذاك مضطرا ومرغما لا مختارا أو كارها، ولذا حق له أن يبكي، موظفا كاف الخطاب في إجابته هذه في قوله (لعمرك....) ليعزز ما عمد إليه من أسلوب التحاور في الكشف عما في نفسه بإزاء هذا المكان الذي يحب. ثم يعرض حبه لبغداد هذا وشوقه إليها. بل إنه من شدة تألمه لمغادرته إياها لم يودعها. إنه الفعل ورد الفعل الداخليان اللذان يمور بهما صدر الشاعر (أو الراوي) بإزاء الواقع الخارجي، فينطلقان معبرين عن أنفسهما بهذه الصيغة من القول.

وأما الصنوبري، فإن إحساسه بطول الليل وشعوره بامتداده، ولاسيما أنه ليل غائم ممطر، يبعث في نفسه تداعيات شتى تعبر عن نفسها بتساؤلات يبحث لها عن إجابات. يقول[2]:

---

(1) ديوان إسحاق الموصلي ١١٦.

(2) ديوان الصنوبري ٣٩. وينظر: ديوان بشار بن برد ٢٨٠/١، وديوان أبي نواس ٧٣٤، وشرح ديوان صريع الغواني ١٣٠-١٣١، وديوان أبي تمام ٢٠١/١، وديوان ابن الرومي ٢١٤/١-٢١٧، =

أعذ عيني من السهر	أعذ قلبي من الفكر
ومن ليل طويل لا	يبيع الطول بالقصر
أقول إذا اكتسى ليلي	ثياب الغيم والمطر
وتاه الطرف في ليل	بلا نجم ولا قمر:
أما لليل من فجر	يضيء لأعين البشر؟
أما للديك من خبر	أما للديك من أثر؟
متى أنظر إلى ليلي الط	طويل حقيقة النظر
تعادل ليلة الميلا	د عندي لمحة البصر

لتعزز هذه التساؤلات التي مهد لها من البيت الثالث في قوله (أقول...) ما كرر استخدامه من فعل الأمر (أعذ) الذي يوحي بوجود من يستمع فيستجيب، فتتأكد طبيعة ما يعانيه الشاعر (أو الراوي) من حال يبحث عمن ينتشله منها.

إنه الإحساس الممض بطول الليل، مبعثه سواد داكن تتخلله الغيوم والأمطار. فإذا ما كانت النفس متعبة والفكر منهكا ازداد الإحساس قتامة، فتولدت تلك التداعيات وتفجرت تلك التساؤلات.

بعد هذه السياحة الموجزة في موضوع الحوار بوصفه وسيلة سردية مهمة حفل بها الشعر العباسي ذو النزعة القصصية ـ الذي توزعت نماذجه على امتداد البحث كله لا ما جاء منها في هذا المبحث بعينه فحسب ـ نخلص إلى أن ما اشترطه عدد من الدارسين من وجوب تميز الحوار بالإيجاز والكثافة، لهو من أبرز خصائص الحوار في هذا الشعر ـ بما يتلاءم وخصوصية هذا الشعر بعامة، وطبيعة كل نص من نصوصه بخاصة ـ حتى إن هذا الحوار ليتسم بما ذهب إليه تشارلس مورجان من أن غرض الحوار ليس حكاية

= وشعر ابن المعتز ق١ ٢/٣٣١-٣٣٢، والتبيان في شرح الديوان ٩٥/٣-٩٦، وديوان الشريف الرضي ٣٩٣/١، وديوان مهيار الديلمي ٣٨١/١، وشرح ديوان سقط الزند ١٤٦.

محادثة وإنما توصيل جوهرها، بل إنه ينطبق عليه ما أراده مورجان نفسه للحوار الشعري من أن يكون تقطيرا لا تقريرا، فيغدو بذلك وسيلة للنفاذ إلى جوهر الأشياء فيوحي بالحقيقة الكامنة وراء المظاهر[1].

إن اتصاف الحوار، في النصوص التي توافرت عليه من هذا الشعر العباسي ذي النزوع القصصي، بما سبق من خصائص من جهة، فضلا عن افتقار عدد من نصوص هذا الشعر نفسه إلى الحوار من جهة أخرى ـ وهو ما لا ينتقص من خصيصة النزوع القصصي هذه فيه. لما ذهب إليه عدد من الدارسين من عدم ضرورة وجود الحوار في كل قصة ـ ربما يعزز ما نذهب إليه من اقتراب هذا الشعر في العدد الغالب من نماذجه من نمط القصة القصيرة، أو الأقصوصة.

(1) ينظر: الكاتب وعالمه ٢٨٣-٢٨٤.

الفصل الخامس

في الفن الشعري

إن بناء الشعر العباسي ذي النزعة القصصية، سواء أشملت هذه النزعة قصيدة كاملة أم ظهرت بعض من لمحاتها في نص ما أو جزء محدد منه، نراه يتجلى أكثر ما يتجلى في ما قسمنا عليه دراستنا له في هذا الفصل من مباحث ثلاثة هي: اللغة: لفظا وتركيبا، والصورة الفنية، والموسيقا (الإيقاع). محاولين بيان حقيقة التواشج بين البناء الفني للعمل القصصي بأصله النثري الذي اعتمدنا عليه في التنظير، والبناء الفني للعمل الشعري الذي نعالج هذه النزعة فيه، وعاملين على أن تشمل نماذجنا فيها ـ أي هذه الدراسة في ما نستقبل من صفحات ـ كل عناصر القصة التي اعتمدنا، متفرقة أو مجتمعة، وبما يبين عن طبيعة التعبير الشعري عنها وتصويره لها.

أولا: اللغة:

إننا إذ نبدأ باللغة فلأنها المادة الأساس والأولى في بناء العمل الأدبي شعرا كان أم نثرا، كلا بحسب خصوصيته. وليس من شك في أن مهارة الأديب الفنان تبرز في مدى قدرته على التعامل مع اللغة بوصفها مفردات تشكل اللبنات الأولى في إقامة صرح العمل الفني أولا، وبوصفها تراكيب لها خصوصيتها وأطرها المحددة، النابعة من خصوصية اللغة نفسها ثانيا. وتأسيسا على ذلك آثرنا أن نقسم هذا المبحث على قسمين: اللفظ والتركيب.

أ. اللفظ:

إن اللفظ "هو المادة الأولى في بناء القصيدة الشعرية، فهو ـ بما يثيره من أشكال ـ يمنحها الصورة. وبما فيه من جرس، يهبها الإيقاع. وليس جلبه بالأمر الميسور وإنما يأتي لأن دوافع التجربة في داخل الشاعر هي التي تختاره وتعتمده وتطمئن إليه بعد

أن تكون قد غاصت في أكوام هائلة من الألفاظ "[1]. ولا مراء في أن لكل شاعر طريقته الخاصة وأسلوبه المتميز في اختيار الألفاظ وانتقائها للتعبير عما يجول في نفسه. طريقة تنبع من طبيعة الشاعر النفسية أولا، وتخضع لمدى عمق ثقافته ـ اللغوية منها بخاصة ـ ثانيا، فضلا عن تأثير بيئته، طبيعيا واجتماعيا[2] ثالثا. ناهيك عما قد تفرضه طبيعة الموضوع أو الغرض الذي نظم فيه أو من أجله رابعا.

وإذ ندرس ههنا لغة لشعر تأثر في مقدار غير قليل منه بالأداء النثري، بسبب مما تفرضه عليه طبيعته الخاصة من حيث كونه نظما شعريا من جهة، تشرب بالنفس القصصي ـ الذي يتحكم في تأليفه الأسلوب النثري أصلا من جهة أخرى، تهمنا الإشارة إلى رأينا في هاجس اعتور أذهان نقدة الشعر عامة، فعرضوا له بالبحث والدراسة، وهو: هل هناك لغة تصلح للشعر وأخرى تصلح للنثر؟... ورأينا هو اتفاقنا مع ما ذهب إليه هـ.ب. تشارلتن بقوله:"أفحش الخطأ أن يظن الشاعر أن هذه لفظة تصلح للنثر ولا تصلح للشعر، لأنها درجت على ألسنة الناس في الحديث؛ إذ العبرة بما تحتويه اللفظة من مكنون شعوري، وبما تحويه في موضعها الذي يختاره لها الشاعر من خواطر ومشاعر.

---

(1) الصورة الفنية في شعر أبي تمام ٢٤١. وينظر: جرس الألفاظ ودلالتها في البحث البلاغي والنقدي عند العرب ١٩٠. يقول تشارلتن: "وعندنا أن الشعر مؤلف من ألفاظ، ومن ألفاظ فقط، كما تتألف سائر ضروب الكلام، فكل ما للشعر من سحر يفتن القلوب، إنما هو سحر صادر عن الألفاظ، والألفاظ وحدها". فنون الأدب ٤. كما يقول: "فليست اللفظة إذا رمزا يشير إلى فكرة ومعنى فحسب، بل هي نسيج متشعب من صور ومشاعر أنتجتها التجربة الإنسانية، وبثت في اللفظ فزادت معناها خصبا وحياة". المصدر نفسه ٨.

ولعل إدراك النقاد والبلاغيين العرب لمدى صعوبة اختيار الألفاظ أو المفردات في العمل الأدبي، فضلا عن دراستهم لمعاني الشعراء وأفكارهم، السبب الرئيس في كل ما قالوه في قضية اللفظ والمعنى، واختلافهم في تعيين الأهم منها. ينظر في ذلك: الصورة الفنية في التراث النقدي والبلاغي ٣٨١-٣٩٢، وبناء القصيدة العربية ١٤٧-١٨٣، وجرس الألفاظ ودلالتها في البحث البلاغي والنقدي عند العرب ٤٩-١٢٤.

(2) ينظر: الرحلة في شعر المتنبي ٢١٣.

نعم إن لبعض الألفاظ في المسامع نغما أشجى من بعضها الآخر، وبعض الألفاظ أسلس في يد الشاعر من بعضها، وأكثر اتساقا وانسياقا في الكلام الموزون؛ لكن هذه العوامل كلها متصلة بجمال الألفاظ الظاهري الخارجي، وهو جمال تافه ضئيل إذا قيس بالجمال الباطني الحقيقي، جمال المعنى والشعور الذي توحي به اللفظة عند كاتبها وسامعها. جمال اللفظ أن يؤدي ما أريد له أن يؤديه أداء كاملا مليئا بالقوة والحياة، ولا عبرة بعد ذلك أي لفظة يختار الشاعر. وإذا فالمقياس الذي تقيس به الأدب كافة - شعرا كان أو نثرا - هو قوة التعبير"[1]. وذلك طبعا بما يتفق وطبيعة خصائص كل فن من فنون الأدب وسماته الخاصة به مما تدخل اللغة في صياغته والتعبير عنه. فضلا عن عدم إغفالنا لأهمية الدور الذي تضطلع به بقية العناصر الفنية في ذلك[2].

إن ما قدمناه من اختلاف في طبيعة ألفاظ كل نص عن غيره بسبب من اختلاف في طبيعة شاعر عن آخر، واختلاف في طبيعة مفردات موضوع عن آخر، هو ما يحكم شعرنا العباسي هذا ذا النزعة القصصية. فنص كشاجم في حكاية خبر مما يعد من شعر الغزل من مثل قوله[3]:

ودعتها ولهيب الشوق في كبدي ... والبين يبعد بين الروح والجسد

وداع صبين لم يمكن وداعهما ... إلا بلحظة عين أو بنان يد

وحاذرت أعين الواشين فانصرفت ... تعض من غيظها العناب بالبرد

فكان أول عهد العين يوم نأت ... بالدمع آخر عهد القلب بالجلد

يختلف في نمط مفرداته عن نص لابن المعتز في وصف ناقته - مما نعده شكلا من أشكال رسم الشخصية - متأثرا فيه بالتراث الشعري العربي ذي الروح البدوية،

---

(1) فنون الأدب ١٥.

(2) ينظر: ملامح السرد القصصي في الشعر الأندلسي ٣١١-٣١٢.

(3) ديوان كشاجم ١٥٠.

كقوله[١]:

ولرب مهلكة يحار بها القطا	مسجورة بالشمس خرق مجهل

خلفتها بشملة تطأ الوجى	مرتاعة الحركات حلس عيطل

ترنو بناظرة كأن حجاجها	وقب أناف بشاهق لم يحلل

وكأن مسقطها إذا ما عرست	آثار مسقط ساجد متبتل

وكأن آثار النسوع بدفها	مسرى الأساود في هيام أهيل

ويشد حاديها بحبل كامل	كعسيب نخل خوصه لم يبخل

وكأنها عدوا قطاة صبحت	زرق المياه وهمها في المنزل

ملأت دلاة تستقل بحملها	قدام كلكلها كصغرى الحنظل

وغدت كجلمود القذاف يقلها	واف كمثل الطيلسان المخمل

وهذا بدوره يختلف عن نص للمتنبي ـ مثلا ـ في تسويغ هزيمة حلت بممدوحه سيف الدولة الحمداني في إحدى معاركه ضد الروم، مخاطبا قائد الروم وذاكرا في أثناء ذلك بعض الوقائع[٢]:

قل للدستق إن المسلمين لكم	خانوا الأمير فجازاهم بما صنعوا

وجدتموهم نياما في دمائكم	كأن قتلاكم إياهم فجعوا

ضعفى تعف الأيادي عن مثالهم	من الأعادي وإن هموا بهم نزعوا

لا تحسبوا من أسرتم كان ذا رمق	فليس يأكل إلا الميتة الضبع

هلا على عقب الوادي وقد طلعت	أسد تمر فرادى ليس تجتمع

تشقكم بقناها كل سلهبة	والضرب يأخذ منكم فوق ما يدع

وإنما عرض الله الجنود بكم	لكي يكونوا بلا فسل إذا رجعوا

---

(١) شعر ابن المعتز ق١ ١/١٦٢-١٦٤.

(٢) التبيان في شرح الديوان ٢/٢٢٩-٢٣١.

فكل غزو إليكم بعد ذا فله　　　وكل غاز لسيف الدولة التبع

فنلحظ مدى اختلاف نمط ألفاظ نص كشاجم في سهولتها ورقتها ووضوحها، عن ألفاظ نص ابن المعتز بتشربه روح البداوة فخامة وجزالة، حتى إن بعضا منها ليصعب فهمه على من لم يألفها أو يسمع بها، وتختلف عنهما بدورها ألفاظ نص المتنبي المليئة بمعاني الحرب ومفردات القتال.

ومما ورد من ألفاظ في هذا الشعر العباسي ذي النزوع القصصي، نمط منها شاع استخدامه في الحياة اليومية المعتادة، بل إن منها السوقي المبتذل. ويرد هذا النوع من الألفاظ ـ ولاسيما المبتذل منه ـ أكثر ما يرد في مواضع الهزل والهجاء والمجون والعبث. وإلى مثل ذلك أشار حازم القرطاجني، في معرض حديثه عما تختص به طريقة الهزل في الشعر بقوله:"... ومن ذلك شيوع استعمال العبارات الساقطة والألفاظ الخسيسة ككثير من ألفاظ الشطار المتماجنين وأهل المهن والعوام والنساء والصبيان على الوجه الذي تقبل به الطريقة ذلك، وربما أوردوا ذلك على سبيل الحكاية. وهذا موجود في مجون أبي نواس كثيرا وغير منقود عليه، ذلك لأنه لائق بالموضع الذي أورده فيه من أشعاره التي يقصد بها الهزل. وليس يسوغ إيراد شيء من ذلك ولا حكايته لمن طريقته الجد"[(١)]. ومما قاله أبو نواس من ذلك[(٢)]:

وخمارة نبهتها بعد هجعة　　　وقد غابت الجوزاء، وانحدر النسر

فقالت: من الطراق؟ قلنا: عصابة　　　خفاف الأداوي يبتغى لهم خمر

ولا بد أن يزنوا فقالت: أو الفدا　　　بأبلج كالدينار في طرفه فتر

فقلنا: فهاتيه فما إن لمثلنا　　　فديناك بالأهلين عن مثل ذا صبر

---

(١) منهاج البلغاء وسراج الأدباء ٣٣١-٣٣٢. وينظر: اتجاهات الهجاء في القرن الثالث الهجري ٢٣٦-٣١٩.

(٢) ديوان أبي نواس ١٤١ـ١٤٢.

فجاءت به كالبدر ليل تمامه **تخال به سحرا وليس به سحر**

فنقل إلينا ما يتداول في مثل هذه المجالس من كلام، فضلا عن إيحائه بالطريقة التي يؤدى بها، بما يصور ما كان يجري فيها من عبث ولهو ومجون.

وقال كذلك، في مداعبة ألثغ مخنث ونقله عنه كلامه[1]:

وا بأبي ألثغ لاججته **فقال في غنج وإخناث**

لما رأى مني خلافي له: **ما لقي الناث من الناث**

أي ما لقي الناس من الناس.

ومنه كذلك ما جاء في قول أبي تمام[2]:

معتدل كالغصن الناظر **أبلج مثل القمر الزاهر**

جفونه ترشق أهل الهوى **بأسهم من طرفه الفاتر**

قد قلت لما لج في صده: **اعطف على عبدك يا قابري**

إذ أخبر عن استعمال كلمة (يا قابري)، وهي كلمة عامية، في معرض حديثه مع من يصف.

ومثل ذلك ما قاله الحسين بن الضحاك، يحكى تمنع الساقي في أحد مجالس الشرب عن إعطائه قبلة، فهون الأمر عليه خادم اسمه (فرج)، فلما أن دنا الساقي كأنه يناول الحسين نقلا وتغافل، اختلس منه قبلة، فقال له: هي حرام عليك[3]:

وبديع الدل قصري الغنج **مره العين كحيل بالدعج**

سمته شيئا وأصغيت له **بعدما صرف كأسا ومزج**

واستخفته على نشوته **نبرات من خفيف وهزج**

---

(1) ديوان أبي نواس ١١٢.

(2) ديوان أبي تمام ٢٠٦/٤.

(3) أشعار الخليع الحسين بن الضحاك ٣٤.

فتأبى وتثنى خجلا   وذرا الدمع فنونا ونشج

لج في "لولا" وفي "سوف ترى"   وكذا كفكف عني وخلج

ذهب الليل وما نولني   دون أن أسفر صبح وانبلج

هون الأمر عليه (فرج)   بتأتيه فسقيا (لفرج)

خمر النكهة لا من قهوة   أرج الأصداغ بالمسك الأرج

وبنفسي نفس من قال وقد   كان ما كان: حرام وحرج

نقل ابن الضحاك في هذا النص شيئا مما يحدث في مجالس المجون والعبث من فعل وقول. ومن القول ما تحدث به ذلك الساقي المتخنث في أثناء مساومة الشاعر إياه من مثل قوله (لولا) و(سوف ترى)، ثم قوله من بعد أن اختلس الشاعر منه قبلة (حرام وحرج). وعلى الرغم مما أشار إليه الشاعر من تأبي ذلك الساقي وخجله ثم بكائه من ذلك فإن ما أشار إليه من قبل دلاله وغنجه لما يبعث الشك في حقيقة تأبيه وخجله، إلا أن يكون ذلك التأبي مما يقصد به الإثارة والإغواء، ولعل طبيعة ما روى لنا الشاعر من مفردت نطق بها هذا الساقي لتومي إلى ذلك.

أما قصيدة الواساني[1] التي يحكي فيها قصة وليمة أقامها، وما ناله منها من ضرر وخراب، فإنها حافلة بالألفاظ الساقطة والعبارات المبتذلة ـ وذلك طبعا بمقارنتها بسواها من النصوص التي تعنينا ـ، سواء أكان ذلك في معرض الوصف، كما في قوله:

وأتوني بزامر زمره يحـ   ـكي ضراط العبيد والرعيان

ومغن غناؤه يطلق البطـ   ـن ويأتي بالقيء والغثيان

أم كان في معرض حكاية حوار، كما في قوله:

قال: قم فأتنا بخبز ولحم   ونبيذ في حمرة الأرجوان

(1) يتيمة الدهر ٣٣٩/١-٣٤٨. وينظر بشار بن برد ٢٧/٤-٢٨، وشعر مروان بن أبي حفصة ٢٨، وشعر ابن المعتز ق١ ٦٢٨/٢-٦٣١، وديوان سبط ابن التعاويذي ٢٤٦، والأغاني ١٦٤/٢٣.

وغلام مقين حسن الوجـ ـه يحاكي بقده غصن بان

إن الواساني عبر بهذه الألفاظ والعبارات، التي وصفهم بها أو التي أوردها على ألسنتهم عن طبيعة القوم الذين دعا. فهم قوم تافهون ساقطون، لا يراعون حرمة ولا يحفظون عهدا، ولا يتورعون عن فعل أي شيء تدعوهم إليه غرائزهم وشهواتهم.

وإذا ما ذهب بعض الباحثين إلى أن الركاكة "قد تبدو في اللفظة العامية أو المضطربة أو المبتذلة"[1]، فإننا نرى أن إيراد مثل هذه الألفاظ والعبارات على ألسنة شخوص النص القصصي ـ ومنه طبعا خطاب الراوي للمتلقي ـ ونقلها عنها، شعرا كان هذا النص أم نثرا، بما يقرر حقيقة ما أو يعبر عن أمر واقع، هو ليس ركاكة وإنما تصوير لما هو كائن. وما من شك في أن هذا التصوير كلما كان أقرب إلى الرقي الفني، على أن لا يفقد صدقه في التعبير، كان ذلك أفضل، بل إنه المطلوب. أما إذا جاء اللفظ العامي أو المضطرب أو المبتذل في معرض الوصف ومن غير ما داع ملح إليه، أو أن يكون بسبب ضعف مقدرة الشاعر الفنية، عد عند ذاك ركاكة حقا.

أما فيما يخص النثرية بعامة، فإن النص إذا ما اقترب إلى ما يشبه النثرية في التعبير، على أن يكون في اقترابه هذا خاليا من السقطات العروضية والنحوية ـ أو اللغوية بعامة ـ فضلا عن تجنبه إيراد الركيك الساقط من الألفاظ والعبارات - بحسب ما تقدم من فهمنا لها - "فإن هذا الاقتراب لا يقلل من قيمته الفنية لأنه يحقق السهولة بحيث يحس السامع أن الشخوص التي تتحاور تعيش معه. ولا تسمعه إلا المعنى القريب والسهل في الفهم والتناول"[2].

ولا يفوتنا ههنا أن نعرض لقصيدة إسحاق الموصلي تلك التي حكى فيها وقائع قصة حبه - وإن لم يعلمنا بدقائق تفصيلاتها - مستخدما مصطلحات الزراع؛ إذ كان

---

(1) ملامح السرد القصصي في الشعر الأندلسي ٣١٤.

(2) الحوار عند شعراء الغزل في العصر الأموي ١٧٧-١٧٨.

زارعا. ولكن من غير إسفاف أو ركة. قال[1]:

زرعت هواه في كراب من الصفا	وأسقيته ماء الدوام على العهد
وسرجنته بالوصل لم آل جاهدا	ليحرزه السرجين من آفة الصد
فلما تعالى النبت واخضر يانعا	جرى يرقان البين في سنبل الود
أتته أكف الهجر فيها مناجل	فأسرعن فيه حيث أدرك بالحصد
فيا شؤم مالي إذ يعطل للشقا	ويا ويح ثوري صار معلفه كبدي

فجاءت مفردات الزراعة ومصطلحاتها: زرعت، كراب، أسقيته، ماء، السرجين، آفة، تعالى النبت، اخضر يانعا، يرقان، سنبل، مناجل، الحصد، ثور، معلف، في بناء لغوي متماسك تمكن الشاعر (أو الراوي) بوساطته من إخبارنا بما حدث. ولكن إجمالا.

ب. التركيب:

نحاول ههنا أن نعرض للتركيب في الشعر العباسي ذي النزعة القصصية عبر محورين، يختص أولهما بالجملة الفعلية والاسمية، والثاني بالجملة الخبرية والإنشائية.

بين الجملة الفعلية والاسمية:

إن مراجعة لما تمثلنا به من نصوص، فضلا عما أحلنا عليه ـ وما لم نحل عليه مما يماثله ـ ترينا غلبة ورود الجمل الفعلية في هذا الشعر الذي ندرس، ولاسيما ما أخبرت منها عن حدث مضى، تلك التي يكثر ورودها في النصوص التي تحكي وقائع الحدث الواحد (أو الأحداث). من ذلك نص ابن الرومي[2]:

---

(1) ديوان إسحاق الموصلي ١١٠-١١١.

(2) ديوان ابن الرومي ٣٣٠/١. وينظر على سبيل المثال لا الحصر: ديوان بشار بن برد ١٦٩/٣-١٧٢، وديوان أبي نواس ١٤٧-١٤٩، وديوان أبي تمام ٤٠/١-٧٤، وشعر دعبل بن علي الخزاعي ٢٥٤-٢٥٥، وديوان الصنوبري ٤٣١، وديوان كشاجم ١٥٠، وديوان الشريف الرضي=

كتبت ربة الثنايا العذاب تتشكى إلي طول اجتنابي
وأتاني الرسول عنها بقول لم تبينه في سطور الكتاب
أيها الظالم الذي قدر اللـ ـه به في الأنام طول عذابي
لو علمت الذي بجسمي من السقـ ـم وضر الهوى لكنت جوابي
فتجشمت نحوها الهول، والحر راس قد هوموا على الابواب
وهي في نسوة حواسر لم يكـ ـحلن جفنا برقدة لارتقابي
طالعات علي من شرف القصـ ـر يحاذرن رقبة البواب
ولها بينهن في حديث جله ليته يرق لما بي
فتوقفت ساعة ثم ناديـ ـت: سلام مني على الأحباب
فتباشرن بي، وأشرفن نحوي بشهيق وزفرة وانتحاب
ثم قالت: أما اتقيت إله النـ ـاس في طول هجرتي واجتنابي؟
قلت: ما عاق عن زيارتك الكأ س وصوت يهيج من إطرابي
إن جنبي عن الفراش لناب كتجافي الأسر فوق الظراب
وافترقنا على مواعيد سكنـ ـن بها لاعجا من الأوصاب

فالأفعال الماضية الواردة في هذا النص: كتبت، أتاني، تجشمت، هوموا، توقفت، ناديت، تباشرن، أشرفن، قالت، قلت، افترقنا، سكن، فضلا عما ورد منها في معرض التحاور: قدر، علمت، كنت، اتقيت، ما عاق،. ناهيك عن الفعل المضارع (يكحلن) الذي جزم بـ (لم) فتحول معناه إلى المضيء ومثله لم تبينه. كل هذه الأفعال قامت بترتيب وقائع الحدث بحسب التسلسل الذي أراده الشاعر (أو الراوي) لها.

= ٧٢٢/٢-٧٢٣، وديوان الأبيوردي ٢١/١-٢٢، وأخبار الشعراء المحدثين ٧٠-٧١، والأغاني ١٦٤/٢٣، ويتيمة الدهر ٣٣٩/١-٣٤٨. ومن ذلك كذلك المطولات التاريخية، ينظر: ديوان علي بن الجهم ٢٢٨-٢٥٠، وشعر ابن المعتز ق١ ٥١٩/١-٥٩١.

فأوصلت ما أراد إيصاله بوساطتها.

أما الجمل الفعلية ذوات الأفعال المضارعة فترد غالبا في معرض الوصف أوالتفسير، كما في نص ابن الرومي السابق، حيث وردت الأفعال: تتشكى، يحاذرن، يهيج في معرض الوصف وبيان الحال[1]، كما ترد في معرض التحاور، كما في النص السابق في قوله منه: ليته يرق لما بي[2].

أما أفعال الأمر ـ وما يشبهها من أفعال النهي ـ فإنها ترد في معرض التحاور، سواء أكان ذلك بين الراوي والمتلقي، كما في قول أبي العتاهية[3]:

إذا كنت ذا مال فبادر به الذي ... يحق وإلا استهلكته هوالكه

أم كن في معرض التخاطب بين شخوص العمل القصصي ـ ومن ضمنه المونولوج الداخلي بالطبع ـ كما في قول دعبل الخزاعي[4]:

قالت (سلامة): دع هذي اللبون لنا، ... لصبية مثل أفراخ القطا زغبا

قلت: احبسيها ففيها متعة لهم ... إن لم يتح طارق يبغي القرى سغبا

---

(1) ينظر: شعر مروان بن أبي حفصة ٥١، وديوان أبي نواس ١٤٧-١٤٩، وديوان أبي تمام ٤٠/١-٧٤، وديوان إسحاق الموصلي ١١٦، وديوان كشاجم ٢٠٧، وديوان أبي فراس ١٠٢-١٠٣، وديوان الشريف الرضي ٧٢٢/٢-٧٢٣، وأخبار الشعراء المحدثين ٧٠-٧١، والأغاني ٢٣-١٦٤، ويتيمة الدهر ٣٣٩/١-٣٤٨.

(2) ينظر: شعر مروان بن أبي حفصة ٥١، وديوان أبي نواس ١٤٧-١٤٩، وديوان إسحاق الموصلي ١١٦، وديوان البحتري ١٤١/١، وديوان الصنوبري ٣٩، وديوان أبي فراس ٤٢-٤٣، وديوان الأبيوردي ٢١/١-٢٢، وأخبار الشعراء المحدثين ٧٠-٧١.

(3) ديوان أبي العتاهية ٣١٧. وينظر: شعر دعبل بن علي الخزاعي ٢٥٤، والتبيان في شرح الديوان ٢٢٩/٢، وديوان الطغرائي ٣٥٥.

(4) شعر دعبل بن علي الخزاعي ٥٦. وينظر: ديوان بشار بن برد ١٦٩/٣-١٧٢، وديوان العباس ابن الأحنف ١٦٥، وديوان إسحق الموصلي ١١٦، والتبيان في شرح الديوان ٢٢١/٢-٢٣٤، وديوان أبي فراس ٥٥، وديوان الأبيوردي ٢١/١-٢٢، وأخبار الشعراء المحدثين ٧٠، ويتيمة الدهر ٣٣٩/١-٣٤٨.

أما الجمل الاسمية فيكثر ورودها في الأوصاف ورسم الحالات النفسية. من ذلك قول سبط بن التعاويذي يهجو أحدهم ـ مما يدخل في وصف الشخصيات وتصويرها-[1]:

مشوه خلقة وخلقا ما فيه للخير من مخش

لحية تيس ووجه قرد وعين ثور ورأس كبش

وهذا أبو عثمان الخالدي، يقول في وصف ليلة[2]:

وليلة ليلاء في اللون كلون المفرق

كأنما نجومها في مغرب ومشرق

دراهم منثورة على بساط أزرق

ويقول المتنبي: معربا عن إحساسه بالزمان إذ أحبابه بعيدون[3]:

ليالي بعد الظاعنين شكول طوال وليل العاشقين طويل

أما السري الرفاء فيقول في وصف بستان[4]:

وروض إذا ما راضه الغيث أنشأت حدائقه وشيا كوشي السبائب

كأن سواقيه سلاسل فضة إذا اطردت بين الصبا والجنائب

وحالية الأجياد من ثمراتها مملكة الأجسام خضر الذوائب

وهكذا تتواشج الجمل الفعلية والاسمية وتتكامل في إبراز عناصر العمل

([1]) ديوان سبط ابن التعاويذي ٢٤٦. وينظر كذلك، سواء أكانت الشخصية بشرية أم غير بشرية ـ بحسب مفهومنا لها ـ: شرح ديوان صريع الغواني ٤٧-٥٠، والتبيان في شرح الديوان ١٩٧/١-١٨٠، وديوان الخالديين ١٠٧.

([2]) ديوان الخالديين ١٤٤. وينظر: شرح ديوان صريع الغواني ٩١.

([3]) التبيان في شرح الديوان ٣/٩٥-٩٦. وينظر: ديوان ابن الرومي ٣٣٠/١، وديوان الأبيوردي ٦٢٠/١.

([4]) ديوان السري الرفاء ٣٢٥/١. وينظر: أشعار الخليع الحسين بن الضحاك ٤٢، وشعر ابن المعتز ق١ ٥٩٧/١-٥٩٨، وديوان كشاجم ١٧٥-١٧٦، والتبيان في شرح الديوان ٦٦/٤-٦٨ و٢٥١-٢٥٦، وديوان الطغرائي ١٠٧.

القصصي الشعري العباسي، كل بما رسم له وأوكل إليه، بعيدا عما يمكن أن يقال في تفضيل إحداها على الأخرى.

بين الجملة الخبرية والإنشائية:

لقد ورد بناء العناصر القصصية في الشعر العباسي بصيغة تركيبية أخرى - فضلا عن صيغة الفعلية والاسمية - هي صيغة الخبرية والإنشائية.

أما صيغة الخبر أو الجملة الخبرية[1]، فقد أفاد منها الشعراء في تعبيرهم عن نزعتهم القصصية هذه في ما قرروه أو أثبتوه من أحداث وقعت، أو من شخصيات، رسموها، أو من إطار زماني أو مكاني حددوه، أو من أفكار ومشاعر عبروا عنها وحاولوا إيصالها. ذلك كله من خلال رؤيتهم هم الخاصة للعمل ولعناصره، وبالصيغة التي أرادوا إيصاله إلى المتلقي بوساطتها. هذا العكوك يخبر عن موقف مر به (هو أو راويه) وهو حلول الشيب ضيفا عليه، يقول[2]:

ألقى عصاه وأرخى من عمامته وقال: ضيف فقلت: الشيب؟ قال: أجل

فقلت: أخطأت دار الحي، قال: ولم مضت لك الأربعون الوفر ثم نزل

فما شجيت بشيء ما شجيت به كأنما اعتم منه مفرقي بجبل

لم يعمد الشاعر إلى تأكيد البيتين الأول والثاني بمؤكد ما لأنه يخبر بأمر

([1]) الخبر: كل كلام يحتمل الصدق والكذب لذات قائله. ويخرج عن هذا التعريف الأخبار الواردة في القرآن الكريم والحديث النبوي الشريف والحقائق العلمية والبديهيات التي لا شك فيها، لأنها لا يمكن أن تحتمل الكذب. والخبر على أضرب، ١. الابتدائي: وهو الخبر الذي يكون خاليا من المؤكدات؛ لأن المخاطب خالي الذهن من الحكم الذي تضمنه. ٢. الطلبي: وهو الذي يتردد المخاطب فيه ولا يعرف مدى صحته فيؤكد بمؤكد واحد من أدوات التوكيد. ٣. الإنكاري: وهو الخبر الذي ينكره المخاطب إنكارا يحتاج إلى أن يؤكد بأكثر من مؤكد. ومؤكدات الخبر: إن، أن، كأن، لكن، لام الابتداء، الفصل، أما، قد، السين، القسم، نونا التوكيد، لن، الحروف الزائدة، حروف التنبيه. (ينظر: البلاغة والتطبيق ١٠٣-١٢٠).

([2]) شعر علي بن جبلة المعروف بالعكوك ١٦٨.

خلت أذهان متلقيه مما يتضمنه. إلا أنه سعى إلى إيراد أداة توكيد (كأنما) في البيت الثالث عندما أراد أن يعبر عن شدة حزنه وبرمه بهذا الذي نزل عليه وحل به من شيب، ليقطع شك متلقيه بحقيقة ما أعلن عن إحساسه به من شجو بيقين التأكيد.

أما بشار بن برد، فإذ يخبر بموقف عاشه ويشير إلى إحساسه به، فإنه يؤكده بـ (لقد)، ليقطع سبيل الإنكار على من يريد سلوكه. يقول[1]:

لقد نظر الوشاة إلي شرزا ... ومن نظري إليها ما اشتفيت

وأما المتنبي فإنه بعد أن يخاطب ممدوحه، ذاكرا مآثره وبطولته، ينهي قصيدته بالحكمة الآتية[2]:

إن السلاح جميع الناس تحمله ... وليس كل ذوات المخلب السبع

ليقرر حقيقة أن الإرادة والشجاعة والصبر هم الفيصل لا السلاح فحسب؛ فسلاح من غير يد ذات إرادة وشجاعة ليس أكثر من حديدة لا تضر ولا تنفع، مستخدما أداة التوكيد (إن) في ذلك، فيعزز بذلك ما أراد إيصاله من مغزى ما رواه في هذه القصيدة من أمر إحدى المعارك التي جرت بين ممدوحه والروم.

وقال البحتري في وصف جمال إحدى الفتيات[3]:

وأشارت إلى الغناء بألحا ... ظ مراض من التصابي صحاح

فطربنا لهن قبل المثاني ... وسكرنا منهن قبل الراح

قد تدير الجفون من عدم الألـ ... باب ما لا يدور في الأقداح

لقد وصف البحتري (أو الراوي) هذه الفتاة من غير أن يستخدم أية أداة

---

(1) ينظر: ديوان بشار بن برد ٢/٤-٨.

(2) التبيان في شرح الديوان ٢/٢٣٤.

(3) ديوان البحتري ١/٤٥٧-٤٥٨. وينظر: ديوان العباس بن الأحنف ١٣١، وديوان إسحاق الموصلي ١٦٧-١٦٨، وشعر ابن المعتز ق١ ٣/٣٩٥-٣٩٦.

للتوكيد؛ ذلك أنه يخبرنا بشيء ليس لنا به علم سابق. وبما أنه وسيلتنا إلى العلم به أو التعرف إليه، وإن يكن من خلال وجهة نظره هو، فلم تكن به حاجة، والحال هذه، إلى اللجوء إلى التوكيد ما دمنا سنأخذ بما يقول.

وللسبب نفسه لم يستعمل أبو عثمان الخالدي أية أداة لتوكيد ما يقول إذ يخبر عن صاحب له، واصفا إياه[1] مما نعده اقترابا من وصف الشخصية وإن من وجهة نظره الخاصة:

ولي صاحب نحس على كل صاحب ... هو الداء أعيا أن يصيب دواء

أخف الورى عقلا وأثقل طلعة ... وأفحم إلا أن يقول خطاء

وأما مسلم بن الوليد فيخبر عن أوان حادثة لقائه بحبيبته إذ يقول[2]:

ألا رب يوم صادق العيش نلته ... بها وندامايَ العفافة والبذل

عشية آواها الحجاب كأنها ... خذول من الغزلان خالية عطل

وأما أبو بكر الخالدي فإذ استمتع بليلته في (دير متى) فإنه يعرض لذكرها مؤكدا قيامه بفعل الشكر لها، وذلك بنون التوكيد الثقيلة[3]:

فلأشكرن لـ(دير متى) ليلة ... مزقت ظلمتها ببدر مشرق

أما صيغة الإنشاء أو الجملة الإنشائية[4]، فقد أفاد منها الشعراء العباسيون في

---

(1) ديوان الخالديين ١٠٧. وينظر: شعر مروان بن أبي حفصة ٢٨.

(2) شرح ديوان صريع الغواني ٩١.

(3) ديوان الخالديين ٧٥. وينظر في وصف المكان باستخدام أسلوب الخبر: ديوان السري الرفاء ٣٢٥/١، وديوان الطغرائي ١٠٧.

(4) الإنشاء: كل كلام لا يحتمل الصدق والكذب لذاته لأنه ليس لمدلول لفظه قبل النطق به واقع خارجي يطابقه أو لا يطابقه. والإنشاء قسمان، الأول: الإنشاء الطلبي، وهو ما يستدعي مطلوبا غير حاصل وقت الطلب وهو خمسة أنواع: الأمر، والنهي، والاستفهام، والتمني، والنداء. والثاني، الإنشاء غير الطلبي: وهو ما لا يستدعي مطلوبا. وله أساليب مختلفة ١/ صيغ المدح والذم ٢/ التعجب ٣/ القسم ٤/ الرجاء ٥/ صيغ العقود. (ينظر: البلاغة والتطبيق ١٢١-١٤٢).

أشعارهم ذات النفس القصصي، وذلك بما توفره لهم طبيعة الإنشاء ذات الصيغ المتنوعة والأشكال المختلفة من حرية في تنويع أنماط الكلام وتلوينه، ولاسيما أن الإنشاء بأساليبه كلها يعبر عن الجانب الانفعالي، الذي نراه بينا في رسم ما تختلج به نفوس الشخصيات، ومنها الراوي، من خواطر وانفعالات، فضلا عن اتضاحه جليا في الحوار والتخاطب.

قال مروان بن أبي حفصة، في حوار مع نفسه[1]:

أفي كل يوم أنت صب وليلة ... إلى أم بكر لا تفيق فتقصر؟

أحب على الهجران أكناف بيتها ... فيالك من بيت يحب ويهجر

فهو يسأل ويجيب، مقررا حقيقة حبه. بل إنه يخاطب البيت نفسه بوصفه رمزا لمن يحب، معلنا عن موقفه وما يعانيه من جرائه.

وهذا البحتري يخاطب ممدوحه بصيغة الاستفهام، تعبيرا عن أمله وقلقه من موقفه معه. يقول[2]:

أمخلفي يا فتح أنت وظاعن ... في الظاعنين، وشاهد ومغيبي؟

ماذا أقول إذا سئلت فحطني ... صدقي، ولم يستر علي تكذيبي؟

ماذا أقول لشامتين يسرهم ... ما ساءني، ولمنكر متعجب؟

ومن الصيغ الإنشائية التي كثر ورودها في موضوع بحثنا، صيغة الأمر. من ذلك ما جاء على لسان دعبل الخزاعي (أو الراوي) من حوار مع زوجته، من قصيدة يحكي

---

(1) شعر مروان بن أبي حفصة ٥١.

(2) ديوان البحتري ١٤١/١. ولعل الاستفهام أكثر الصيغ الإنشائية ورودا في شعرنا هذا. ينظر: ديوان أبي نواس ١٤١ و٧٣٤، وديوان إسحاق الموصلي ١١٦، وديوان ابن الرومي ٣٣٠/١، وديوان الصنوبري ٣٩، وديوان كشاجم ٢٠٧، والتبيان في شرح الديوان ٣٩/١، وديوان أبي فراس ٤٢-٤٣، وديوان الشريف الرضي ٣٩٣/١، والأغاني ١٦٤/٢٣, ويتيمة الدهر ٣٣٩/١-٣٤٨.

فيها واقعة تنبئ عن شدة كرمه[1]:

قالت (سلامة): دع هذي اللبون لنا، لصبية مثل أفراخ القطا زغبا

قلت: احبسيها ففيها متعة لهم إن لم يتح طارق يبغي القرى سغبا

وهذا الشريف الرضي ينادي إحدى لياليه، إذ التقى بحبيبته فيها، سائلا إياها العودة[2]:

يا ليلة السفح، ألا عدت ثانية سقى زمانك هطال من الديم

وكان بشار بن برد، من قبل، قد جمع بين النداء والاستفهام في قوله يحاور كاهنا[3]:

ألا يا كاهن المصر الذي ينظر في الزيت

تراني عائشا حتى أرى "عبدة" في البيت

فقال: ادن أرى موتا ودورا سابق الموت

ولعل هذا الجمع هنا محاولة من الشاعر لبيان مدى رغبته في لقاء "عبدة"، وقلقه من تأخر ذلك وخوفه من عدم تحققه.

ومن التمني، قول المتنبي في معرض إحدى مدائحه[4]:

---

(1) شعر دعبل بن علي الخزاعي ٥٦. وينظر من أمثلة الأمر: ديوان العباس بن الأحنف ١٦٥، وديوان ابن الرومي ٢١٥/١، وشعر ابن المعتز ق١ ٦٢٨/٢، وديوان الصنوبري ٣٩، والتبيان في شرح الديوان ٢٢٩/٢، وديوان الخالديين ١٢٧، وديوان الأبيوردي ٥٥٥/١، وديوان الطغرائي ٣٥٦، وديوان سبط ابن التعاويذي ٣٢٧.

(2) ديوان الشريف الرضي ٧٢٢/٢. وينظر من أمثلة النداء: ديوان بشار بن برد ٤/٢، وديوان العباس بن الأحنف ١٦٥، وديوان أبي نواس ١٨٤، وشعر دعبل بن علي الخزاعي ٥٨، وديوان البحتري ١٣١١/٢، والتبيان في شرح الديوان ٢٣٧/٣، وديوان الطغرائي ٣٥٦، وديوان سبط ابن التعاويذي ٢٩١.

(3) ديوان بشار بن برد ١٦/٢.

(4) التبيان في شرح الديوان ٢٣٢/٢. وينظر: ديون ابن الرومي ٣٣٠/١.

ليت الملوك على الأقدار معطية	فلم يكن لدني عندها طمع

إنه يرى قدره أكبر من قدر غيره من الشعراء ـ فضلا عن غيرهم من الناس ـ لذلك يتمنى أن يأخذ بحسب قدره فيحصل على الكثير من جهة، ويعدم منافسة من يراهم دونه فيخلو له الجو من جهة أخرى. ولاسيما أنه يقول ذلك في معرض إحدى مدائحه مفصلا في وصف مناقب ممدوحه ومخاطبا إياه.

ومن النهي، قول الطغرائي[1]:

إذا كنت للسلطان خدنا فلا تشر	عليه بما يؤذي به الدهر مسلما

فهو يمهد لما سيرويه من قصة بهذه الحكمة التي تتناسب ومجرياتها، ولاسيما أنه قد استمد قصته من مثل.

ومن التعجب، ما ورد في قول بشار بن برد[2]:

فيا عجبا زينت نفسي بحبها	وزانت بهجري نفسها وتحلت

إنه يتعجب من مقابلة فتاته هذه إياه بالهجر على الرغم من حبه إياها.

ومن القسم، ما ورد على لسان إحدى شخصيات قصيدة لبشار نفسه، وهو قولها[3]:

أقسم بالله ما نجوت بها	اذهب فأنت المسور الظفر

في تعبير على لسان هذه الشخصية عما كان منه معها؛ إذ نال منها ما أراد بعد خداع ومراودة وبغير علم من ذويها.

أما صيغ المدح، فمنها قول الحسين بن الضحاك في سر من رأى[4]:

(1) ديوان الطغرائي ٣٥٥. وينظر: التبيان في شرح الديوان ١١١/٣، وديوان أبي فراس ٥٥.

(2) ديوان بشار بن برد ٩/٢. وينظر: ديوان الصنوبري ٤٣١.

(3) ديوان بشار بن برد ١٧١/٣.

(4) أشعار الخليع الحسين بن الضحاك ٤٢.

سر من رآ أسر من بغداد فاله عن بعض ذكرها المعتاد

حبذا مسرح لها ليس يخلو أبدا من طريدة وطراد

إنه هنا يخبر ويأمر ويمدح، متوسلا لمديحه بـ (حبذا). وذلك في معرض وصفه لهذه المدينة.

وكما تتكامل الجمل الفعلية والاسمية في إبراز عناصر العمل الشعري العباسي ذي الروح القصصية، تتكامل كذلك الجمل الخبرية والإنشائية في سبيل الغرض نفسه. بل إنها جميعا من فعلية واسمية وخبرية وإنشائية، وبكل ما تحتوي عليه من تفصيلات وتفرعات، تتواشج وتتداخل منصهرة في بوتقة واحدة لتمنح العمل شكله النهائي وصورته الأخيرة التي يظهر عليها كما أراد له الشاعر.

وإذا ما أردنا لكلامنا على التركيب أن يتكامل، على وفق ما رسمناه له من رؤية، فلا بد لنا أن نعرض لظاهرة (التضمين)، التي حظيت بعناية الشعراء والنقاد والباحثين، فدرسوها بين مؤيد لها ومعارض[1]. والتضمين "هو أن تعلق قافية البيت على ما بعدها، فلا تكاد تستقل بنفسها"[2]، بمعنى أن لا يكون البيت الشعري مستغنيا عن البيت الذي يليه، فيقصر البيت الواحد عن استيعاب المعنى فيضطر الشاعر أو يعمد إلى إفراغ بقية المعنى في بيت تال، وقد لا يأتي البيت المكمل للمعنى مباشرة وإنما بعد بيت أو أكثر. وذلك كله مقود لطبيعة الفكرة أو الشعور أو الموقف الذي يريد الشاعر أن يعبر عنه، وطريقته في ذلك المحكومة بمدى مقدرته الفنية.

(1) للاطلاع على ذلك ينظر: بناء القصيدة العربية ٤٤٩-٤٧٩. وإذا ما كان الكلام على هذه الظاهرة يرجع في أصله إلى البحث الموسيقي والإيقاعي للفن الشعري العربي، فإن أثرها بوصفها مظهرا من مظاهر وحدة القصيدة العربية؛ إذ يلغى بوساطتها استقلال البيت الواحد وانفراده عن غيره، من الدوافع المهمة التي دفعت نقادا آخرين، قدامى ومحدثين، إلى دراستها والبحث فيها. ومن ثمة كان سبب إتياننا بها والحديث عنها في هذا الحيز من البحث.

(2) المرشد إلى فهم أشعار العرب وصناعتها ٣٤/١. وينظر: المصدر نفسه ٤١/١.

وكلامنا على التضمين ههنا يأتي من كونه ـ فيما إذا لجأ إليه شاعر ما ـ ذا أثر بارز في تركيب القصيدة من حيث دوره في ربط أجزائها وتلاحم أفكارها، وهذا أمر مهم في مثل النزعة التي نبحث في هذا الشعر الذي ندرس. قال ابن رشيق القيرواني:"ومن الناس من يستحسن الشعر مبنيا بعضه على بعض، وأنا أستحسن أن يكون كل بيت قائما بنفسه لا يحتاج إلى ما قبله ولا إلى ما بعده، وما سوى ذلك فهو عندي تقصير، إلا في مواضع معروفة، مثل الحكايات وما شاكلها، فإن بناء اللفظ على اللفظ أجود هنالك من جهة السرد، ولم أستحسن الأول على أن فيه بعدا ولا تنافرا، إلا أنه إن كان كذلك فهو الذي كرهت من التشبيج"[1].

من ذلك قول علي بن الجهم[2]:

ولما بدت بين الوشاة كأنها	**عناق الفراق وهو يقتل**
يئست من الدنيا وقلت لصاحبي:	**لئن عجلت للموت أوحى وأعجل**

فقد كمل معنى البيت الأول الذي يروي إحساسا بموقف جرى للشاعر أو الراوي بالبيت الذي يليه؛ إذ جاء جواب (لما) في بداية البيت الثاني وهو جملة (يئست)[3].

أما قول أبان اللاحقي[4]:

لما رأيت البز والشاره	**والفرش قد ضاقت به الحاره**
واللوز والسكر يرمى به	**من فوق ذي الدار وذي الداره**
وأحضروا الملهين لم يتركوا	**طبلا ولا صاحب زماره**
قلت: لماذا؟ قيل: أعجوبة	**محمد زوج عماره**

([1]) العمدة في محاسن الشعر وآدابه ونقده ٢٦١/١-٢٦٢.

([2]) ديوان علي بن الجهم ٦٩.

([3]) ينظر في هذا النمط من التضمين، أي الذي يكتمل معنى البيت فيه بالذي يليه مباشرة: ديوان بشار بن برد ٣٦/٢، وديوان أبي نواس ١١٤-١١٥، ٦٠٩-٦١٠، وديوان أبي تمام ٦٤/١ و٧٣، وديوان البحتري ١٦٨٠/٣، وديوان كشاجم ١٥٠ و١٩٥.

([4]) الأغاني ١٦٤/٢٣.

فإن معناه الذي يحكي مراسيم حفل زفاف اكتمل في البيت الرابع؛ إذ جاء جواب (لما) في بدايته وهو جملة (قلت...) فقد يكتمل المعنى - كما أسلفنا - بعد بيت فأكثر[١].

وما دمنا بصدد الحديث عن التركيب في الشعر ذي النفس القصصي فليس من شك في ما للحوار، ولاسيما في نماذجه التي تتوافر على (التضمين)، من أثر مهم في موضوع تركيب القصيدة ووحدتها الموضوعية، من حيث ربطه في أحايين ليست قليلة بين بيتين أو أكثر، سواء أكان ذلك من خلال عملية التحاور نفسها، بمعنى أن يكون قول ما في البيت ويكون الرد عليه أو جوابه في البيت الذي يليه.. وهكذا، أم أن يستمر القول الواحد الذي يقدم ـ كسابقه ـ معلومة أو يحكي رأيا أو يعبر عن عاطفة ـ مما له صلة بما نبحث فيه من نزعة قصصية ـ على امتداد أكثر من بيت واحد، أم أن تجتمع هاتان الطريقتان كلتاهما في نص واحد[٢].

ثانيا: الصورة الفنية:

حفل النقد الحديث بالوفير من الدراسات المستفيضة والعميقة في موضوع الصورة، ماهية ووظيفة. وما نحاوله ههنا هو أن نعرض لما نرى أنه يساعدنا على إدراك حقيقة الصورة وفهم أبعادها، بما يمكننا من استجلاء مدى نجاح الشعراء العباسيين في رسم الصور التي تسهم في تعزيز ما في أعمالهم من روح قصصية وتبرزها.

يقول الدكتور عبد القادر الرباعي:"إن ذات الشاعر ـ عادة ـ تنظر إلى الموضوع

---

(١) ينظر في هذا النمط من التضمين، أي الذي يكتمل المعنى فيه بعد بيت أو أكثر: شعر دعبل بن علي الخزاعي ٥٨، وشعر ابن المعتز ق١ ٤٩٤/١-٤٩٥.

ومن الدراسات التي تناولت موضوع ظاهرة التضمين لدى عدد من الشعراء الذين يضمهم بحثنا: ابن المعتز وتراثه في الأدب والنقد والبيان ٢٦٠-٢٦٢، والعباس بن الأحنف ١٥٤، وأبو تمام الطائي حياته وحياة شعره ٢١٨، وأبو فراس الحمداني الموقف والتشكيل الجمالي ٤٩٦-٤٩٨.

(٢) ينظر: الحوار عند شعراء الغزل في العصر الأموي ١٧٩-١٨٩، وص١٧٦-١٩٧ من هذا البحث.

بود أو بكره، وتختزنه في الذاكرة مصحوبا بهذا الإحساس أو ذاك حتى إذا صادفت موقفا انفعاليا مماثلا أو مخالفا قرعت باب الذاكرة لتولد من جديد أو تتشكل في صورة موحية"[١]. فولادة الصور ـ إذن ـ هي الاستجابة الطبيعية للشاعر بإزاء ما يمر به أو يعيشه من انفعالات وخواطر، فهو يعبر عنها برسمها في تشكيل صوري يومئ إليها ويوحي بها.

إن هذا القول لا يعني أن الصورة وسيلة لنقل الفكرة أو الإحساس أو الشعور "وإنما الشعور هو الصورة، أي إنها الشعور المستقر في الذاكرة، الذي يرتبط في سرية بمشاعر أخرى ويعدل منها. وعندما تخرج هذه المشاعر إلى الضوء وتبحث عن جسم فإنها تأخذ مظهر الصور في الشعر أو الرسم أو النحت"[٢]؛ فالمشاعر والأفكار تنبجس من الذات، ومهما حفظ الشخص ـ أي شخص ـ من تشبيهات واستعارات وغيرها من أدوات الفنون البلاغية، فإنه لن يستطيع أن يكون شاعرا أصيلا بمجرد هذا الحفظ، إذ لا بد لهذه البلاغة أن تبدأ حركتها من النفس[٣]. من داخل الإنسان نفسه.

وإذ نحاول أن نوضح مفهوم الصورة، فإننا من خلال ما مر، نورد التعريف الآتي لها، على أنه المعيار الذي يمكننا أن نحدد بمقتضاه جوانب الصورة وأبعادها. وهو أن الصورة "تشكيل لغوي نابع من المخيلة المبدعة تتفاوت عناصرها بين الحسية والمعنوية، حيث تكون العلاقات الداخلية بين هذه العناصر ذات صفة معنوية متسمة بالجدة والابتكار، إذ تتمثل هذه الجدة والابتكار في خصائص ثلاث: الحركة والإيحاء والتأثير، وهذه الخصائص هي التي تمنح العمل الإبداعي قوة تتجاوز الأطر التقليدية لهذا العمل وتكسبها قيمتها المعنوية والفنية، كما أن هذه الخصائص ذاتها هي الوظائف

---

(١) الصورة الفنية في شعر أبي تمام ٢٩.

(٢) Whalley: Poetic Process; p.76 نقلا عن: التفسير النفسي للأدب ٧١.

(٣) ينظر: التفسير النفسي للأدب ٧١-٧٢.

الرئيسة للصورة، وبذلك تتوحد الماهية والوظيفة في نسيج واحد يتعذر الفصل بينهما"[1].

وإذ تظهر في تعريفنا للصورة أهمية التشكيل اللغوي؛ فلأن الصورة لن تكون ولن توجد ما لم يشكلها لفظ موح مؤثر، فاللغة في التعبير الشعري "ليست وعاء للفكر، أو كساء له، إنها الوسيلة التي تكتشف بها الفكرة الشعرية ذاتها وتعدل بها من طبيعتها. إنها أداة الشاعر ووسيلته في الاكتشاف والتحديد والتعرف"[2]. وإن التركيب اللغوي الصحيح المتواشج، المنبثق من صميم التجربة ومن صدق الانفعال بها هوالذي يتيح لإمكانات المفردة ودلالاتها الفنية وإيحاءاتها التعبيرية ومؤشراتها المجازية أن تظهر إلى الوجود بالصيغة الجديدة المرادة[3].

أما عن دور الخيال في رسم الصورة، فيقول الدكتور جابر عصفور:"إن الصورة نتاج لفاعلية الخيال. وفاعلية الخيال لا تعني نقل العالم أو نسخه... وإنما تعني إعادة التشكيل، واكتشاف العلاقات الكامنة بين الظواهر، والجمع بين العناصر المتضادة أو المتباعدة في وحدة، وإذا فهمنا هذه الحقيقة جيدا أدركنا أن المحتوى الحسي للصورة ليس من قبيل "النسخ" للمدركات السابقة، وإنما هو إعادة تشكيل لها، وطريقة فريدة في تركيبها، إلى الدرجة التي تجعل الصورة قادرة على أن تجمع الإحساسات المتباينة وتمزجها وتؤلف بينها في علاقات لا توجد خارج حدود الصورة، ولا يمكن فهمها أو تقديرها إلا بفهم طبيعة الخيال ذاته، باعتباره نشاطا ذهنيا خلاقا، يتخطى حاجز

---

(1) الصورة المجازية في شعر المتنبي ٢٨.

(2) الصورة في التراث النقدي والبلاغي ١٤٤-١٤٥. وينظر: الصورة الفنية في شعر أبي تمام ١٥.

(3) ينظر: الصورة المجازية في شعر المتنبي ٤٠٣-٤٠٤.

ويذهب الدكتور كامل حسن البصير إلى أبعد من ذلك حين يرى أن الكلمة المفردة قد تمثل صورة، إذا ما كانت تملك من الإيحاء ولظلال ما يعين المتلقي على استعادة صورة شيء ما وتمثله والإحساس به (ينظر: بناء الصورة الفنية في البيان العربي موازنة وتطبيق ٢٦٧-٢٦٨).

المدركات الحرفية، ويجعلنا نجفل لائذين بحالة جديدة من الوعي"[1].

ولعل من أبرز صفات الصورة في الشعر ومن أهم مميزاتها العمق، وذلك بالاستغناء عن التفصيلات، والاتجاه إلى التركيز والتكثيف الزماني والمكاني في انتخاب مفردات الصورة ورسمها، لتأتلف عناصرها المتباعدة في الزمان والمكان في إطار شعوري واحد يحتويها ويحدد أبعادها[2]، بما يضفي عليها نوعا من الغموض الموحي الجميل.

أما أنواع الصور وأنماطها ثم أسماؤها ودلالاتها، فلقد تعددت تعدد الدارسين والباحثين، فلكل تقسيمه الخاص ومفهومه المحدد بحسب انتمائه الفكري ورؤيته الثقافية "حتى لحيس القارئ - وهو يجول بين هذه الدراسات والمباحث - أن أمر التسميات قد أفلت من قبضة الضوابط والمقاييس"[3].

ونمضي في ما نستقبل من صفحات نحو إيضاح مدى إسهام التصوير الفني أو رسم الصورة الفنية في التعبير عن عناصر القصة وتعيين أبعادها في الوقت نفسه الذي

---

(1) الصورة الفنية في التراث النقدي والبلاغي ٣٧٣. وينظر: مبادئ النقد الأدبي ٣٠٩-٣١٥، والصورة الفنية في شعر أبي تمام ١٤، والصورة الأدبية ٢٧، والصورة المجازية في شعر المتنبي ١١-٢٤. ويهمنا أن نشير كذلك إلى كتاب الدكتور كامل حسن البصير (بناء الصورة الفنية في البيان العربي موازنة وتطبيق)؛ لما يحمله من دعوة جادة لتأصيل مصطلح الصورة بجميع جوانبها في البحث البلاغي والنقدي العربي، فضلا عن تعرضه بالنقد لعدد من الكتابات العربية الحديثة التي تناولت موضوع الصورة بحثا ودراسة.

(2) ينظر: التفسير النفسي للأدب ٦٣-٧٣ و١٠٨، والصورة المجازية في شعر المتنبي ١٥.

(3) الصورة المجازية في شعر المتنبي ٢٥. وللاطلاع على ما نعده تكلفا فيما وضع للصور من أنماط وأنواع وأسماء ودلالات، ينظر: التفسير النفسي للأدب ٦٣-٧٣، والصورة الفنية في التراث النقدي والبلاغي ٣٧٤، والصورة الفنية في شعر أبي تمام ١٤١-٢٢٠، والصورة الأدبية ٤٠و١٢٨، والصورة المجازية في شعر المتنبي ٢٥-٢٦، وبناء الصورة الفنية في البيان العربي (مواضع متفرقة)، وتحديد الصورة وأهميتها في الخطاب الشعري (مجلة) ١٩٥-٢٠٥، والصورة الفنية عن موسوعة برنستون للشعر (مجلة) ٢٢-٣١.

يؤكد فيه هذا التصوير البناء الشعري الأصيل الذي تتمثل في أثنائه هـذه النزعـة القصصيـة التـي نتقصى.

قال المتنبي يصف واقعة حربية، اشترك فيها (هو أو الراوي)، راسما شيئا مهما من تفصيلاتها[1]:

فما شعروا حتى رأوها مغيرة ... قباحا وأما خلقها فجميل

سحائب يمطرن الحديد عليهم ... فكل مكان بالسيوف غسيل

وأمسى السبايا ينتحبن بعرقة ... كأن جيوب الثاكلات ذيول

وعادت فظنوها بموزار قفلا ... وليس لها إلا الدخول قفول

فخاضت نجيع الجمع خوضا كأنه ... بكل نجيع لم تخضه كفيل

تسايرها النيران في كل مسلك ... به القوم صرعى والديار طلول

وكرت فمرت في دماء ملطية ... ملطية أم للبنين ثكول

وأضعفن ما كلفنه من قباقب ... فأضحى كأن الماء فيه عليل

ورعن بنا قلب الفرات كأنما ... تخر عليه بالرجال سيول

يطارد فيه موجه كل سابح ... سواء عليه غمرة ومسيل

تراه كأن الماء مر بجسمه ... وأقبل رأس وحده وتليل

وفي بطن هنريط وسمنين للظبا ... وصم القنا ممن أبدن بديل

طلعن عليهم طلعة يعرفونها ... لها غرر ما تنقضي وحجول

تمل الحصون الشم طول نزالنا ... فتلقي إلينا أهلها وتزول

يصور المتنبي في هذه الأبيات أجواء المعركة بكل حركتها وعنفها واضطرابها؛

([1]) التبيان في شرح الديوان ١٠١/٣-١٠٣. وينظر: المصدر نفسه (مواضع متفرقة)، وديوان أبي تمـام (مواضـع متفرقـة)، وديـوان البحتري (مواضع متفرقة)، ودراسات في النص الشعري العصر العباسي، وقضايا الفن في قصيدة المدح العباسية.

فهي تبدأ بالمفاجأة التي هالت الروم ـ الأعداء ـ حين رأوا خيول سيف الدولة الحمداني ـ ممدوح الشاعر في هذه القصيدة ـ تنقض عليهم. ويحسن المتنبي في استعماله الفعل (شعروا) المنفي مع (حتى) للتعبير عن المفاجأة، فضلا عما يوحي به هذا التركيب مما كان عليه الروم من غفلة أو عدم توقع لما سيحصل، حتى إنهم لخوفهم من ذلك وغضبهم رأوا الخيل قبيحة على الرغم من جمالها. وهنا استطاع المتنبي أن يستبطن النفس الإنسانية ويرسم شعورا إنسانيا / نفسيا عاما، هو الإحساس بالكره والسخط حيال ما يسبب الضرر، بصرف النظر عن حقيقة طبعه أو شكله.

ثم يشبه هذه الخيل بالسحائب المطارة لكثرة ما توقعه بهم وعليهم من حديد السيوف ونصلها قاتلة جارحة، حتى كأن ساحة القتال غسلت بالسيوف، واستعمال الشاعر لفظ (سحائب) هنا جاء بدلا من (قباحا) في البيت السابق مما يشير إلى أنها كانت كالسحائب في نظر الروم أنفسهم، فضلا عن حقيقة كثرتها، لما أمطرته عليهم من مصائب وفواجع.

ويذكر الشاعر كذلك انتحاب السبايا، ولكي يصور شدة ألمهن وعظم خوفهن شبه جيوبهن بالذيول إشارة إلى ما فعلوه من تشقيق الجيوب ـ بخاصة ـ وتمزيق الثياب ـ بعامة ـ هلعا وذعرا، حتى كادت تسقط عنهن.

وإذ يمضي في رسم درب مسير جيش سيف الدولة، يشير إلى كثرة قتلى الروم حين يجعل الخيل تخوض في دمائهم. وفعل (الخوض)، ناهيك عن مناسبته اللغوية للدماء، يدل على غزارة هذه الدماء، فضلا عما أشار إليه من أن هذا النجيع لكثرته يكفل لغيره من الدماء عدم خوض هذه الخيول فيه لاكتفائها به.

وإذ يستعير السير للنيران مرافقة جيش الممدوح، فإنه يكني بذلك عما كان جنود الممدوح يقومون به في رحلة حربهم هذه من حرق وتدمير يغدو بهما القوم/الروم صرعى والديار طلولا. ثم ها هي الخيل مرة أخرى تعبر الدماء في إشارة إلى غزارتها

أيضا، ولكنها هذه المرة دماء أهل ملطية، ومن هنا عقب بهذه الكناية (ملطية أم للبنين ثكول)، فأبناؤها هنا هم أهلها، أومأ إليهم مستفيدا مما أتاحه له المجاز المرسل من قوة التعبير حين جعل دماءهم دماء مدينتهم.

وعندما عبرت الخيول نهر قباقب أصبح كأن الماء فيه عليل، أي صار يمشي الهوينى بعد أن كان يجري مسرعا، وما هذا التشبيه إلا كناية عن كثرة عدد هذه الخيول التي لولا عبورها لما كان هذا ليحدث. ولتصوير كثرة هذه الخيل وشدة وطئها فضلا عن سرعتها - بما تنبئ عنه من ضخامة الجيش وقوته ومضاء عزم أفراده - استعار الشاعر لنهر الفرات قلبا، مروعا هذا القلب خوفا من هذه الخيل التي تتجه نحوه لتعبره في طريقها، فهي، وبما عليها من رجال فرسان، كأنها سيول جبارة تخر عليه، وإذ تسبح هذه الخيل في النهر فإنها تدفع أمواجه كأنها في مطاردة معها، لا يعنيها إن كان الماء غزيرا متدفقا أم قليلا ضعيفا. وليؤكد الشاعر ما أراد التعبير عنه من نبل صفات هذه الخيل - فضلا عن فرسانها - يشير إلى أن الماء كان غزيرا حتى إنها - أي الخيل - لم يظهر منها فيه إلا الرأس والعنق.

ويمضي في تصوير تفصيلات هذا الحدث، حتى جسد لنا طلعة جيش الممدوح على الروم في هنريط وسمنين بأن لها غررا وحجولا. وما كان ذلك التجسيد إلا إشارة منه إلى أن الروم قد عرفوا مثل هذه الطلعات والهجمات التي تشنها عليهم هذه الخيول واعتادوا عليها، حتى إنهم صاروا يميزونها عن غيرها. ولنلحظ أن الصفات التي استعارها المتنبي للطلعات هي من سمات الخيل، ليربط بذلك هذا الكلام بما قبله فقد كان يتحدث عن الجيش بهيئة الخيل، فضلا عما يؤكده من حقيقة دور الخيل وأثرها في هذه المعركة، بوصفها وسيلة من أهم وسائل خوض غمارها والاستمرار فيها بل وحتى التفوق فيها.

ثم يصور شجاعة هذا الجيش وقدرته على المنازلة الطويلة حتى يظفر بالنصر،

وذلك بما يشير إليه من ملل الحصون من طول النزال، حتى إنها لتلقي بأهلها، أي المقاتلين المعتصمين بها فضلا عمن قد يكون باه من الأهالي، وتزول. وتتأكد براعة المتنبي الفائقة في هذا البيت الأخير بما أضفاه على الحصون مما استعاره لها من صفات ومشاعر إنسانية؛ فهي تمل وتلقي بأهلها ثم تزول. ولعله قصد بزوالها إلى أنها تتهدم وتندثر فلا يبقى منها ما كان.

إن المتنبي قد أبدع في رسمه حدث المعركة (أو الحرب) هذا بتفصيلاته من مسير وقتال وركائب وأسلحة، ثم الأماكن والمواقع التي أطرته، فضلا عن الشخصيات متمثلة بالخيل بوصفها بطل هذا الحدث وشخصيته الرئيسة بوجودها الحقيقي، ناهيك عما ترمز إليه من جيش الممدوح، وما ألمح إليه حقيقة من جيش الممدوح، وجيش الأعداء الروم ومن كان معه، والراوي عينه باعتباره أحد أفراد جيش الممدوح، ثم ما أضفى عليه الشاعر من صفات وسمات إنسانية من مواقع وأماكن، فضلا عما اكتنف هذه الشخصيات جميعا من انفعالات نفسية. ثم جمعه إياها كلها في صورة كبيرة تحدد أبعادها وتمعق خطوطها صور جزئية تتواشج فيما بينها متتابعة متكاملة متراكبة لما يجمع بينها من انفعال نفسي- واحد، وخيط فكري متميز، يعبران عن موضوع أو حدث بعينه مترابط. "وفي هذه الحال ذروة استقلال الصورة وخضوعها وتبيعتها معا"[1].

وقال كشاجم[2]:

كأن (النيل) حين جرى فغصت	**به (مصر) فكسرت السداد**
فأحدق بالقرى من كل فج	**أزاهر روضة فيها ورود**

إن الشاعر في هذين البيتين قام بعمل مزدوج؛ فقد أخبر بالحدث من جهة، وقام برسم صورة له بوساطة التشبيه من جهة ثانية. وما أخبر به من حدث هو فيضان نهر النيل

---

(1) الصورة الأدبية ٢٤٦. وينظر: المصدر نفسه ٢٤٥ و٢٥٤.

(2) ديوان كشاجم ١٣٧.

حتى كسر السداد التي أقيمت لحفظ مياهه وتجميعها، ليؤدي ذلك إلى غرق القرى. أما المشبه به لحالة الفيضان والإغراق هذه فهو أزاهر روضة فيها ورود. ولعل ما أراد تشبيهه تحديدا هو ما انتهى إليه الحدث من وضع، فشبه مياه نهر النيل المحيطة بالقرى بأزاهر روضة، وشبه القرى المحاطة بالمياه هذه، من كل جهة، والمتناثرة فيه بورود تتخلل أزاهر الروضة تلك. فخرج من حالة الفيضان والإغراق المضرة - والمخيفة أحيانا - إلى صورة الروض والورود الجميلة، إلا إذا كانوا هم بانتظار مثل هذا الفيضان بسبب من حالة جفاف ونضوب، فرمز إلى ما سيكون من خير بعد جفاف بأزاهر الروضة والورود. وإذا كان الأمر كذلك فإن مفردة (كسرت) - كما نرى - لا تغدو ملائمة.

أما ابن المعتز، فيقول[1]:

وبيض بألحاظ العيون كأنما ... هززن سيوفا واستللن خناجرا

تصدين لي يوما بمنعرج اللوى ... فغادرن قلبي بالتصبر غادرا

سفرن بدورا، وانتقبن أهلة ... ومسن غصونا، والتفتن جآذرا

وأطلعن في الأجياد للدر أنجما ... جعلن لحبات القلوب ضرائرا

يرسم الشاعر في أربعة الأبيات هذه صورة لمجموعة من الفتيات قابلنه ذات يوم - وهو ما نعده نوعا من رسم الشخصية في العمل القصصي يتناسب وطبيعة هذا الشعر - فهن بيض، وإذا ما نظرن بألحاظ عيونهن فكأنما يهززن سيوفا ويتسللن خناجرا؛ وذلك لما تحدثه نظراتهن فيمن يقع في هواهن أو يعجب بهن. ولعل معرض التشبيه ههنا يحتمل تفسيرين أو تأويلين، الأول هو أن نظراتهن لجمالها وجاذبيتها ذات تأثير شديد حتى تعمل في نفس من تقع عليه، ولاسيما إذا ما أعجب بهن، كما تعمل السيوف من جروح

---

(1) شعر ابن المعتز ق١ ٣/٣٩٥-٣٩٦. ينظر: ديوان بشار بن برد (مواضع متفرقة)، وديوان العباس بن الأحنف (مواضع متفرقة)، وديوان أبي نواس (مواضع متفرقة)، وديوان الشريف الرضي (مواضع متفرقة).

والخناجر من كلوم. والثاني هو أنهن بنظراتهن (الجميلة) يحذرن من تهفو نفسه إليهن من عواقب ذلك، ولعل ما يقوي هذا التفسير ـ الثاني ـ فعلا (الاهتزاز) و(الاستلال)؛ فالشاعر لم يؤكد أمر الأذى تحديدا. ولعل هذا التأويل فيما لو صح لا يمنع أن يكون ذلك منهن على سبيل التمنع والدلال.

فإذا ما تصدين له ذات يوم بمنعرج اللوى ـ ولعل فعل التصدي هنا يقوي التأويل الأول للتشبيه في البيت السابق ـ تركنه وقلبه قد غدر بالتصبر بمعنى أنه تركه وتخلى عنه، فغدا خاليا منه مفتقدا إلى عونه. ولنلحظ مدى جمال استعارة الغدر للقلب إذ شخص منه غادرا يضره غدره، فالغدر بالصبر يضر هذا القلب لا أن يفيده.

ثم يشبه وجوههن إذا ما أسفرن عنها بالبدور إشراقا وبهاء، فإذا ما غطينها بالنقب، وتغطيتها هذه تستوجب ظهور العيون والجبين حسب، فإنه يشبهها بالأهلة البيض وسط السماء ضياء ولمعانا. ويشبههن في مشيتهن وتنقلهن بالغصون المياسة خفة ورشاقة. أما في التفاتهن فإنه يشبههن بصغار بقر الوحش التي تتلفت برشاقة ودلال.

وإذ يتعرض لما لبسن في أجيادهن من عقود، فإنه يشبه درها ولآلئها بالأنجم، بل إنه يذهب إلى أن هذا الدر وتلك اللآلئ قد غدت، إذ وضعنها، ضرائر لحبات القلوب. فاستعار بذلك لحبات القلوب صفات إنسانية أنثوية، بجعله إياها ذات ضرائر، فضلا عن أن مثل هذه الاستعارة قد تنطبق على قطع الدر أنفسها إذ شخص منها هاتيك الضرائر.

وقال أبو عثمان الخالدي في وصف ليلة[1]:

وليلة ليلاء في الـ ـلون كلون المفرق

كأنما نجومها في مغرب ومشرق

دراهم منثورة على بساط أزرق

---

(1) ديوان الخالدين ١٤٤.

إنه يرى هذه الليلة سوداء حالكة فشبه لونها هذا بلون مفرق الشعر الأسود المعتم. أما نجومها المتناثرة غربا وشرقا فشبهها بالدراهم المنثورة على بساط أزرق، وهذا يعني أنه شبه السماء بهذا البساط الأزرق. وإذا كان الشاعر (أو الراوي) يرى السماء زرقاء كما هي على حقيقتها، فلعل اللون الأسود الذي أشار إليه في البيت الأول هو تعبير عن إحساسه هو الخاص بها، فكأنه يريد القول إن هذه الليلة بنجومها المعلقة في السماء كدراهم منثورة على بساط أزرق، أراها أنا، نتيجة لشعوري بها - الذي لا شك له أسبابه ـ سوداء كلون الشعر في المفرق. حتى إنه وصفها بالـ (ليلاء).

أما أبو فراس الحمداني فيقول، مصورا إحساسا خاصا بالزمان يعانيه[1]:

إذا الليل أضواني بسطت يد الهوى وأذللت دمعا من خلائقه الكبر

فيجعل لهواه يدا مبسوطة ضارعة، ويجعل لدموعه التي يذرفها في غفلة عن عيون الآخرين كبرياء وأنفة، كما عبر عن ذرفه إياها بالإذلال لها؛ فدموع عزيزة مثلها يكون سيلانها ذلا لها وهوانا.

وفي هاتين الاستعارتين ـ بما فيهما من تشخيص ـ تصوير يومئ إلى مدى عظم ما يكتمه الشاعر (أو الراوي) من اللواعج وما يستره من الآلام، تلك اللواعج والآلام التي أسهم الليل في إثارتها في نفسه.

وأبو فراس هو نفسه القائل في وصف مكان معين[2]:

وبقعة، من أحسن البقاع، يبشر الرائد فيها الراعي

---

(1) ديوان أبي فراس ١٥٧، وينظر: ديوان ابن الرومي (مواضع متفرقة)، والتبيان في شرح الديوان (مواضع متفرقة).

(2) ديوان أبي فراس ١٨٢. وذو الكلاع: أحد أذواء أي ملوك حمير في اليمن، كان الروم يهدون إليه من نسجهم. وينظر: ديوان البحتري (مواضع متفرقة)، شعر ابن المعتز ق١ (مواضع متفرقة)، التبيان في شرح الديوان ٢٥١/٤-٢٥٦ (قصيدة المتنبي في شعب بوان)، ديوان السري الرفاء (مواضع متفرقة).

بالخصب، والمرتع والوساع، كأنما يستر وجه القاع

من سائر الألوان والأنواع، ما نسج الروم لذي الكلاع

من صنعة الخالق، لا الصناع، والماء منحط من التلاع

كما تسل البيض للقراع، وغرد القمري للسماع

ورقص الماء على الإيقاع، ونشر البهار في البقاع

كأنه القسور في الأسباع

يرسم الشاعر هنا صورة مكان تأثر به، فيصف البقعة/المكان بأنه من أحسن البقاع، وبأن رائد القوم، الذي يسبقهم في ترحالهم باحثا عن الموقع المناسب لهم للحل والمكوث، يبشر الراعي، المسؤول عن حيواناتهم - وإن يحتمل أن لا يكون الراعي مختصا بقوم ما بعينهم. وإنما أي راع - بخصبها وسعتها. ثم يشبه ما على هذه البقعة من الأرض من كلأ وأشجار وزهور، بألوانه الجذابة وتآلفه المتناسق، بما كان يهديه الروم لذي الكلاع (من ملوك اليمن) من نسج موشى جميل متقن. ولكنه يعقب بأن ما على هذه البقعة من الأرض من صنع الله القدير لا من صنع الناس، راغبا بذلك في الإشارة إلى ضعف قدرة الإنسان، مهما بلغ من تمكن وإتقان، في أن يصل ولو إلى جزء من عظمة صنع الله وإعجازه. ولنلحظ استعارته للأرض وجها وأكد هذه الاستعارة بأن جعل له - أي الوجه - سترا.

ثم يشبه الماء وهو ينحط من التلاع، بالسيوف وهي تستل من أغمادها للقتال، فأشار بهذا التشبيه المفعم بالحركة، على الرغم من اختلاف وجهة حركة الماء المنحط عن السيوف المستلة؛ إذ الأول يتحرك نحو الأسفل في حين يتحرك الثاني نحو الأعلى، إلى قوة هذا الماء وغزارته وشدة تدفقه فضلا عن صفائه، وتشبيهه إياه بالسيوف وهي عادة ما توصف بصفائها ولمعانها يشير إلى ذلك التشابه في الصفاء، بل لعل استخدامه كلمة (البيض) بعينها - بما توحي به وتثيره - لمما يؤكد ذلك.

ثم يخبر عن تغريد طائر القمري في تلك البقعة، فيومئ إلى جمال هذا الصوت المسموع هناك وعذوبته. كما يستعير الرقص للماء، فيشخص منه راقصا، تعبيرا عن خفة الماء ورشاقته في جريانه حتى كأنه يؤدي ذلك على وفق إيقاع منضبط مرتب.

فإذا ما انتقل إلى ذكر ما يغطي هذه البقعة نم بهار شبهه، في بروزه وتميزه، بالشديد القوي من الأسود؛ فهو يبرز من بينهم ويتفوق عليهم ويسودهم.

إن هذه التشبيهات والاستعارات الجزئية تتجمع وتتداخل لترسم لنا صورة فنية متكاملة لتلك البقعة من الأرض التي أثرت في الشاعر (أو الراوي)، لأي سبب كان، فوصفها بحسب ما أحس بها.

ومن الجدير بالتنويه ههنا هو ما في هذا النص من تضمينات؛ فالبيت الأول يكمل معناه بصدر البيت الثاني، والتشبيه الذي يبدأ في عجز البيت الثاني يكمل بالبيت الثالث كله وصدر البيت الرابع، والتشبيه الذي يبدأ في عجز البيت الرابع يكمل في صدر البيت الخامس. أما التشبيه المبدوء في عجز البيت السادس فإنه يكتمل في الشطر الأخير من النص. وهذا، كما نراه، ملمح من ملامح وحدة القصيدة، ولاسيما أن هذا النص كله في موضوع واحد هو وصف بقعة من الأرض، هذا الوصف الذي نعده ملمحا قصصيا؛ وذلك بما يمكن أن يكونه من رسم لموقع حدث ما يمكن أن يقع عليه أو يجري في أرجائه.

ثالثا: الموسيقا (الإيقاع):

إذا ما سعى الشعراء العباسيون ـ في شعرهم كله بعامة، وذي النزعة القصصية منه بخاصة ـ أن يفيدوا من قدراتهم، كل بحسب موهبته وثقافته وبحسب طبيعة ما يعالج من موضوع، على اختيار الألفاظ الموحية ثم تشكيلها في تراكيب دالة معبرة ترسم ما أرادوا تشكيله من صور، بتحكم من خيال مبدع خلاق ـ على تمايز إمكاناتهم في ذلك ـ، كان لا بد لهم أن يصبوا ذلك كله في قوالب إيقاعية موسيقية

233

تنبع من خصوصية كل موضوع، وبما ينبض بما يعيشه كل منهم من خفقات قلب وخطرات عقل. فالموسيقا، الخارجية منها والداخلية[1]، من "أهم عناصر الإبداع الشعري، ولها دور واضح الملامح والآثار في تقديم الصورة الفنية وفق بواعث التجربة الشعورية عند الشاعر"[2].

ولما كانت القصيدة بنية موسيقية متكاملة، فإن على الشاعر في تشكيله لهذه البنية أن يعمل على تحقيق الانسجام والتناغم بين مفردات القصيدة أي بين مختلف العناصر فيها، آخذا بعين الاعتبار أن القصيدة وحدة فنية تعمل في داخلها أشتات من المفردات والدقائق تمثل عناصر عليه أن يصل فيما بينها وأن يتقن بناء قصيدته من حيث هي كل واحد لا يتجزأ، وأهمية هذا البناء الموسيقي تعود إلى أنه أول ما يصادف السامع أو القارئ منها، ومن ثمة كانت خطورته[3]. فالصوت في معظم الحالات ـ كما يقول ريتشاردز ـ :"هو مفتاح التأثيرات الأخرى في الشعر"[4]. ويقول تشيتشرين:"إن القوة التعبيرية

---

(1) نريد بالموسيقا الخارجية (الإيقاع الخارجي): الوزن والقافية. وبالموسيقا الداخلية (الإيقاع الداخلي): "أي ترجيع منظم في حروف الكلمات داخل البيت الواحد أو الأبيات ولا يهمنا أن تكون مواضع الترجيع متقاربة أو متباعدة وإنما يهمنا أن تكون متناغمة وخاضعة لتنسيق منظم". الصورة الفنية في شعر أبي تمام ٢٢٥.

وتشمل الموسيقا الداخلية: المحسنات البديعية: لفظية ومعنوية، وأساليب الخبر والإنشاء، فضلا عن التكرار ورد العجز على الصدر والتصريع والترصيع والتشطير والتقسيم والتناسب، وما إلى ذلك مما يرتبط بالجرس اللفظي.

(ينظر: يتيمة الدهر ١٩٤/١ و١٩٧، والمرشد إلى فهم أشعار العرب وصناعتها الجزء الثاني، وبناء القصيدة العربية ٢٥٤-٢٦٣، والصورة الفنية في شعر أبي تمام ٢٣٥-٢٤١، وجرس الألفاظ ودلالتها في البحث البلاغي والنقدي عند العرب ٢٢٣-٢٨٤).

(2) الصورة المجازية في شعر المتنبي ٤٢٦.

(3) ينظر: التفسير النفسي للأدب ٦٣.

(4) مبادئ النقد الأدبي ١٩٢.

للكلمة المنفردة لا تتأتى من معناها وحده، بل من طبيعة شكلها الصوتي"[1]، هذا الصوت أو الشكل الصوتي الذي يكتسب شخصيته عن طريق التوفيق بينه وبين ما يسبقه وما يليه[2].

فإذا ما أردنا أن نعرض لدراسة الموسيقا ـ خارجية وداخلية ـ بما يتناغم وطبيعة بحثنا هذا، فإن منهجنا في هذا البحث نفسه، الذي نذهب فيه إلى تلمس عناصر القصة أو لمحات منها في أثناء القصائد، وفي تضاعيف النصوص، على اختلاف شعرائها في مواهبهم وثقافاتهم وتوجهاتهم وأغراضهم، لا يمكننا من الدخول في تفصيلات هذا الموضوع فنحدد نسبة معينة لهذا البحر أو ذاك أكثر الشعراء من النظم فيه من دون غيره، أو لجؤوا إلى تلك القافية من دون سواها. ولاسيما أننا لا نذهب إلى الأخذ بإمكان تحديد بحر بعينه ينظم فيه موضوعا بذاته، إلا ما قد يكون من قدرة استيعاب البحور الطويلة ذات التفعيلات الكثيرة لموضوعات محددة تحتاج إلى مدى موسيقي أوسع من غيره تعبر عن نفسها في إطاره، أو ما يمكن أن يكون في البحور القصيرة ذات التفعيلات القليلة أو مجزوءات البحور من نفس موسيقي قصير أو متقطع يساعد على التعبير عن مشاعر أو أفكار تجد نفسها فيها، وحتى هذا الاستثناء لا نراه مطردا، ولعل تأملا في قراة الشعر العربي ـ ومنه العباسي ـ موسيقيا يؤكد ذلك[3].

---

(1) الأفكار والأسلوب ٤٥.

(2) ينظر: مبادئ النقد الأدبي ١٩١.

(3) حظي موضوع تخصيص بحور معينة بأغراض بذاتها بعناية عدد من الباحثين بين مؤيد ومعارض. ينظر في ذلك: موسيقى الشعر ١٧٦-١٧٧، وفي النقد الأدبي ١٥٢، والمرشد إلى فهم أشعار العرب وصناعتها الجزء الأول، وبناء القصيدة العربية ٢٠٩-٢٢٤، وأبو فراس الحمداني الموقف والتشكيل الجمالي ٤٨٠-٤٨٤، وملامح السرد القصصي في الشعر الأندلسي ٣١٨-٣٢٠. ومن قبل قال ابن طباطبا العلوي:"وعلى أن الشاعر إذا اضطر إلى اقتصاص خبر في شعر دبره تدبيرا يسلس له معه القول ويطرد فيه المعنى، فبنى شعره على وزن يحتمل أن يخشى بما يحتاج إلى اقتصاصه=

ثم إننا نذهب إلى ما ذهب إليه بعض الباحثين بقوله:"ولما كانت القصة التي يأتي بها الشاعر تتلاءم مع غرضه من القصيدة، لذلك تخضع هذه القصة لمجرى القصيدة من حيث الوزن والقافية واللغة مع مراعاة الشاعر للموروث الثقافي والهياكل الفنية التقليدية التي تشكل مادة شعره فضلا عن تجربته الخاصة وبواعثه. وعلى هذا فإننا لم نلحظ تخصص بحور شعرية معينة أو قواف معينة بنوع من القصص دون غيرها، شأنها في ذلك شأن بقية أجزاء القصيدة، التي لا يمكن أن تتخصص فيها القصائد ببحور أو قواف معينة. إلا ما يمكن أن يكون ميلا ذاتيا من الشعراء إلى البحور الطويلة، في القصائد التي تعالج تجارب عنيفة، فحينئذ تكون هذه البحور أقدر على استيعاب هذه المشاعر العنيفة، ولكن هذا لا يشكل قاعدة يمكن أن نقيس عليها...أما القوافي، فشأن الشعراء فيها شأنهم في البحور الشعرية"[1]؛ إذ استخدموا مختلف الحروف في روي قصائدهم التي وردت فيها عناصر قصصية أو لمحات منها، من دون اختصاص قصص أو عناصر قصصية معينة بروي معين، إلا ما يمكن أن تفرضه قدرة الشاعر ووجهته الفنية في عمله.

أما ما يتعلق بالموسيقا الداخلية للقصيدة أو للشعر فإن القصائد ذات النزعة القصصية، أي التي فيها عنصر قصصي أو أكثر- بحسب مفهومنا له - وسواء اشتمل القصيدة كلها أم لم يشتمل، هي كغيرها من نصوص الشعر العباسي حفلت بكل ما يؤجج تلك الموسيقا الداخلية ويؤكدها. وذلك طبعا على وفق مقدرة الشاعر الفنية وطبيعة رؤيته للموضوع الذي يعالج وانفعاله به.

= بزيادة من الكلام يخلط به أو نقص يحذف منه، وتكون الزيادة والنقصان يسيرين غير مخدجين لما يستعان فيه بهما، وتكون الألفاظ المزيدة غير خارجة من جنس ما يقتضيه بل تكون مؤيدة له وزائدة في رونقه وحسنه". عيار الشعر ٤٣.

([1]) ملامح السرد القصصي في الشعر العربي قبل الإسلام ٣٥٤-٣٥٥.

قال أبو تمام في معرض استهلاله ليحكي قصة فتح الخليفة المعتصم مدينة عمورية بعد أن سقطت بيد الروم[1]، وهو الاستهلال الذي جاء على شكل حكمة:

السيف أصدق أنباء من الكتب ... في حده الحد بين الجد واللعب

بيض الصفائح لا سود الصحائف في ... متونهن جلاء الشك والريب

فقد جانس في البيت الأول بين (الحد) الذي هو حافة السيف، وقد أراد به قوة السيف أو السلاح بعامة في إشارة إلى القتال من دون السحر والشعوذة التي لجأ إليها قادة الروم، و(الحد) الذي هو الفيصل بين أمرين وهما هنا الجد واللعب.

أما في البيت الثاني فقد جانس جناس قلب ـ وهو تغيير في ترتيب بعض من حروف الكلمتين المتجانستين ـ بين (الصفائح) التي هي السيوف العراض، و(الصحائف) التي هي الأوراق والكتب. ليعزز بذلك ما قرره في البيت الأول من أن السيوف أو الحرب هي التي تفصل بين الحق والباطل حتى تتبينه.

وإذا ما كان الشاعر قد لجأ في البيت الأول إلى التصريع ـ وهو إنهاء صدر البيت الأول من القصيدة وعجزه بقافية واحدة وروي بعينه ـ "ليجذب الانتباه، وليعطي كثافة موسيقية مؤثرة"[2]، فإنه قد عزز ما أحدثه جناسه وتصريعه من تقابل نغمي يحرك الذهن، ويجسد الصورة، ويثير الخيال، ويساعد على التناغم، وأكده بما أتى به من طباق بين (الجد) و(اللعب) في البيت الأول، يوفر به تقابلا آخر قائما على التضاد في المعنى، ليعطي القصيدة ـ بما ترويه من حدث ـ حيوية، ونوعا من الجدل غير المسموع، والتلويح في حركة ذهنية إلى الشيء ونقيضه، ليثبت أن الصراع شيء حتمي في صميم الحياة[3].

---

(1) ديوان أبي تمام ٤٠/١.

(2) دراسات في النص الشعري العصر العباسي ٢٠٥.

(3) ينظر: المصدر نفسه ٢٠٥-٢٠٧.

وقال في القصيدة عينها وفي معرض وصف شخصية ممدوحه التي قامت بهذا العمل الجبار واضطلعت ببطولته[1]:

تدبير معتصم بالله منتقم	لله مرتقب في اللـه مرتغب

فيعمد في هذا البيت إلى التشطير، فيقسم البيت شطرين، ثم يصرع كل شطر من الشطرين، على أن تكون قافية الشطر الأول مخالفة لقافية الشطر الثاني ليتميز كل منهما من الآخر. وهكذا يترنم باسم هذه الشخصية التي قامت بهذا العمل البطولي لترد الحق إلى نصابه. ولكي يعطي الشاعر هذا الحدث قيمة عالية يجعله يصدر من شخصية أخلصته لله ـ عز وجل ـ مستمدة القوة منه، راغبة بوساطته في التقرب إليه وبلوغ رضاه، عامدا إلى تأكيد ذلك بأن جعل اسم الشخصية وفعلها يقترنان بلفظ الجلالة متداخلتين به على امتداد الحيز الإيقاعي الذي تتيحه تفعيلات البيت ليأتي التشطير تنويعا داخل هذا الحيز يمنحه مزيدا من الشد والجاذبية.

ولعل من الجدير بالذكر، ما عمد إليه أبو فراس الحمداني في بعض من قصائده التي تعنينا في هذا البحث من إقامته إياها على الازدواج، لتبدو بهذا مصرعة في جميع أبياتها، ويصبح لكل بيت قافيتان أو مركزان موسيقيان في منتصفه، وفي آخره. من ذلك مزدوجته التي قالها في وصف بقعة جميلة خصيبة، والتي منها[2]:

وبقعة، من أحسن البقاع،	يبشر الرائد فيها الراعي
بالخصب، والمرتع والوساع	كأنما يستر وجه القاع
من سائر الألوان والأنواع	ما نسج الروم لذي الكلاع..

ولعل بناءه إياها على ثلاثة عشر شطرا لمما يدل على أن أساس بنائه كان

---

(1) ديوان أبي تمام ٥٨/١.

(2) ينظر: ديوان أبي فراس ١٥٧، وص٢٢٩-٢٣٠ من هذا البحث.

الشطر لا البيت[1].

ومن ألوان ما اصطلح عليه بالموسيقا الداخلية التكرار، ومنه قول أبي فراس الحمداني نفسه مخاطبا ابنته[2]:

أبنيتي، لا تحزني! كل الأنام إلى ذهاب

أبنيتي، صبرا جميـ لا للجليل من المصاب

فهو ينادي ابنته مكررا نداءها في معرض رثائه نفسه ليتضح بما يخاطبها به ما في نفسه من حزن وألم حتى وإن حاول تعزيتها وحثها على الصبر والسلوان. وهو نفسه القائل في أمه يرثيها[3]:

أيا أم الأسير سقاك غيث بكره منك ما لقي الأسير

أيا أم الأسير سقاك غيث تحير لا يقيم ولا يسير

أيا أم الأسير سقاك غيث إلى من بالفدا يأتي البشير

إذ يكرر شطرا بأكمله ولأكثر من مرة، وما ذاك إلا تعبيرا عن فجيعته بموتها؛ فقد فقدها وهو يرسف في أغلال الأسر بعيدا عنها. ماتت ولم تقر عينا بعودته إليها ولاسيما أنها قد كانت تسعى في التوسط لافتدائه وتخليصه من هذا الأسر، لتقضي نحبها من قبل أن تتحقق أمنيتها. وإذا ما كان شوقه إليها، وإحساسه بألمها إذ هو بعيد عنها في غير راحة، فضلا عن شعوره بالغربة والذل بين أعداء غرباء عدوا وقوعه في أيديهم ظفرا يستغلونه، ناهيك عن غضبه ممن تركوه من قومه من غير ما افتداء، قد تضافرت جميعا لتنغيص عيشه وكلم وجوده، فإن فجيعته هذه بأمه قد كانت

---

(1) ينظر: أبو فراس الحمداني الموقف والتشكيل الجمالي ٥١٩-٥٢٠. وممن بنى على هذا المنوال، مثلا، أبو فرعون الساسي في نصه الذي أوله: وصبية مثل صغار الذر (ينظر: الورقة ٥٧، وص٩٧-٩٨ من هذا البحث).

(2) ديوان أبي فراس ٥٥.

(3) ينظر: المصدر نفسه ١٦٢-١٦٣.

قاصمة الظهر التي هدته، فخرجت هذه الأبيات ـ وغيرها مما تواشجت معها في القصيدة نفسها ـ لتحكي عذابات نفسه وما يختلج فيها من أحاسيس مقلقة وأفكار مقضة، بهيأة مناجاة يخاطب فيها تلك الأم التي رحلت وهي حزينة متألمة.

وأما رد العجز على الصدر، فمنه ما جاء في قول أبي تمام يحكي ما كان من الأفشين قائد الخليقة المعتصم في مسيره لقتال المتمرد بابك الخرمي[1]:

وسارت به بين القنابل والقنا　　　عزائم كانت كالقنا والقنابل

فيقول إن عزيمته كانت في شدتها ومضائها وقوتها كالخيل (القوية السريعة النشيطة) والرماح (الشديدة الباترة) التي سار بينها في رحلته إلى حرب هذا المتمرد.

ومنه ما جاء في قصيدة ابن المعتز ذات المطلع[2]:

أردت الشرب في القمر　　　وقطع الليل بالسهر

التي يروي فيها واقعة جرت له مع الشيطان ذات ليلة؛ إذ قال في معرض حديثه عما كان منه مع من وصفه بمليح الوجه الذي أتى به إليه رفاق له في تلك الليلة وكلهم به الشيطان ليغووه، وذلك بعد أن أسكروه، فقد أسقوه حتى السحر:

يصرر في الهوى وزري　　　وحل مخانق الصرر

فما يأبى على طلب　　　ولا يعصي من الحصر

إذ يأتي بكلمة (الصرر) في الشطر الثاني من البيت بعد أن وردت في الشطر الأول وإن بصيغة أخرى هي (يصرر)؛ وذلك بغية تأكيد ما كان منه معه من عبث ولهو حد الإثم، فينجح الشيطان فيما دبر له من إغواء.

---

(1) ديوان أبي تمام ٨٠/٣.

(2) ينظر: شعر ابن المعتز ق١ ١٠٦/٢-١٠٧، وص١١٢-١١٤ من هذا البحث. ويذكر أن بعض الباحثين قد ذهب إلى اعتبار رد العجز على الصدر نوعا من التكرار. (ينظر: أبو فراس الحمداني الموقف والتشكيل الجمالي ٥١٠).

وتعنينا الإشارة أخيرا إلى أن "أي لون من هـذه الألـوان لا قيمـة لـه خـارج سياقه كـما تؤكد كل الدراسات النقدية الحديثة، وذلك لأن أي عالم يمتلك معجما واسعا من الألفاظ يستطيع أن يستخرج لنا منها أشكالا قد تدهشنا بهندستها وتناسقها الخارجي أكثر مما يفعل الشعراء، ولكن ذلك لا يخوله عندنا أن يكون شاعرا، فالشعر مادة يبث فيها الشاعر روحا ومعنى ولا يمكن أن يكون مادة جامدة فقط"[1].

([1]) الصورة الفنية في شعر أبي تمام ٢٣٧.

من الدراسات التي عرضت لدراسة الموسيقا (خارجية وداخلية) عند عدد من الشعراء الذين يعنى بهم بحثنا نذكر: المرشـد إلى فهم أشعار العرب وصناعتها بأجزائه الثلاثة، والعباس بن الأحنف ١٥٢-١٥٤، ودراسـات في الـنص الشعري العصـر ـ العبـاسي مواضع متفرقة، وشعر ابن المعتز ق٢ ٣٢٦-٣٣٤، والصورة الفنية في شعر أبي تمام ٢٢٣-٢٤١، وقضايا الفن في قصيدة المـدح العباسية ٤٩٣-٥٣٩، وأبو فراس الحمداني الموقف والتشكيل الجمالي ٤٧٥-٥٢٠، والصورة المجازية في شعر المتنبي ٤٢٦-٤٥٦، والرحلة في شعر المتنبي ٢٤٩-٢٥٨، واتجاهات الهجاء في القرن الثالث الهجري ٢١٧-٢٣٥.

الخاتمة

بعد أن شارفت ـ بحمد الله تعالى ـ على نهاية المطاف في كتابة هـذا البحـث، لا مناص مـن الاعتراف بما اتسمت به هذه الرحلة من مشقة ومتعة، مشقة في صعوبة الجمع بين نمطين من الأدب. تنظير حديث للفن القصصي النثري، وشعر عربي قديم...ومتعة في تلمس مديات الاقتراب والابتعاد بينهما، بما يشـير إلى حقيقة العلاقة بينهما في مثل هذه النصوص التي تجمع بينهما بوصـفهما رافـدين ثـرين يصبان في نهر الإبداع الأدبي/النقدي العربي.

ولعله قد اتضح جليا عدم اعتسافنا في الربط بين هذين النـوعين مـن الأدب؛ فلم نقسرـ أحدهما على الآخر، وإنما أفدنا مما وضع من تنظيرات للقصة في استكناه طبيعـة مـا أحسسنا بوجـوده مـن نزعة قصصية في الشعر العباسي فرضت نفسها علينا. بمعنى أننا اعتمدنا هاتيك التنظيرات بصفتها مشاعل أضاءت لنا دروب البحث في سبر أغوار هذه النزعة التي نرجو أن نكون قد وفقنا في استجلاء أبعادها، ثـم إخراجها بارزة جلية للنور.

وإذ بدأنا بتمهيد درسنا فيه العلاقة (بين الشعر والقصة) مدخلا يهـيء القـارئ للتعامـل مـع هـذا البحث على وفق ما رسمناه له من منهج، فقد انتهينا منه إلى ما يأتي:

١.   إن القصيدة العربية القديمة ـ ومنها العباسية ـ نمط متميز من النظم الشعري، شكلا ومضمونا، اتسم بسمات نبعت من بيئته الخاصة، معبرا عن الحقبة أو الحقب الزمنية التي ولد فيها. وتميـز نمطها يعني عدم خضوعها للتنظيرات النقدية الغربية الخاصة بشعر بيئة أخرى، تلك التي حاولت عدد من الدراسات أن تحكم عليها بها، بكل ما يعنيه ذلك مـن خصوصية ظروفها وتباينها عـن ظروف البيئة العربية حتى إن تزامنتا، ذلك فضلا عن اختلاف طبيعة النظرة إلى الشعر ـ وظيفـة وغرضا ـ في كل من البيئتين.

٢. وإذا كان من سمات غنائية أو قصصية أو درامية - بحسب المفهوم النقدي الغربي - ظهرت لمحات منها في القصيدة العربية، فإنها لم تكن مقحمة على هذه القصيدة وإنما هي نتيجة حتمية وطبيعية لتنوع اهتمامات الإنسان العربي وتباين ظروفه وتمايزها من حقبة إلى حقبة، ومن جزء من بيئته إلى جزء آخر، ثم إنها - أي تلك السمات - تميزت بعدم انقيادها للحدود الغربية أنفسها التي أطرت بها، بل عبرت عن ذاتها بما يتوافق وخصوصية البيئة التي انبجست منها. على أن الجديد من الشعر قد أقام ركائزه على الأسس التي وضعها له سلفه، وبذلك استمر البناء جزءا على جزء، استنادا واستمرارا وامتدادا، على أنه قد كان لكل جزء خصائصه المتميزة، التي تتناسب وطبيعة المرحلة التي يمثلها ويعبر عنها بجوانبها كافة.

٣. وإذ اعتنينا في هذا البحث بالنزعة القصصية في الشعر العباسي، فقد رأينا أن هذه النزعة كانت امتدادا لنفسها فيما سبق هذا الشعر العباسي من شعر ما قبل الإسلام ثم الشعر الإسلامي والأموي. فضلا عما لا نستطيع إغفال وجوده من ميل فطري لدى الناس في أيما زمان ومكان إلى سماع القصص وتقصي الأخبار، فضولا أو كسبا للمعرفة أو بحثا عن المتعة. ناهيك عما يكون مما تفرضه طبيعة الحياة من تواصل بين الحضارات وتبادل التأثر والتأثير بين الشعوب والمجتمعات، فيأخذ كل من الآخر ما يراه مفيدا له ونافعا.

وما دمنا قد بحثنا في جوانب هذا الموضوع وأبعاده استنادا إلى أبرز عناصر القصة وأهمها وأحظاها بالاتفاق بين الدارسين، فقد خلصنا من دراستنا في الفصل الأول الذي انعقد على دراسة عنصر (الحدث والحبكة) في هذا الشعر العباسي إلى النتائج الآتية:

١. إن الحدث موجود في الشعر العباسي ولكن بما يتناغم وخصوصية هذا الشعر،

تلك الخصوصية النابعة من كونه شعرا عربيا قديما أولا، ومن تحكم مقدرة الشاعر الفنية فيه وانفعاله بما يقول، وطبيعة الموضوع الذي يعالجه فيه وزاوية نظره إليه ثانيا. فظهر الحدث مرة على أنه خبر ينقل أو واقعة تحكى بعمومية وشمول، ومرة يعنى الشاعر برواية بعض من تفصيلات هذا الخبر أو مجريات تلك الواقعة.

٢. قد يأتي الحدث في بيت مستقل أو بيتين مستقلين أو مقطوعة مستقلة أو قصيدة كاملة. وقد يشغل بعضا من قصيدة، وفي هذه الحالة يكون دوره معززا لموضوعها الأساس ومؤكدا للغرض الذي قيلت من أجله.

٣. أما الحبكة فقد كانت موجودة في هذا الشعر العباسي، لكنها رهينة كذلك بخصوصية هذا الشعر الذي جاءت فيه لا كما نظر إليها تحديدا؛ فهي إما أن تظهر في ذلك الإخبار المختصر ـ الموجز عن الحدث من حيث عرضه بإيجاز متماسك رصين فتبدو ملامحها فيه، أو أن تظهر فيما يعرض له الشاعر من تفصيلات الحدث الذي يحكي من حيث تقديمه لمجرياته على وفق تسلسل معين يتفق ورؤيته له، فتبدو الحبكة حينذاك في طبيعة هذه الرؤية في عرض الحدث ومدى قدرة الشاعر الفنية في ذلك العرض.

٤. ولم يغفل عدد من الشعراء العباسيين عن رسم جوانب من اللمحات النفسية وشيء من التجارب المعنوية التي تدخل في خضم تقديم الحدث، موضحة ومعززة ومؤكدة.

أما الفصل الثاني فقد عقدناه على دراسة عنصر (الشخصية)، وقد خلصنا منه إلى ما يأتي:

١. كانت شخصيات الشعر العباسي متنوعة بتنوع مجالات الحياة، ومتباينة بتباين مفرداتها. وإذ ظهرت في هذا الشعر نماذج من الشخصيات شغلت الحيز الأكبر

منه ـ كغيره من صور الشعر العربي ـ مثل شخصيات العاشق والمعشوقة ورفاق كل منهما وأصدقائه فضلا عن الأهل واللوام والعذال ومن إليهم...ومثل شخصيات الممدوح على اختلاف صوره، والمهجو على تباين أشكاله، فقد برزت شخصيات أخرى منتشلة من واقع الحياة اليومية للشعراء ومجتمعهم من جار وطبيب وكاهن ومتسول وخادم. وما إلى ذلك.

٢. عمد الشعراء العباسيون إلى تشخيص ـ أو تجسيم أو تجسيد ـ الحيوانات والنباتات والجمادات فضلا عن عدد من الأمور المعنوية والمسائل النفسية، بوصفها شخوصا شغلت مواقع البطولة تارة أو أدت أدوارا ثانوية تارة أخرى، في جانب غير هين مما عرضوا له من أحداث أو أخبار، أو نقلوه من حوارات، متوسلين بها في ذلك كله للإعلان عن مشاعرهم هم، والتعبير عن أفكارهم هم.

٣. جمع رسم الشخصية في هذا الشعر العباسي بين تصوير الشكل الخارجي للشخصية واستبطان حالتها الشعورية والفكرية وتطورها ـ إيجابا أو سلبا ـ مجتمعين أو منفردين بحسب ما يقتضيه الموضوع المعالج في النص الشعري أو الغرض المقصود إليه من ورائه، فضلا عن مقدرة الشاعر الفنية ـ طبعا ـ وقد عددنا بعضا من هذه الأوصاف رسما للشخصية القصصية على الرغم من عدم اضطلاعها ببطولة قصة متكاملة على أساس من إمكان أن تكون شخصية في أي عمل قصصي ـ لو أراد لها الشاعر ذلك وسعى إليه، وذلك طبعا في النماذج التي رأينا إبداع الشاعر في تصويرها على شاكلة تقترب بها من أن تضطلع بأداء دور ما في عمل قصصي متكامل.

أما الفصل الثالث الذي خصصناه لمعالجة عنصر ـ (الزمان والمكان) بوصفه الإطار الذي يحتوي الأحداث أوالوقائع، وحركة الشخصيات في العمل القصصي. فقد

كانت النتائج التي خرجنا بها من ذلك هي:

١. عرض الشاعر العباسي للزمان والمكان بوصفهما الفضاء الذي وقع بين جنباته الحدث بطرائق متعددة: منها أنه لم يحدد أيا منها تحديدا دقيقا حتى إنه لم يذكر- ولو من بعيد - التاريخ أو المكان. ومنها أنه يذكر الوقت من اليوم الواحد (صباحا، ظهرا، ليلا، أو نهارا، مساء)، واسم المكان فقط. ومنها أنه يكتفي بتحديد أحدهما من دون الآخر. وقد يعين أحدهما بالاستعانة بالآخر. أما التحديد الدقيق لكل منهما معا فقليلا ما نجده في هذا الشعر. على أننا لحظنا ــ بعامة ــ أن تحديد المكان، ولو بذكر اسمه، أدق من تحديد الزمان.

٢. عددنا وصف الأماكن من مدن ومظاهر طبيعية، فضلا عما فيها من أشياء، نفسا قصصيا - حتى إن لم يقع فوق ظهرانيها حدث ما - من حيث إمكان كونها محلا لمجريات حدث (أو أحداث) أية قصة مفترضة. فاقتربنا - بذلك - بهذا الوصف من أن يكون عنصرا قصصيا.

٣. كما عددنا روحا قصصية يقترب من أن يكون عنصرا ما يوجد في هذا الشعر من تعبير عن الإحساس بالزمان أو المكان - أو بكليهما معا - أو ما يثيرانه من تداعيات في نفس الشاعر؛ إذ نرى إمكان اقتراب بعض منه ولو إلى حد قليل ما من أسلوب (تيار الوعي) المعروف في الرواية الحديثة.

أما الفصل الرابع فقد عقدناه على البحث في عنصر (السرد) بأساليبه ووسائله التي ارتأينا قسمته عليها. إذ انتهينا إلى جمع أساليبه في محورين أساسيين هما: السرد الموضوعي والسرد الذاتي. كما رأينا أن ما توسل به من وسائل هما وسيلتا: الوصف والحوار. وقد خلصنا من ذلك البحث إلى الآتي:

١. نظم الشعراء العباسيون نصوصهم، التي ذهبنا إلى نزوعهم القصصي- فيها، بالأسلوبين الموضوعي والذاتي كليهما، كلا بحسب ما اقتضته طبيعة

الموضوعات المعالجة. لكننا نرى تفوق أسلوب السرد الـذاتي منهـا عـلى الموضـوعي وذلك بحكم عناية الشعراء بالإعلان عن أنفسـهم فيـه، ومشاركتهم فيما يحكون مـن أحـداث، سـواء أكانـت مشاركاتهم فيها رئيسة أو ثانوية، وإن غلبت الرئيسة منها على الثانوية.

٢. كان الوصف من أبرز ما يميز طبيعة الشعر العربي القديم بعامة، ومن هنا كان الوصـف هـو الغالب في هذا الشعر العباسي، في رسم الأحداث وتصوير الشخصيات وتأطيرها جميعا بالزمـان والمكان. هذا فضلا عن وصف ما يمكن أن يكون من حالات شعورية وانفعالات نفسية.

٣. حفل الشعر العباسي بالحوار بوصفه وسيلة سردية مهمة، وعلى اختلاف أنماطه وأشـكاله وصـوره. وكان من أبين الأدلة وأنصعها على ما يملكه الشعراء العباسيون ـ كغـيرهم مـن الشـعراء العـرب ـ من نزعة قصصية؛ وذلك بما في ما يحكوه من حوارات من إخبار بالأحـداث أو الوقـائع أو تعزيـز مجرياتها وتأكيدها أو بيان تأثيرها، فضلا عن تصوير للشخصيات من بشرية وغير بشرية، شـكلا ومعنى، ولاسيما المعنوي منها وذلك بما يعبر عنه بوساطته من مشاعر وأفكار، هي في النهاية تعبير عما يريد الشاعر إيصاله والبوح به.

٤. كما رأينا اتصاف كل من نصوص الشعر العباسي ذي النزعة القصصية بالوظـائف التـي أوكلهـا إلى السرد نقاد القصة والمنظرون لها، إن لم يكـن جميعهـا فـبما لا يقـل عـن ثلاث أو أربـع منهـا بما يتناسب والموضوع الذي يعالجه النص من جهة، وطبيعة الفن الشعري من جهة ثانية.

إن دراستنا لهذه العناصر في الشعر العباسي بما نستكنه عن حقيقته بوساطتها مـن نزعـة قصصـية فيه قد انتهت بنا إلى نتيجة عامة مفادها أن هذه النزعة، وفي كل عنصر من عناصرها، فضلا عـما إذا اجتمـع أكثر من واحد منها، لها خصوصيتها

النابعة من كونها من سمات هذا الشعر العباسي العربي القديم، من دون أن تتقيد بأصفاد التنظير الغربي الحديث، وإنما تقترب منه أو تبتعد عنه بحسب ما يتجاذبها من أطراف؛ ذلك أن الاقتراب مبعثه تشابه الميول والأفكار والاتجاهات الإنسانية وتناظرها في نفوس البشر جميعا على اختلاف ألسنتهم وألوانهم، أما الافتراق فمكمنه في خصوصية كل مجتمع ـ بظروفه جميعها ـ بله الأفراد، من حيث زاوية نظره لهاتيك الأفكار والمشاعر وطرائقه في التعبير عنها. ومن ثمة تراوحت سمات هـذه العناصر القصصية ـ متفرقة أو مجتمعة ـ في هذا الشعر بين مختلف أنماط ما نظر له حديثا من قصة أو رواية من غير أن تخضع لنمط منها تحديدا، وإنما اقتربت في أحيان غالبة من سماتها في القصة القصيرة ولكن متشكلة بهيأة خاصة بها تميزها، فكانت كذلك، فإذا ما اجتمع أكثر من عنصر واحد من هذه العناصر في نص شعري بعينه من هذا الشعر العباسي تأكدت النزعة القصصية فيه وتوثقت.

وأما الفصل الخامس الذي انعقد على دراسة (الفن الشعري)، فقد قام على ثلاثة مباحث هـي: أ/اللغة: لفظا وتركيبا. ب/الصورة الفنية. ج/ الموسيقا (الإيقاع). وقد وقفنا فيه على ما يأتي:

١. إن الشعر العباسي بموضوعاته كلها، وعلى اختلاف توجهات شعرائه وتباين مستوياتهم الفنية لم يعدم وجود النزعة القصصية، لذلك وجدنا في الشعر ذي هذه النزعة كل أنواع الألفاظ وجميع أشكال العبارات، فضلا عن أنماط التراكيب وصورها، وبما يتساوق وطبيعة كل موضوع منها.

٢. حاول الشعراء العباسيون التعبير عن كل عنصر ـ من عناصر القصة، مما توسلوا بـه، وتوضيحه وجلاء أبعاده من رسم للحدث وتصوير للشخصية وتحديد الإطار الزماني والمكاني لكل ذلك، بما رسموه من صور فنية أفاد كل منهم في رسمه لها من كل ما يملكه من خيال مبدع، وما يمتلك ناصيته من ألفاظ معبرة

موحية، فضلا عما أتاحته له الأساليب البلاغية العربية من إمكانات تعبيرية/ تصويرية هائلة فرسموا الأشكال الظاهرة كما استجلوا المعاني الباطنة.

٣. وما دامت النزعة القصصية ـ وكما قلنا ـ قد شغلت حيزا مهما من الشعر العباسي بموضوعاته كلها وعلى اختلاف أغراض شعرائه وتباين قدراتهم الفنية، وذلك كله بحسب رؤيتنا نحن لهذه النزعة، فإنها قد عبرت عن نفسها موسيقيا (إيقاعيا) بوساطة كل البحور وجميع القوافي وحروف الروي، فضلا عن مختلف المحسنات اللفظية والمعنوية، وطبيعة اختيار الأصوات اللغوية...وما إلى ذلك مما يدخل في تشكيل البناء الموسيقي للقصيدة الشعرية العربية القديمة، ومن دون استثناء.

وإذ ننتهي من هذا البحث نرجو أن نكون قد وفقنا في التعبير عن رؤيتنا الخاصة إليه، وعسى ـ أن يكون منهجنا المبني على هذه الرؤية قد ساعدنا في إيصال ما أردنا قوله.

هذا وأحمد الله تعالى على توفيقه وسداده حمدا يوافي نعمه ويكافئ مزيده.

جريدة المصادر والمراجع

أ. الكتب والدواوين:

ابن المعتز وتراثه في الأدب والنقد والبيان - محمد عبد المنعم خفاجي - الطبعة الأولى - مكتبة الحسين التجارية - ١٩٤٩.

أبو تمام الطائي حياته وحياة شعره - نجيب محمد البهبيتي - دار الثقافة - الدار البيضاء - ١٩٨٢.

أبو فراس الحمداني الموقف والتشكيل الجمالي - د. النعمان القاضي - دار الثقافة للنشر والتوزيع - ١٩٨٢.

اتجاهات الشعر العربي في القرن الرابع الهجري - د. نبيل خليل أبو حلتم - دار الثقافة - الدوحة - ١٩٨٥.

اتجاهات الهجاء في القرن الثالث الهجري - قحطان رشيد التميمي - دار المسيرة - بيروت - د.ت.

أخبار الشعراء المحدثين من كتاب الأوراق لأبي بكر محمد بن يحيى الصولي - نشرة: ج. هيورت. دن - طبعة ثانية منقحة - دار المسيرة - بيروت - ١٩٧٩.

الأدب وفنونه دراسة ونقد - د. عز الدين إسماعيل - الطبعة الثالثة - دار الفكر العربي - ١٩٦٥.

أركان القصة - أ.م. فورستر - ترجمة: كمال عياد جاد - سلسلة الألف كتاب (٣٠٦) - دار الكرنك للنشر- والطبع والتوزيع - القاهرة - ١٩٦٠.

أشعار الخليع الحسين بن الضحاك - تحقيق: عبد الستار أحمد فراج - سلسلة المخطوطات العربية (٣) - دار الثقافة - بيروت - ١٩٦٠.

إشكالية المكان في النص الأدبي - ياسين النصير - الطبعة الأولى - دار الشؤون

الثقافية العامة - وزارة الثقافة والإعلام - بغداد - ١٩٨٦.

الأغاني - أبو الفرج الأصفهاني - الجزء الرابع عشر مصور عن طبعة دار الكتب - مؤسسة جمال للطباعة والنشر . الجزء الثالث والعشرون تحقيق: علي السباعي - مؤسسة جمال للطباعة والنشر - بيروت - د.ت.

الأفكار والأسلوب دراسة في الفن الروائي ولغته - أ.ف. تشيتشرين - ترجمة: د. حياة شرارة - دار الشؤون الثقافية العامة - وزارة الثقافة والإعلام - بغداد - د.ت.

البلاغة والتطبيق - د. أحمد مطلوب ود. كامل حسن البصير - الطبعة الأولى - مطابع مديرية دار الكتب للطباعة والنشر - جامعة الموصل - ١٩٨٢.

بناء الرواية - ادوين موير - ترجمة: إبراهيم الصيرفي - المؤسسة المصرية العامة للتأليف والأنباء والنشر - الدار المصرية للتأليف والترجمة - د.ت.

بناء الرواية دراسة مقارنة في ثلاثية نجيب محفوظ - د. سيزا قاسم - الطبعة الأولى - دار التنوير - بيروت - ١٩٨٥.

بناء الصورة الفنية في البيان العربي موازنة وتطبيق - د. كامل حسن البصير - مطبوعات المجمع العلمي العراقي - ١٩٨٧.

البناء الفني لرواية الحرب في العراق - عبدالله إبراهيم - الطبعة الأولى - دار الشؤون الثقافية العامة - وزارة الثقافة والإعلام - بغداد - ١٩٨٨.

بناء القصيدة العربية - د. يوسف حسين بكار - دار الثقافة للطباعة والنشر بالقاهرة - ١٩٧٩.

التفسير النفسي للأدب - د. عز الدين إسماعيل - دار المعارف - القاهرة - ج.ع.م - ١٩٦٣.

تيار الوعي في الرواية الحديثة - روبرت همفري - ترجمة: د. محمود الربيعي - الطبعة الثانية - دار المعارف بمصر - ١٩٧٥.

جرس الألفاظ ودلالتها في البحث البلاغي والنقدي عند العرب – د. ماهر مهدي هلال – سلسلة دراسات (١٩٥) – وزارة الثقافة والإعلام – الجمهورية العراقية – دار الرشيد للنشر – ١٩٨٠.

جماليات المكان – جاستون باشلار – ترجمة: غالب هلسا – كتاب الأقلام (١) يصدر عن مجلة الأقلام – وزارة الثقافة والإعلام – دار الجاحظ للنشر – بغداد – ١٩٨٠.

الحبكة – إليزابيث دبل – ترجمة: د. عبد الواحد لؤلؤة – موسوعة المصطلح النقدي (١٢) – سلسلة الكتب المترجمة (١١٠) – منشورات وزارة الثقافة والإعلام – الجمهورية العراقية – دار الرشيد للنشر – بغداد – ١٩٨١.

الحوار في القصة والمسرحية والإذاعة والتلفزيون – د. طه عبد الفتاح مقلد – الناشر مكتبة الشباب بالمنيرة – ١٩٧٥.

دراسات في النص الشعري العصر العباسي – د. عبده بدوي – مكتبة الشباب – مصر – ١٩٧٧.

الديارات لأبي الحسن علي بن محمد المعروف بالشابشتي – تحقيق: كوركيس عواد – الطبعة الثانية – منشورات مكتبة المثنى – بغداد – ١٩٦٦.

ديوان ابن الدمينة – صنعة أبي العباس ثعلب ومحمد بن حبيب – تحقيق: أحمد راتب النفاخ – مكتبة دار العروبة – القاهرة – ١٣٧٩ هـ

ديوان ابن الرومي – تحقيق: د. حسين نصار – مركز تحقيق التراث – الهيئة المصرية العامة للكتاب – وزارة الثقافة – جمهورية مصر العربية – ستة أجزاء ١٩٧٣، ١٩٧٤، ١٩٧٦، ١٩٧٧، ١٩٧٩، ١٩٨١.

ديوان أبي تمام بشرح الخطيب التبريزي – تحقيق: محمد عبده عزام – سلسلة ذخائر العرب (٥) – دار المعارف بمصر – أربعة مجلدات – ١٩٦٤، ١٩٦٥.

ديوان أبي الطيب المتنبي الشرح المنسوب لأبي البقاء العكبري المسمى بالتبيان في شرح

الديوان – ضبطه وصححه ووضع فهارسه: مصطفى السقا وجماعته – دار المعرفة للطباعة والنشر– (طبعـة معادة بالأوفسيت) – بيروت – ١٩٧٨.

ديوان أبي العتاهية – دار صادر – بيروت – د.ت.

ديوان أبي فراس رواية أبي عبدالله الحسين بن خالويه – دار صادر – بيروت – د.ت.

ديوان أبي نواس برواية الصولي – تحقيق: د. بهجت عبد الغفور الحديثي – دار الرسالة للطباعة – بغـداد – ١٩٨٠.

ديوان الأبيوردي – تحقيق: د. عمر الأسعد – مطبوعات مجمع اللغة العربية بدمشـق – الجـزء الأول ١٩٧٤، الجزء الثاني ١٩٧٥.

ديوان إسحاق الموصلي – تحقيق: ماجد أحمد العزي – الطبعة الأولى – مطبعة الإيمان – بغداد – ١٩٧٠.

ديوان البحتري – عني بتحقيقه وشرحه والتعليق عليه: حسن كامل الصيرفي – سلسلة ذخائر العرب (٣٤) – دار المعارف بمصر – أربعة مجلدات – ١٩٦٣، ١٩٦٤.

ديوان بشار بن برد – نشرة: محمد الطاهر بن عاشور – علق عليه ووقف على طبعـه: محمـد رفعـت فتح اللـه ومحمد شوقي أمين – مطبعـة لجنـة التـأليف والترجمـة والنشر– القـاهرة – أربعـة أجـزاء – ١٩٥٠، ١٩٥٤، ١٩٥٧، ١٩٦٦.

ديوان الخالديين – تحقيق: د. سامي الدهان – مطبوعات مجمع اللغة العربية بدمشق – ١٩٦٩.

ديوان الخريمي – تحقيق: علي جواد الطاهر ومحمد جبار المعيبد – الطبعة الأولى – دار الكتاب الجديـد – بيروت ١٩٧١.

ديوان ديك الجن – تحقيق وتكملة: د. أحمد مطلوب وعبدالله الجبوري – دار الثقافة – بيروت – د.ت.

ديوان سبط ابن التعاويذي – اعتنى بنسخه وتصحيحه: د.س. مرجليوث – دار صادر –

بيروت - ١٩٦٧.

ديوان السري الرفاء - تحقيق ودراسة: د. حبيب حسين الحسيني - سلسلة كتب التراث (١٠٧) - منشورات وزارة الثقافة والإعلام - الجمهورية العراقية - دار الرشيد للنشر - ١٩٨١.

ديوان الشريف الرضي - منشورات مؤسسة الأعلمي للمطبوعات - بيروت - د.ت.

ديوان الصنوبري - تحقيق: د. إحسان عباس - دار الثقافة - بيروت - ١٩٧٠.

ديوان الطغرائي - تحقيق: د. علي جواد الطاهر ود. يحيى الجبوري - دار الحرية للطباعة - بغداد - ١٩٧٦.

ديوان العباس بن الأحنف - دار صادر ودار بيروت - بيروت - ١٩٦٥.

ديوان علي بن الجهم - تحقيق: خليل مردم بك - الطبعة الثانية - منشورات دار الآفاق الجديدة - بيروت - ١٩٨٠.

ديوان كشاجم - تحقيق: خيرية محمد محفوظ - سلسلة كتب التراث (١٧) - وزارة الإعلام - مديرية الثقافة العامة - مطبعة دار الجمهورية - بغداد - ١٩٧٠.

ديوان مهيار الديلمي - سلسلة روائع التراث العربي - الطبعة الأولى - دار الكتب المصرية - د.ت.

الرواية والمكان - ياسين النصير - سلسلة الموسوعة الصغيرة (٥٧) - منشورات وزارة الثقافة والإعلام - الجمهورية العراقية - دار الحرية للطباعة - بغداد - ١٩٨٠.

شرح ديوان سقط الزند لأبي العلاء المعري - شرح وتعليق: د.ن رضا - منشورات دار مكتبة الحياة - بيروت - لبنان - ١٩٦٥.

شرح ديوان صريع الغواني - تحقيق: د. سامي الدهان - سلسلة ذخائر العرب (٢٦) - دار المعارف بمصر.

شعر إبراهيم بن هرمة القرشي - تحقيق: محمد نفاع وحسين عطوان - مطبوعات مجمع

اللغة العربية بدمشق - ١٩٦٩.

شعر ابن المعتز - صنعة أبي بكر محمد بن يحيى الصولي - دراسة وتحقيق: د. يونس أحمد السامرائي - سلسلة كتب التراث (٦٢) - منشورات وزارة الإعلام - الجمهورية العراقية - ١٩٧٨.

شعر دعبل بن علي الخزاعي - صنعة: د. عبد الكريم الأشتر - مطبوعات المجمع العلمي العربي بدمشق - د.ت.

الشعر العربي المعاصر قضاياه وظواهره الفنية والمعنوية - د. عز الدين إسماعيل - الطبعة الثالثة - دار العودة ودار الثقافة - بيروت - ١٩٨١.

شعر علي بن جبلة المعروف بالعكوك - تحقيق ودراسة: أحمد نصيف الجنابي - مطبعة الآداب - النجف الأشرف - ١٩٧١.

شعر مروان بن أبي حفصة - تحقيق: د. حسين عطوان - سلسلة ذخائر العرب (٤٩) - دار المعارف بمصر - ١٩٧٣.

الشعراء الصعاليك في العصر العباسي الأول - د. حسين عطوان - الطبعة الأولى - دار الطليعة للطباعة والنشر - بيروت - ١٩٧٢.

شعراء عباسيون دراسات ونصوص شعرية - غوستاف فون غرنباوم - ترجمها وأعاد تحقيقها: د. محمد يوسف نجم - راجعها: د. إحسان عباس - منشورات دار مكتبة الحياة - بيروت - ١٩٥٩.

صنعة الرواية - بيرسي لوبوك - ترجمة: عبد الستار جواد - سلسلة الكتب المترجمة (١٠١) - منشورات وزارة الثقافة والإعلام - الجمهورية العراقية - دار الرشيد للنشر - ١٩٨١.

الصورة الأدبية - د. مصطفى ناصف - الطبعة الثانية - دار الأندلس للطباعة والنشر والتوزيع - بيروت - ١٩٨١.

الصورة الفنية في التراث النقدي والبلاغي - د. جابر أحمد عصفور - دار الثقافة للطباعة والنشر بالقاهرة - ١٩٧٤.

الصورة الفنية في شعر أبي تمام - د. عبد القادر الرباعي - سلسلة الدراسات الأدبية واللغوية (١) - جامعة اليرموك - الطبعة الأولى - إربد - الأردن - ١٩٨٠.

طيف الخيال للشريف المرتضى علي بن الحسين الموسوي العلوي - تحقيق: حسن كامل الصيرفي - مراجعة: إبراهيم الإبياري - الطبعة الأولى - دار إحياء الكتب العربية - عيسى البابي الحلبي وشركاه - ١٩٦٠.

العباس بن الأحنف - د. عاتكة الخزرجي - سلسلة دراسات (١٠٦) - منشورات وزارة الثقافة والإعلام - الجمهورية العراقية - ١٩٧٧.

علي بن الجهم حياته وشعره - عبد الرحمن الباشا - مكتبة الدراسات الأدبية (٤٠) - دار المعارف بمصر - د.ت.

العمدة في محاسن الشعر وآدابه ونقده - أبو علي الحسن بن رشيق القيرواني الأزدي - تحقيق: محمد محيي الدين عبد الحميد - الطبعة الرابعة - دار الجيل - بيروت - ١٩٧٢.

عيار الشعر - محمد بن أحمد بن طباطبا العلوي - تحقيق: د. طه الحاجري ود. محمد زغلول سلام - المكتبة التجارية الكبرى - القاهرة - ١٩٥٦.

فن الأدب - توفيق الحكيم - ملتزم الطبع والنشر مكتبة الآداب ومطبعتها بالجماميز - د.ت.

فن القصة - د. محمد يوسف نجم - الطبعة السابعة - دار الثقافة - بيروت - ١٩٧٩.

فن القصة القصيرة - د. رشاد رشدي - الطبعة الثانية - دار العودة - بيروت - ١٩٧٥.

الفن القصصي طبيعته - عناصره - مصادره الأولى - د. علي عبد الخالق علي - دار قطري بن الفجاءة - الدوحة - ١٩٨٧.

الفن القصصي في القرآن الكريم – د. محمد أحمد خلف الـلـه – الطبعة الثالثة – مكتبة الأنجلو المصرية – القاهرة – ١٩٦٥.

فن كتابة الأقصوصة – ترجمة: كاظم سعد الدين – سلسلة الموسوعة الصغيرة (١٦) – منشورات وزارة الثقافة والفنون – الجمهورية العراقية – ١٩٧٨.

فن كتابة الرواية – ديان دوات فاير – ترجمة: د. عبد الستار جواد – مراجعة: عبد الوهاب الوكيل – سلسلة المائة كتاب – دار الشؤون الثقافية العامة – بغداد – ١٩٨٨.

فنون الأدب – هـب تشارلتن – تعريب: زكي نجيب محمود – سلسلة الفكر الحديث العدد الثاني – لجنة التأليف والترجمة والنشر – القاهرة – ١٩٤٥.

فنون الشعر في مجتمع الحمدانيين – د. مصطفى الشكعة – مكتبة الأنجلو المصرية – ١٩٥٨.

في الأدب الجاهلي – طه حسين – دار المعارف بمصر – د.ت.

في النقد الأدبي – د. شوقي ضيف – سلسلة مكتبة الدراسات الأدبية (٢٦) – الطبعة الثانية – دار المعارف بمصر – ١٩٦٦.

القصة السايكولوجية – ليون ايدل – ترجمة: محمود الشجرة – منشورات المكتبة الأهلية – بيروت ١٩٥٩.

القصة العربية في العصر الجاهلي – د. علي عبد الحليم محمود – دار المعارف بمصر – د.ت.

القصة في الشعر العربي إلى أوائل القرن الثاني الهجري – علي الجندي ناصف – دار نهضة مصر للطبع والنشر بالقاهرة – د.ت.

القصة في مقدمة القصيدة العربية (في العصرين الجاهلي والإسلامي) – د. علي جابر المنصوري – الطبعة الأولى – مطبعة الجامعة – بغداد – ١٩٩٠.

القصة والحكاية في الشعر العربي في صدر الإسلام والعصر ـ الأموي – د. بشرى محمد علي الخطيب – الطبعة الأولى – دار الشؤون الثقافية العامة – وزارة الثقافة والإعلام – بغداد – ١٩٩٠.

قضايا الفن في قصيدة المدح العباسية – د. عبدالله عبد الفتاح التطاوي – دار الثقافة للطباعة والنشر ـ بالقاهرة – ١٩٨١.

الكاتب وعالمه – تشارلس مورجان – ترجمة: د. شكري محمد عياد – مراجعة: مصطفى حبيب – سلسلة الألف كتاب (٥٠٠) – مؤسسة سجل العرب – القاهرة – ١٩٦٤.

لمحات من الشعر القصصي في الأدب العربي – د. نوري حمودي القيسي – سلسلة الموسوعة الصغيرة (٧٨) – دار الجاحظ – بغداد – ١٩٨٠.

مبادئ النقد الأدبي – إ.أ. رتشاردز – ترجمة وتقديم: د. مصطفى بدوي – المؤسسة المصرية العامة للتأليف والترجمة والطباعة والنشر – القاهرة – ١٩٦٣.

مدخل إلى نظرية القصة تحليلا وتطبيقا – سمير المرزوقي وجميل شاكر – دار الشؤون الثقافية العامة – بغداد – ١٩٨٦.

المرشد إلى فهم أشعار العرب وصناعتها – عبدالله الطيب – الجزآن الأول والثاني الطبعة الثانية، الجزء الثالث الطبعة الأولى – دار الفكر – بيروت – ١٩٧٠.

المصطلح في الأدب الغربي – د. ناصر الحاني – منشورات دار المكتبة العصرية – صيدا – لبنان – ١٩٦٨.

معجم المصطلحات العربية في اللغة والأدب – مجدي وهبة وكامل المهندس – الطبعة الثانية – مكتبة لبنان – لبنان – ١٩٨٤.

مفاهيم نقدية – رينيه ويليك – ترجمة: د. محمد عصفور – سلسلة عالم المعرفة (١١٠) – المجلس الوطني للثقافة والفنون والآداب – مطابع الرسالة – الكويت – ١٩٨٧.

مقدمة في النقد الأدبي – د. علي جواد الطاهر – الطبعة الثانية – منشورات المكتبة العالمية بغداد والمؤسسة العربية للدراسات والنشر – بيروت – ١٩٨٣.

من حديث الشعر والنثر – طه حسين – دار المعارف بمصر – د.ت.

منهاج البلغاء وسراج الأدباء – صنعة أبي الحسن حازم القرطاجني – تقديم وتحقيق: محمد الحبيب ابن الخوجة – دار الكتب الشرقية – تونس – ١٩٦٦.

موسيقى الشعر – د. إبراهيم أنيس – الطبعة الثالثة – مكتبة الأنجلو المصرية – ١٩٦٥.

نظرية الأدب – أوستن وارين ورينيه ويلك – ترجمة: محيي الدين صبحي – مراجعة: د. حسام الخطيب – المجلس الأعلى لرعاية الفنون والآداب والعلوم الاجتماعية – مطبعة خالد الطرابيشي – ١٩٧٢.

نظرية الأدب – تأليف عدد من الباحثين السوفييت المختصين بنظرية الأدب والأدب العالمي – ترجمة: د. جميل نصيف التكريتي – سلسلة الكتب المترجمة (٩٢). منشورات وزارة الثقافة والإعلام – الجمهورية العراقية – دار الرشيد للنشر – ١٩٨٠.

نقاط التطور في الأدب العربي – د. علي شلق – الطبعة الأولى – دار القلم – بيروت – ١٩٧٥.

النقد الأدبي – أحمد أمين – الطبعة الرابعة – دار الكتاب العربي – بيروت – ١٩٦٧.

النقد الأدبي الحديث – د. محمد غنيمي هلال – دار الثقافة ودار العودة – بيروت – ١٩٧٣.

النقد التطبيقي التحليلي – د. عدنان خالد عبدالله – دار الشؤون الثقافية العامة – بغداد – ١٩٨٦.

الورقة لأبي عبدالله محمد بن داود بن الجراح – تحقيق: د. عبد الوهاب عزام وعبد الستار أحمد فراج – سلسلة ذخائر العرب (٩) – الطبعة الثانية – دار المعارف بمصر – د.ت.

يتيمة الدهر في محاسن أهل العصر لأبي منصور عبد الملك بن محمد بن إسماعيل الثعالبي النيسابوري - تحقيق: محمد محيي الدين عبد الحميد - الطبعة الثانية - دار الفكر للطباعة والنشر والتوزيع - بيروت - ١٩٧٣.

ب. الرسائل الجامعية:

الحوار عند شعراء الغزل في العصر الأموي - بدران عبد الحسين محمود البياتي - رسالة ماجستير مطبوعة على الآلة الكاتبة - كلية الآداب - جامعة الموصل - ١٤١٠هـ/١٩٨٩م.

الرحلة في شعر المتنبي - منتصر عبد القادر رفيق الغضنفري - رسالة ماجستير مطبوعة على الآلة الكاتبة - كلية الآداب - جامعة الموصل - ١٤١٠هـ/١٩٨٩م.

السردية العربية بحث في البنية السردية للموروث الحكائي العربي - عبدالله إبراهيم - رسالة دكتوراه مطبوعة على الآلة الكاتبة - كلية الآداب - جامعة بغداد - ١٤١٢هـ/١٩٩١.

صورة البطل في الرواية العراقية ١٩٢٨ - ١٩٨٠ - صبري مسلم حمادي - رسالة دكتوراه مطبوعة على الآلة الكاتبة - كلية الآداب - جامعة بغداد - ١٤٠٤هـ/١٩٨٤م.

الصورة المجازية في شعر المتنبي - جليل رشيد فالح - رسالة دكتوراه مطبوعة على الآلة الكاتبة - كلية الآداب - جامعة بغداد - ١٤٠٥هـ/١٩٨٥م.

الفضاء الروائي عند جبرا إبراهيم جبرا - إبراهيم جنداري جمعة - رسالة دكتوراه مطبوعة على الآلة الكاتبة - كلية الآداب - جامعة الموصل - ١٤١٠هـ/١٩٩٠م.

ملامح السرد القصصي في الشعر الأندلسي "دراسة نقدية" - إنقاذ عطا الله محسن العاني - رسالة دكتوراه مطبوعة على الآلة الكاتبة - كلية الآداب - جامعة بغداد - ١٤١٠هـ/١٩٩٠م.

ملامح السرد القصصي في الشعر العربي قبل الإسلام - حاكم حبيب عزر - رسالة ماجستير مطبوعة على الآلة الكاتبة - كلية الآداب - جامعة بغداد - ١٤٠٧هـ/ ١٩٨٦م.

ج. الدوريات:

الأدب الملحمي والرواية في منهجية دراسة الرواية - ميخائيل باختين - ترجمة: د. جميل نصيف - مجلة الثقافة الأجنبية (العراقية) - العدد الثاني - السنة التاسعة - ١٩٨٩.

أولية القصة في الأدب العربي - د. نوري حمودي القيسي - مجلة كلية الآداب - جامعة بغداد - العدد الثامن والثلاثون - ١٩٩٠.

بين القصصية والغنائية دراسة مقارنة في شعر الحرب الإنجليزي القديم وشعر الحرب العربي - د. ناصر يوسف الحسن عثامنة ود. إبراهيم موسى سنجلاوي - مجلة جامعة دمشق في العلوم الإنسانية - المجلد (٤) - العدد (١٥) - الجزء الأول - ١٩٨٨.

تحديد الصورة وأهميتها في الخطاب الشعري - د. الولي محمد - مجلة كلية الآداب والعلوم الإنسانية بفاس - العدد التاسع - ١٩٨٧.

تقسيم الأدب إلى أنواع وأصناف - ق.ك. بيلينسكي - ترجمة: د. جميل نصيف - مجلة الثقافة الأجنبية (العراقية) - العدد الأول - السنة الأولى - ١٩٨٠.

حدود السرد - جيرار جينيت - ترجمة: بنعيسى بوحمالة - مجلة آفاق - اتحاد كتاب المغرب - الرباط - العدد ٨ - ١٩٨٨/٩.

الشعر القصصي والأدب العربي - د. حسين نصار - مجلة الأقلام (العراقية) - الجزء (٥) - ١٩٦٦.

الصورة الفنية عن موسوعة برنستون للشعر - مجلة الثقافة الأجنبية (العراقية) - العدد

الثاني – السنة الثامنة – ١٩٨٨.

القصة في شعر امرئ القيس – د. عمر الطالب – مجلة التربية والعلم – كلية التربية – جامعـة الموصـل – العدد الأول – ١٩٧٩.

مجلة الثقافة الأجنبية (العراقية) – العدد الأول – السنة التاسعة – ١٩٨٩. (عدد خاص بالرواية).

Printed in the United States
By Bookmasters